国旗　　　　　　　　　军徽　　　　　　　　　军旗

中国　空警－2000 预警机

中国　歼－15 重型舰载战斗机

中国　歼－20 双发重型隐形战斗机

中国　歼－31 双发中型隐形战斗机

中国　运－20 重型军用运输机

美国　C－17 环球霸王 III 战略军用运输机

中国人民解放军及中国人民武装警察部队臂章

美国 B－2 隐形战略轰炸机

美国 F－22"猛禽"重型隐身战斗机

法国 阵风战斗机

俄罗斯 苏－35 战斗机

中国人民解放军五大战区（臂章）

中国　新型两栖步兵战车

中国　98 型主战坦克

中国　99G 型主战坦克

俄罗斯　T90 坦克

美国　M1A2 主战坦克

以色列　梅卡瓦－IV 型坦克

中国　094 型核潜艇

美国　俄亥俄级战略核潜艇

中国　辽宁号航空母舰

美国　尼米兹级核动力航母

俄罗斯　S－300 防空导弹

俄罗斯　SS－18 洲际弹道导弹

中国　东风－31 洲际导弹

中国　长剑－10 陆基巡航导弹

中国人民解放军现用标识——胸标

中央军委机关	中央军委机关直属单位	战区	陆军

海军	空军	火箭军	战略支援部队

中国人民解放军现用标识——级别资历略章和年度资历略章

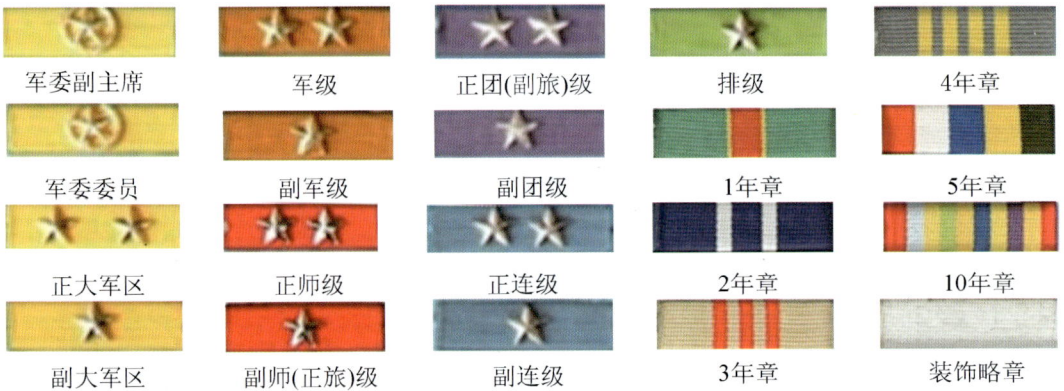

军委副主席	军级	正团(副旅)级	排级	4年章
军委委员	副军级	副团级	1年章	5年章
正大军区	正师级	正连级	2年章	10年章
副大军区	副师(正旅)级	副连级	3年章	装饰略章

中国人民解放军及中国人民武装警察部队现用标识——肩章

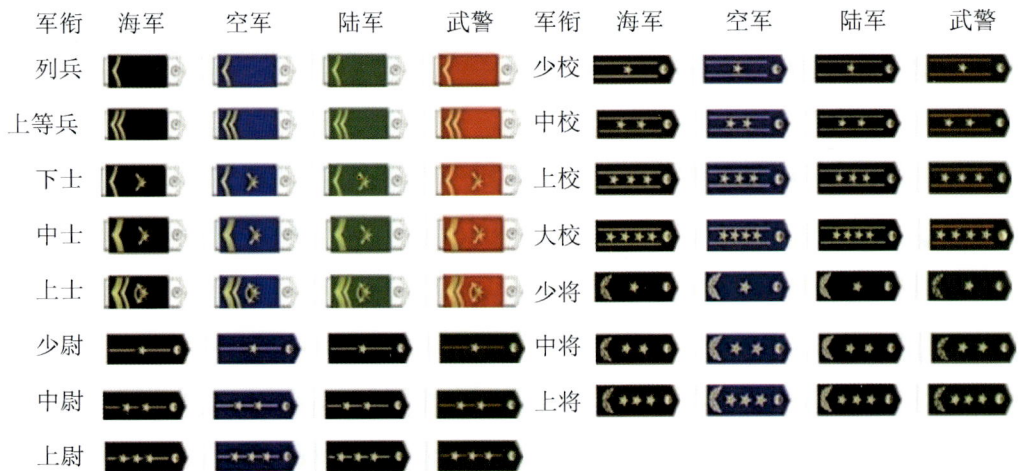

军衔	海军	空军	陆军	武警	军衔	海军	空军	陆军	武警
列兵					少校				
上等兵					中校				
下士					上校				
中士					大校				
上士					少将				
少尉					中将				
中尉					上将				
上尉									

大学生军事理论教程

主　　编	马东辉
副主编	王　一　　王建光　　姚晓波
编委成员	（按姓氏笔画排序）

马晓锋	王丹凤	孔令波	王建辉
王禹章	王婷婷	刘海涵	刘　磊
田鸿儒	陆　明	汪　洋	周　凯
杨雪冬	胡　旭	赵国亮	姜振月
郭宏岩	徐金堂	高　萍	高　嵩

北京理工大学出版社
BEIJING INSTITUTE OF TECHNOLOGY PRESS

图书在版编目（CIP）数据

大学生军事理论教程/马东辉主编 . —北京：北京理工大学出版社，2018.1（2019.8重印）
ISBN 978 - 7 - 5682 - 5187 - 7

Ⅰ. ①大…　Ⅱ. ①马…　Ⅲ. ①军事理论 – 高等学校 – 教材　Ⅳ. ①E0

中国版本图书馆 CIP 数据核字（2018）第 007816 号

出版发行／北京理工大学出版社有限责任公司
社　　　址／北京市海淀区中关村南大街 5 号
邮　　　编／100081
电　　　话／（010）68914775（总编室）
　　　　　　（010）82562903（教材售后服务热线）
　　　　　　（010）68948351（其他图书服务热线）
网　　　址／http：//www. bitpress. com. cn
经　　　销／全国各地新华书店
印　　　刷／三河市华骏印务包装有限公司
开　　　本／787 毫米×1092 毫米　1/16
彩　　　插／4
印　　　张／13　　　　　　　　　　　　　　　责任编辑／张慧峰
字　　　数／300 千字　　　　　　　　　　　　文案编辑／张慧峰
版　　　次／2018 年 1 月第 1 版　2019 年 8 月第 3 次印刷　责任校对／周瑞红
定　　　价／38.50 元　　　　　　　　　　　　责任印制／王美丽

前　言

　　大学生的军事训练对于培养国家后备人才具有重要的战略意义，在国防后备力量建设中有着其他形式不可替代的作用。为了更好地贯彻落实《中华人民共和国国防法》《中华人民共和国兵役法》和《中华人民共和国国防教育法》的有关规定，本书以教育部颁布的《普通高等学校军事课教学大纲》为依据，以马克思列宁主义、毛泽东思想、邓小平理论、"三个代表"重要思想、科学发展观、习近平新时代中国特色社会主义思想为指导，紧紧围绕国防教育、国家人才培养和国防后备力量建设的需要，促进青年学生提高综合素质，使广大青年学生树立正确的世界观、人生观和价值观，为国防建设和民族振兴而贡献自己的力量。

　　本书在体系结构上，打破传统模式，本着军事理论教学宜广不宜深的原则，将大纲规定的教学内容和要求重新归纳组合，更好地适应教学的组织实施；在教学内容上，关注新的时代主题和热点、焦点问题，拓宽了学生的视野；在编写结构上，精选了一些图片，一目了然，便于教学与训练。

　　本书由长春大学从事军事理论教育的老师共同编写。其中马东辉任主编，王一、王建光、姚晓波任副主编，马晓锋、孔令波、王丹凤、王建辉、王禹章、王婷婷、田鸿儒、刘海涵、刘磊、杨雪冬、汪洋、陆明、周凯、姜振月、胡旭、赵国亮、徐金堂、郭宏岩、高萍、高嵩参与了编写。特别感谢北京理工大学出版社吉林信息中心的孟丽华、朴玥、孙敏、张佳编辑，他们对本教材的出版提供了支持与帮助。

　　军事理论课是一门理论性和实践性比较强的课程，我们在改革和创新方面做了一些探索和尝试，同时在编写的过程中参考了很多有关书籍文献和军事教学资料，采纳了许多专家学者的研究成果，在此一并表示诚挚的感谢。

编　者

目　　录

绪　论

大学生军事训练，是指高等院校组织在校学生进行的军事理论教育和军事技能训练。在我国普通高等学校中有组织、有计划、有步骤地开展学生军训工作，是党和国家加强和实施国防教育的一项重要战略举措。

一、大学生军事训练的产生和发展

1. 大学生军事训练的产生

早在 1955 年《中华人民共和国兵役法》颁布后，学生军事训练就成为国家的一项军事制度。1984 年重新颁布的《中华人民共和国兵役法》设专章对高等院校和高级中学学生的军事训练工作作出了明确规定，为开展学生军训工作提供了基本的法律依据。

1955 年 8 月，中华人民共和国中央军事委员会（简称中央军委）依据兵役法的规定和广大学生的要求，向毛主席、党中央请示关于在高等院校进行学生军事训练、为部队培养预备役军官的问题。请示报告中提出，高等院校的军事训练，除学习一般军事知识、进行军事生活锻炼外，还应在普通学科的基础上，增加学习有关的军事专业知识。

1955 年至 1957 年间，为了对中等学校学生进行征集前的军事训练，并为高等学校军训打下基础，教育部、国防部依据兵役法的规定，先后在全国 127 所中等学校进行了学生军训试点，训练时间为 100 小时，受训学生共 7 万余人。当时大学重点培养预备役军官，高中负责基础军事训练，这对激发学生的爱国热情、增强国防观念、扩大知识面、促进教学起到了积极作用。

2. 大学生军事训练的发展

1958 年后，高等学校和高级中学建立了民兵组织，学生军事训练在民兵组织中进行。

1963 年，国防部和教育部联合颁发了《高等学校和高级中学民兵军事训练大纲》。

1985 年，教育部和中国人民解放军总参谋部、总政治部联合颁发《高等学校军事课教学大纲》《高级中学和相当于高级中学军事训练课教学大纲》。

1986 年以后，先后三次对《高等学校军事课教学大纲》进行修改。

2001 年 4 月 28 日，第九届全国人民代表大会常务委员会第二十一次会议通过的《中华人民共和国国防教育法》，对开展国防教育的目的和意义、教育方针、学校国防教育、社会国防教育、国防教育的保障以及法律责任进行了规范和明确，为开展学生军训工作提供了可操作性和针对性更强的法律依据。2001 年 6 月 26 日，在总结多年来学生军训试点工作经验的基础上，国务院办公厅、中央军委办公厅转发了教育部、总参谋部、总政治部《关于在普通高等学校和高级中学开展学生军事训练工作的意见》，要求全国高等院校和高级中学普遍开展军事训练，使高等院校和高级中学的学生军训工作走上了规范化、法制化的道路。

2007年，教育部、总参谋部、总政治部重新颁布的《普通高等学校军事课教学大纲》，使训练内容设置和时间分配更加科学合理。

二、大学生军事训练的指导思想和目的

1. 大学生军事训练的指导思想

以马列主义、毛泽东思想、邓小平理论、"三个代表"和科学发展观的重要思想为指导，以《中华人民共和国国防法》《中华人民共和国兵役法》《中华人民共和国国防教育法》和《中共中央国务院关于深化教育改革，全面推进素质教育的决定》为依据，按照教育要面向世界、面向未来、面向现代化的要求，围绕国家人才培养的长远战略目标和国防后备力量建设的需要，组织开展学生军训工作。

2. 大学生军事训练的目的

通过组织学生军训，提高学生的思想政治觉悟，激发爱国热情，增强国防观念和国家安全意识；进行爱国主义、集体主义和革命英雄主义教育，增强学生的组织纪律观念，培养艰苦奋斗的作风，提高学生的综合素质；使学生掌握基本军事知识和技能，为中国人民解放军培养后备兵员和预备役军官，为国家培养社会主义事业的建设者和接班人打好基础。

三、大学生军事训练的重要性

1. 军事训练是《中华人民共和国兵役法》的重要内容，是大学生应履行的义务

我国十分重视全民国防观念和国防意识的教育，1984年通过的《中华人民共和国兵役法》对大、中学生的军事训练作了详细的规定："高等院校的学生在就学期间，必须接受基本军事训练"，"高等院校设军事训练机构，配备军事教员，组织实施学生的军事训练"。《中华人民共和国国防教育法》第十五条对大学生参加军事训练也有具体的规定："高等学校、高级中学和相当于高级中学的学校应当将课堂教学与军事训练相结合，对学生进行国防教育。

高等学校应当设置适当的国防教育课程，高级中学和相当于高级中学的学校应当在有关课程中安排专门的国防教育内容，并可以在学生中开展形式多样的国防教育活动。高等学校、高级中学和相当于高级中学的学校学生的军事训练，由学校负责军事训练的机构或者军事教员按照国家有关规定组织实施。军事机关应当协助学校组织学生的军事训练。"积极参加军事训练，圆满完成训练任务，是大学生自觉履行兵役义务的最实际的方法。

2. 军事训练有利于增强大学生的国防观念

国防是为了捍卫国家主权和领土完整，保证国家利益不受外来侵犯而采取的一切防卫措施的综合。国防意识，则是与国防需要相适应而倡导和产生的以维护国家根本利益为标志的群体行为观念。它不仅是一种强大的精神力量，而且也可以转化为一种巨大的物质力量。在政治上是向心力和凝聚力，在军事上可转化为战斗力，在经济上可转化为生产力。国防意识的强弱历来是一个国家和民族兴衰的重要标志。国防观念关系到国家的存亡、民族的兴衰，世界上许多国家都非常重视军事训练，极力宣扬"大国防"观念，动员全民关注和投身国防事业。因此，高校开展军事训练，培养学生的国防意识，既是维护国家安全的思想基础，

又是推动民族发展兴盛的精神动力。

我国自改革开放以来，经济上取得了长足的发展，人民生活水平有了显著的提高。与此同时，国民的忧患意识日渐淡薄，国防意识、国防观念也淡化了。尤其是青年大学生，他们对于我国的安全环境和安全形势知之甚少；对于西方敌对势力一直对我国"西化""分化"的图谋认识不清；对于恐怖主义、民族分裂主义、极端宗教主义的破坏的危害性认识不足。面对新的形势，大学生必须保持清醒的头脑，严肃认真地对待军事训练问题，切实把大学军事训练放在重要的地位。

3. 军事训练有利于增强大学生的民族凝聚力和向心力

民族的凝聚力和向心力，是一个国家和民族兴盛与发展的基本条件。今天，全面实现社会主义小康社会是我国各族人民共同的奋斗目标，是中华民族具有凝聚力和向心力的共同追求。而国防建设，既是这一奋斗目标的组成部分，又是实现这一目标的重要保障。军事训练，能使人们进一步增强爱国主义信念，树立革命英雄主义、集体主义、为国家和民族献身的使命感、光荣感以及为保卫国家民族利益而自觉斗争的精神，从而进一步增强民族的凝聚力和向心力。近代中国曾屡遭外敌入侵，国贫民弱，社会则像一盘散沙，除了经济落后、政治腐败的原因外，也与国民没有形成明确的国防意识有着密切的关系。新中国成立以来，先进的社会制度是中华民族具有强大的凝聚力和向心力的重要基础；同时，以国家和民族的发展以及安全为共同利益的现代国防意识的形成也是巩固民族凝聚力和向心力的精神力量。高校军事训练能够使学生把民族的共同利益放在至高无上的地位，能够和全国人民团结一心，共同抵御外来侵略、颠覆的威胁，能够为民族的共同利益不惜牺牲个人或局部利益。这样，就能在爱国主义的伟大旗帜下把大家紧紧地团结起来，使中华民族具有坚不可摧的伟大力量。

青年是祖国的未来，民族的希望。青年大学生尤其如此。他们是民族的脊梁。加强对大学生的军事训练，尤其是爱国主义教育（军事训练的核心），能极大地激发青年大学生的民族自豪感和爱国热情。

4. 军事训练有利于提高大学生的身心素质和科学文化素质

素质教育的目的是促进大学生思想道德素质、科学文化素质和身心素质协调发展，引导他们勤于学习、富于创造、甘于奉献，成为有理想、有道德、有文化、有纪律的时代新人。高校军事训练，主要以理论教学和军事训练为主。在教学方面，主要是开展军事科学教育。由于现代战争是高技术条件下的局部战争，它不仅是综合国力的较量，也是科技实力的较量；军事科学是一门范围广博、内容丰富的综合性科学，它涉及自然科学、社会科学和技术科学等众多学科。而军事科学教育围绕高科技战争进行，传授现代军事高技术知识，如微电子、光电子、人工智能、纳米技术等，这些都能增加大学生的科技知识，使他们了解现代科技前沿，了解国际形势，开阔视野，培养其忧患意识、爱国意识，并使其智力、心理得到协调发展。在军事训练方面，主要是集中一定的时间，对大学生强制性地进行队列、射击实战以及体能等方面的军事技能训练，其目的就是通过亲身体验，使他们感受到部队严明的组织纪律、雷厉风行的生活作风、不畏艰难的吃苦精神，从而培养他们的团队意识、集体观念，锻炼健壮的体魄，培养健康的心理素质，养成良好的生活习惯，并掌握基本的军事技能。这样，通过军事理论学习和军事训练，就能提高大学生的心理素质和科学文化水平，练就其强健的体魄，丰富其人格修养、情感意识，提高道德素质。

5. 军事训练有利于培养国防后备人才，促进国防现代化

我国国防建设一直坚持走精干的常备军和强大的后备力量相结合的道路，这也是我国新时期国防建设的根本指导思想。大学生作为一个特殊的社会群体，具有较高的科学文化素质，易于掌握现代科技知识。如果抓好这个群体的军事训练，我们便储备了一大批具有较高科学文化素质而又掌握了一定军事技能的高素质的国防后备力量。为此，对大学生进行军事理论教学和必要的军事训练，以便必要时为部队输送高技术军事人才，成为战时扩建、组建部队的骨干，为打赢未来高技术局部战争创造条件，为国防建设和军事斗争准备提供有力保障。因而，大学军事训练有利于提高国防能力。

未来高技术条件的局部战争仍要坚持人民战争。随着科学技术的飞速发展和大批高新技术用于军事领域，虽然在一定程度上看，传统的人民战争的方式已经过时了。但是，人民战争的理念不能丢。在新的形势下，人民战争仍有它存在的意义，如信息战、网络战等一些没有硝烟的战争，人民群众中的技术群体会大有作为，他们可以充分发挥其聪明才智加入到维护国家安全的行列中来。我们的青年大学生，无论是在校生还是毕业生，他们个个都有专长，如果他们受过较好的大学军事训练，走上社会之后，他们之中的绝大多数将成为各行各业的骨干力量，他们的一言一行、一举一动都将影响着周围的人，其中的部分人还将走上领导岗位，其影响和作用就更大了。在和平时期，他们是军事训练的骨干，一旦战争发生，他们便成为人民战争的排头兵，能发动和组织广大群众参与战争，形成强大的合力，取得战争的胜利，为未来高技术条件下的人民战争打下坚实的基础。

四、大学生学习军事训练课程的意义和方法

对大学生进行集中军事技能训练和军事理论课教学，是一项具有战略意义的正确决策，它既能体现人才培养和国防后备力量建设的和谐统一，增强学生的国防观念和国防意识，培养大学生的基本军事技能，又有力地促进了大学生素质的全面提高。

（一）开设军事训练课程的意义

1. 开设军事训练课程是国家法律赋予的义务

1984 年 5 月 31 日，第六届全国人民代表大会第二次会议通过了《中华人民共和国兵役法》。

1998 年 12 月 29 日，第九届全国人民代表大会常务委员会第六次会议对《中华人民共和国兵役法》进行了修改。《中华人民共和国兵役法》第四十三条明确规定："高等院校的学生在就学期间，必须接受基本军事训练。"

1995 年 5 月 10 日，第八届全国人民代表大会常务委员会第十三次会议通过了《中华人民共和国预备役军官法》（以下简称《预备役军官法》）。2010 年 8 月 28 日，第十一届全国人民代表大会常务委员会第十六次会议对《预备役军官法》进行了修正。其中明确规定：可以从非军事院校的毕业生中选拔预备役军官。

2001 年 4 月 28 日，第九届全国人民代表大会常务委员会第二十一次会议通过的《中华人民共和国国防教育法》第十五条规定："高等学校、高级中学和相当于高级中学的学校应当将课堂教学与军事训练相结合，对学生进行国防教育。高等学校应当设置适当的国防教育课程。"

依法履行兵役义务、自觉接受国防教育，是法律赋予大学生的神圣义务。大学生是中华

民族优秀青年的代表，是巩固我国国防，抵御外敌入侵、捍卫祖国独立，维护国家主权和领土完整的重要后备力量。因此，依法履行兵役义务，在校期间接受军事训练，学习、掌握基本的军事理论知识和军事技能，是大学生义不容辞的责任。

2. 开设军事训练课程是时代的召唤

历史经验告诉我们，"国无防不立，民无兵不安"，所以，必须加强全民的国防教育，增强国防观念，近代中国充满血和泪的屈辱史对中国人民来说是刻骨铭心的，是永远不会忘记的。一个国家要有强大的经济实力和国防才能自立于世界民族之林。

20世纪90年代初，随着苏联的解体，苏美争霸的冷战局面结束了，但我们应当清楚地看到，霸权主义和强权政治依然存在，局部战争、地区战争不断，天下并不太平。以美国为首的北约从一个防御性的组织变成了一个进攻性的军事组织，不经联合国授权就自行对其他国家进行武装干涉，对世界和平构成重大威胁。当代大学生肩负着21世纪复兴中华民族的历史使命，任重道远，在高校开设军事课程是时代的需要。

3. 开设军事训练课程可以培养高素质的国防后备力量

认真贯彻党的教育方针，就是要培养德智体等全面发展的社会主义事业的建设者和接班人，其核心是要着力培养具有全面素质的人才。

要培养大学生坚定正确的政治方向和良好的道德素质。军事课是对国防和军事的理性认识，是以爱国主义为核心的理论与实践的教育。从道德意义上说，保卫国家安全，是每个公民最高的社会公德。因此，国防教育与"两课"教育异曲同工，相得益彰。在传授知识的基础上，加强对大学生的能力培养，是培养高级专门人才的重要任务。军事理论课通过讲授军事科技，使大学生了解我国与发达国家在军事技术方面的差距，从而激发学生钻研专业知识，积极参与实践，努力提高自己解决问题的能力。

4. 军事训练课程是高等教育的重要组成部分

军事训练课作为高等教育的重要组成部分和特殊的社会活动领域，具有其他学科和教育方式无法替代的综合素质培养和教育的功能。大学生接受国防教育，了解国防建设的目的、路线、方针和政策，有助于他们提高思想政治素质，增强责任意识，坚定保家卫国的意志；学习国防理论，了解国家安全形势，有助于他们更好地履行国防义务；参加军事训练，可以磨炼他们的意志，培养组织纪律观念和集体主义思想等，从而提高大学生自身的综合素质，更可保证高校人才培养的质量。

5. 为大学生入伍工作打好基础

通过军事课程，可以增强大学生的国防观念，培养他们的国防精神，有利于做好征集大学生入伍的工作。征集高文化素质青年入伍，是适应军队现代化建设的需要，是提高兵员素质的重要举措。2001年，国务院、中央军委修订后的《征兵工作条例》第二十五条规定："依法可以缓征的正在全日制高等学校就学的学生，本人自愿应征并符合条件的，可以批准服现役，原就读学校应当按照有关规定保留其学籍，退伍后准其复学。"

（二）学习军事训练课的方法

1. 综合运用各种思维方法

军事训练课程是一门综合性很强的学科，广泛涉及社会科学、自然科学、技术科学及其相关的众多学科知识。要学好这门科学，必须综合运用学习各门学科知识所常用的思维方法，要拓展自己的思维领域和思维模式，综合运用各种科学的思维方法。比如，形象思维主要是用直观形象和表象解决问题的思维。其特点是具有形象性、完整性和跳跃性。形象思维的基本单位是表象。它是用表象来进行分析、综合、抽象、概括的过程。当人们利用已有的表象解决问题时，或借助于表象进行联想、想象，通过抽象概括构成一幅新形象时，这种思维过程就是形象思维。利用表象进行思维活动、解决问题的方法就是形象思维法。例如，学习军事地形学，要考虑环境、气候等情况，分析比较走什么路线最佳，会遇到什么情况，这种利用表象进行的思维就是形象思维。

2. 注重学习战例、研究历史

军事训练课源于战争和军事活动实践，是战争和军事活动实践经验的总结和抽象概括。系统地学习和研究军事科学发展的历史和古今中外著名的战例，不仅能够帮助我们从连续的历史中得到启示，加深对军事科学理论以及有关原理、原则的理解，而且能够使我们从历史中得到有益的借鉴。

从战争中学习战争，固然是提高作战指挥能力和谋略水平的重要方法，但在平时，战例研究却不失为学习战争的重要途径和必要补充。战例研究，就是以战例为原型，通过去粗取精、去伪存真、由此及彼、由表及里的透彻分析，拨开战争迷雾，找出作战指导的内在规律，为赢得未来战争做准备。研究战例，要坚持我军战例与外军战例兼顾、古代战例与现代战例兼顾、成功战例与失败战例兼顾的原则，紧密结合训练课题选择战例，增强研究的针对性。每一个著名战例，都从正反两个方面反映了交战双方在军事思想、组织指挥、战术运用等方面的经验和失误，许多军事家将其视为"最好的教材""宝贵的镜子"。

第一章　中国国防

学习目标

掌握中国国防的概念、历史及启示；

了解国防法规、国防建设和军队建设的主要内容；

了解中国武装力量的构成。

第一节　国防基础知识

国防伴随国家的产生而产生，服务于国家利益。国防直接关系国家的安全、民族的尊严、社会的发展。

作为当代大学生，要以强烈的国防意识，弘扬以"两弹一星"为代表的国防精神，义无反顾地担负起保卫国家安全，振兴中华民族的历史使命，做到知我国防、爱我国防、铸我国防、固我国防，为建设现代化国防建功立业。

一、国防的含义

国防，就是国家的防务，是指国家为防备和抵抗侵略，制止武装颠覆，保卫国家的主权、统一、领土完整和安全，所进行的军事活动，以及与军事有关的政治、经济、外交、科技、教育等方面的活动。

国防的内涵包括四个方面：一是国防的主体。国防的主体，是国防活动的实行者，通常为国家。二是国防的目的。国防的目的主要是捍卫国家的主权、统一、领土完整和安全。三是国防的手段。国防的手段是指为达到国防目的而采取的方法和措施。根据《中华人民共和国国防法》的规定，我国国防的手段包括军事活动以及与军事有关的政治、经济、外交、科技、教育等方面的活动。四是国防的对象。国防的对象是指国防所要防备、抵抗和制止的行为。根据《中华人民共和国国防法》的界定，国防的对象，一是"侵略"，二是"武装颠覆"。国防要防备和抵抗的是"侵略"，国防要制止的是"武装颠覆"。这是一个涉及国家在什么情况下可以使用国防力量的重大问题。

二、国防的类型

不同性质、不同制度的国家，采取不同类型的国防。当前世界各国的国防归纳起来，主要有以下四大类型。

1. 扩张型

扩张型国防是一切奉行霸权主义侵略扩张政策的国家，为了维护本国在世界其他地区的利益，打着防卫的幌子，对别国进行侵略、颠覆和渗透，把"国防"作为侵犯别国主权和领土、干涉他国内政的代名词。

2. 自卫型

自卫型国防指在国防活动中主要依靠本国力量，广泛争取国际支持，防止外敌入侵，以达到维护本国安全，以及周边地区的稳定与世界和平之目的。我国国防类型属于积极防御的自卫型国防，我国坚持和平自主的防卫原则，永不扩张，也不容别国侵犯我国一寸土地。

3. 联盟型

联盟型国防也就是以结盟形式，联合一部分国家来弥补自身国防力量的不足。从联盟国之间的关系来看，还可分为一元联盟和多元联盟。所谓一元联盟，就是有一个大国处于盟主地位，其他国家则为从属地位。所谓多元联盟，则是各国基本处于伙伴关系，共同协商防卫大计。在联盟型的国防中，也可以分为扩张和自卫两种情况。

4. 中立型

中立型国防主要是指中小发达国家，为了保障本国的安全，严守和平中立的国防政策，制定总体防御战略和寓兵于民的防御体系。

三、国防的地位和作用

任何一个国家，从其诞生之日起，首要的任务就是固疆强力、抵御外来侵略、巩固新生政权、保证国家的生存与发展。在国家的职能中，国防的地位和作用十分重要，它与国家利益休戚相关，关系到国家安危、荣辱和兴衰。

1. 国防是国家安全的重要保障

为了保障国家安全，促进国家发展，各国都从本国的实际出发，努力加强国防建设，同时在国民中普遍进行有关维护国家安全的国防教育，使国民树立爱国主义和维护国家根本利益的观念，保障国家的安全，为国家的发展创造更有利的环境和条件。

2. 国防是国家独立自主的前提

"民无兵不安，国无防不立。"没有一个强大的国防，就没有国家的主权和独立，人民的幸福和民族的振兴也就没有保障，这从我国近代史上有国无防或防而不固的惨痛教训中可得到证明。可见，国家独立自主，民族兴旺，离不开整个民族的尚武精神，离不开具有强大战斗力的国防军和后备力量的建设。

3. 国防是国家繁荣发展的重要条件

一个国家只有建设了相应的国防，国家的其他建设事业才能顺利进行。如果没有巩固的国防，这个国家的政权是无法巩固的，经济发展的目标也难以实现。因此，国家的生存、政权的巩固和经济的发展必须有一个能够捍卫国家根本利益的国防。

第二节 中国国防的发展

中国国防的历史源远流长。公元前 21 世纪，伴随着奴隶制国家夏王朝的出现，作为抵御外来入侵和讨伐他国的工具——国防便产生了。在人类社会的历史长河中，神州大地先后经历了奴隶社会、封建社会、半殖民地半封建社会和社会主义社会。与之相应，国防也经历了无数个强盛与衰落的交替，从而给我们留下了宝贵的国防遗产和深刻的历史教训。

一、古代国防

我国古代国防，是从公元前 21 世纪夏王朝建立到 1840 年鸦片战争爆发，共经历了近四千年的漫长历史。其间，中华民族经历了无数次战争的锤炼，形成了强大的民族凝聚力，培育出了自强不息、前仆后继、不畏强暴、卫国御敌的尚武精神，最终成为一个多民族的大疆域国家。

1. 古代的国防政策和国防理论

大约公元前 21 世纪，中国古代社会开始由原始氏族公社制社会进入奴隶制社会，出现了国家。从此，作为抵御外来侵犯和征伐别国的武备——国防的雏形便产生了。随后的几千年征战中，为保家卫国，逐渐形成了我国古代的国防政策和国防理论。

春秋战国时期，由于各诸侯国之间连年征战，使国防观念迅速得到强化。虽然当时的诸子百家在政治和哲学方面的主张各放异彩，但在国防方面却大体一致，形成了诸如："义战却不非战""非攻兼爱却不非诛""足食足兵""以正治国，以奇用兵""富国强兵""文武相济""尚战，善战，慎战""不战而屈人之兵"等思想，表明春秋战国时期国家对武备和国防的重视，而且国防思想已经上升到理论的高度，全面奠定古代军事思想的基础，标志着我国古代军事思想在这个时期已经基本成熟。在此基础上也形成了较为完整的战争观，并提出了普遍的战争指导原则，如孙子的"知彼知己，百战不殆""示战先算""伐谋伐交，不战而胜""以智使力"等指导原则。这些指导原则概括精辟，至今仍具有极为重要的指导意义；总结出了一整套治军方法，形成了比较合理的军队编制结构；重视改善武器装备，研制出种类繁多的兵器装备；明确提出把军队的教育训练当做治军的首要任务，以此来提高部队的素质。

公元前 230 年至前 221 年，经过 10 年的统一战争，秦国先后兼并六国，结束了历史上的长期分裂局面，第一次建立起中央集权的封建国家，标志着中国封建社会进入一个新的历史阶段。随后的汉、唐更是中国封建社会的盛世，在军事上也处于开疆拓土的鼎盛时期。至公元 10 世纪中叶的近 1 300 年间，中国古代国防政策和国防理论得到了进一步的丰富和发展，主要表现在：开始全面整理兵书，初步形成古代军事学术体系。此后，通过三次大规模的整理，形成了研究军事战略的"兵权谋"，研究战役、战术的"兵形势"，研究军事天文、气象的"兵阴阳"，研究兵器、装备的制造和运用技巧的"兵技巧"，共四大类，构成了一个较为完整的军事学术体系。另外，古代战略思想趋于成熟，战略防御思想得到进一步完善。

宋朝至清朝前期是中国封建地主阶级没落的时期，但在军事上却已进入冷、热兵器并用时代，国防政策和国防理论也有相当的发展，武学开始被纳入国防教育体系。北宋初期重文轻武，国防衰落；后开办"武学"，设武举，为军队培养、选拔了大批军事人才，同时也繁荣了军事学术。明、清两朝将武举推向更深层次，甚至出现文人谈兵、武人弄文的局面，大量军事著作面世，军事思想研究不断发展。

从总体上来说，我国古代国防理论主要有"以民为体""居安思危"的国防指导思想，

"富国强兵""寓兵于农"的国防建设思想，"爱国教战""崇尚武德"的国防教育思想，"不战而胜""安国全军"的国防斗争策略等。在这些思想和策略的指导下，华夏大地消除了无数次外敌入侵带来的战祸，为中华民族的繁衍生息和社会的发展提供了基本的生存条件，甚至使国防曾出现"中国既安，四夷自服"的辉煌。

2. 古代的兵制建设

兵制即我们常说的军事制度，也称军制，是国家或政治集团组织、管理、维持、储备和发展军事力量的制度。我国古代的兵制建设主要包括军事领导体制、武装力量体制和兵役制度等内容。

在军事领导体制上，夏、商、西周时期一般由国王亲自掌握和指挥，没有形成专门的军事领导机构。春秋末期，实现将相分权治国，以将（将军）为主组成军事指挥机构。战国时期，将军开始独立统兵作战。秦国一统天下之后，设立了专门管理军事的机构，太尉为最高的军事行政长官。隋朝设立了三省六部制，设兵部主管军事。宋朝则设置枢密院作为军事领导的最高机构，主官由文官担任，主要目的是防止"权将"拥兵自重。枢密院有权调兵却无权指挥，将军有权指挥却无权调兵，形成枢密院和将军的相互牵制的局面。各朝代在军事领导体制方面的做法虽各有异，但皇权至上这一点是不变的，军队的最终调拨使用大权始终掌握在皇帝手中。

在武装力量体制上，秦朝之前武装力量结构单一，一个国家通常只有一支国家的军队。从秦朝开始，国家的政治制度逐渐完善，生产力不断发展，因而各个朝代根据国家的状况和国防的需要以及驻防地区和担负任务的具体情况，将军队区分为中央军、地方军和边防军三种，并对军队的编制体制、屯田戍边、兵役军赋、军队调动、军需补给、驿站通道、军械制造和配发等都作了具体的规定，并以法律的形式颁布执行，如唐代的《卫禁律》《军防令》等。

在兵役制度上，随着各个历史时期的政治、经济、人口状况和军事需要而发展变化。奴隶社会时期，生产力低下，人口稀少，战争规模小，主要实行兵民合一的民军制度。封建社会时期，民军制度逐渐演变为与当时历史条件相适应的兵役制度，如秦汉时期的征兵制、三国两晋南北朝时期的世兵制、隋唐时期的府兵制、宋朝的募兵制、明朝的卫所兵役制等。

3. 古代国防工程建设

我国古代为抵御外敌的侵犯，巩固边海防，修筑了数量众多、规模庞大的国防工程，如城池、长城、京杭运河以及海防要塞等。

我国古代国防工程建设中，城池的建设时间最早、数量最多。城池建筑最早始于商代，随后城池建设规模不断扩大，结构日益完善，一直延续到近代。因此，在我国古代战争中，城池的攻守作战成为主要的样式之一。

长城是城池建设的延伸和发展。春秋战国时期长城的建筑已经开始，秦始皇统一六国之后，为了巩固国防，防御北方匈奴的南侵，于公元前214年开始将秦、赵、燕三国北部的长城连为一个整体，形成西起临洮（今甘肃岷县）、北傍阴山、东至辽东的宏伟工程。后经各朝代多次修建连接，至明代形成了西起嘉峪关、东至山海关、总长约6 300千米的万里长城。

京杭大运河是我国古代兴建的伟大水利工程。隋炀帝时期，征调大量人力物力，将原有的旧河道拓宽和连贯，形成北起通州（今北京通州区）、南至杭州，全长1 747千米的大运河，把南北许多州县连成一线，成为军事交通和"南粮北运"的大动脉，具有重大的军事和经济作用。

古代海防建设是从明朝开始的。14 世纪，倭寇频繁袭扰我沿海地区，因此明朝在沿海重要地段陆续修建了以卫城、新城为骨干，水陆寨、营堡、墩、台、烽堠等相结合的海防工程体系，为抗击倭寇的入侵起到了重要作用。

4. 古代国防的兴衰

古代国防的兴衰是与各朝代的政治、经济、军事状况密切相关的。纵观我国几千年的国防史，我们不难发现，当统治阶级处于上升时期，政治开明，经济繁荣，军事强大，民族团结，国家统一，其国防就强盛；当统治阶级走下坡路，政治腐败，经济衰落，军事孱弱，民族分裂，国内混乱，其国防就削弱而崩溃。

从整个历史来看，我国古代前期，即从春秋战国到秦汉、盛唐，国防日趋发展，不断强盛以至于发展到鼎盛。其后期，即从中唐到两宋、晚清，我国国防便日趋衰败，以至于一触即溃，不堪一击。其间，虽然盛唐之前有两晋的糜烂，中唐以后有明清中前期的振作，但从整体上来看，我国古代国防事业的基本趋势是由弱到强，再从强盛走向衰落。

从汉、唐、明、清等几个大的历史朝代看，国防事业也都是由兴而盛，由盛及衰。其间固然不乏极盛之前的短暂衰落，衰败之后的一时复兴，但终其一朝由盛及衰的基本趋势是没有改变的。

二、近代国防

我国近代的国防是孱弱、衰败和屈辱的。1840 年西方殖民主义者凭借船坚炮利的优势，攻破了清王朝紧锁的国门，对中华民族实行残酷的殖民统治。在西方殖民主义者的侵略面前，腐朽的统治者奉行的国防指导思想却是"居安思奢""卖国求荣"；执行的国防建设思想乃是"以军压民""贫国臃兵"；倡导的国防教育思想却是"愚兵牧民""莫谈国事"；制定的国防斗争策略甚至是"不战而败""攘外必先安内"。其结果是有国无防，国家沦为殖民地半殖民地，人民惨遭践踏和屠杀。

1. 清朝后期的国防

1644 年，清军大举入关，问鼎中原，最终建立大清王朝。从顺治开始，经康熙、雍正、乾隆和嘉庆五代，先后 177 年是清朝的兴盛时期。但是"康乾盛世"之后，政治日趋腐败，国防日益疲弱。1840 年鸦片战争爆发，西方殖民主义者大举入侵，从此清王朝一蹶不振，江河日下，有国无防，内乱丛生，外患不息，逐步沦为半殖民地半封建社会。

（1）清朝的武备。清朝的武备包括军事领导体制、武装力量体制和兵役制度等方面。

在军事领导体制方面，1840 年以前，大清王朝先后设立了议政王大臣会议、兵部和军机处，作为高层军事决策和领率机构。鸦片战争后，开始实施"洋务新政"，成立了总理衙门。八国联军入侵中国后，清朝统治者深感军备落后，企图通过改革军制来强军安国，遂改总理衙门为外务部，撤销原有的兵部，成立陆军部。

在武装力量体制方面，清军入关之前，军队是八旗兵；入关后为弥补兵力的不足，将投降的明军和新招募的汉人单独编组，成立了绿营；1851 年以后，为镇压太平天国运动，咸丰号召各地乡绅编练乡勇，湘军和淮军逐渐成为清军的主力；中日甲午战争之后，开始编练新军。

在兵役制度方面，八旗兵实行的是兵民合一的民军制。清朝规定：所有十六岁以上的满族男子都是兵丁，不满十六岁的则编为养育兵，作为后备兵源。绿营兵虽是招募而来，但入伍后即编入兵籍，其家属随营居住，实际上绿营兵是职业兵，直到年满五十岁才解除兵籍。湘军和淮军是由地方乡勇逐渐发展起来的部队。太平天国运动被镇压后，湘、淮军取代八旗兵和绿营兵，成为清军的主力。甲午战争中，湘、淮军大部分溃散，清朝开始"仿用西法，编练新兵"。新军采用招募制，在入伍的年龄、体格及识字程度方面均有比较严格的要求。

（2）清朝的疆域和边海防建设。清朝初期重视边海防建设。在同国内割据势力的斗争中，制止了分裂，促进了国内各民族的团结，维护了国家的统一；在与外部侵略势力的斗争中，捍卫了国家的领土主权。这一时期疆域西到今巴尔喀什湖、楚河、塔拉斯河流域、帕米尔高原；北到戈尔诺阿尔泰、萨彦岭；东北到外兴安岭、鄂霍茨克海；东面到海，包括台湾及其附属岛屿；南到南海诸岛；西南到广西、云南、西藏，包括拉达克，建立了一个空前统一、疆域辽阔的多民族的封建专制国家。从道光年间开始，政治日益腐败，边海防逐渐废弛。西方殖民主义者乘虚而入，以坚船利炮打开了中国封闭的国门。19世纪中叶以后，香港、澳门、台湾、澎湖被英、葡、日占领，东北乌苏里江以东、黑龙江以北及西北今国界以外的广大地域被沙俄侵占，帕米尔地区被俄、英瓜分，拉达克则被英国属克什米尔所吞并。

（3）"五次"对外战争。1840年，英帝国主义以清王朝禁烟为由，对中国发动了战争，史称鸦片战争。1842年，战败的清王朝被迫在英国的军舰上签订了我国历史上第一个丧权辱国的不平等条约——《中英南京条约》。中国的领土和主权遭到破坏，开始沦为半殖民地半封建社会。

1856至1860年，英国不满足它已获得的利益，联合法国，分别以"亚罗艇事件"和"马神甫事件"为借口，对中国发动了第二次鸦片战争。战败的清王朝被迫与英国签订了中英《天津条约》，与法国签订了中法《北京条约》，此时的沙俄趁火打劫，强迫清政府签订了《瑷珲条约》。中国的领土主权进一步遭到破坏，半殖民地程度加深。

19世纪80年代初，法国殖民主义者在完全占领越南后，开始觊觎我国西南地区。1884年至1885年中法交战。爱国将领冯子材率领的清军奋勇杀敌，在刘永福黑旗军的配合下痛击法军，取得了镇南关大捷，由此导致法国茹费里内阁的倒台。但是腐败的清政府却一味苟且偷安，李鸿章认为法国船坚炮利，强大无敌，中国即便一时而胜，难保终久不败，不如趁胜而和。因此，清政府和法国签订了《中法新约》，将广西和云南两省的部分权益出卖给了法国，使中国不败而败，法国不胜而胜。清政府的腐败无能暴露无遗。

1895年，日本以清朝出兵朝鲜为由发动了甲午战争。北洋水师全军覆没，清政府被迫与日本签订了《马关条约》，中国被进一步肢解，中国半殖民地程度加深，民族危机加剧。

1900年，英、美、德、法、俄、日、意、奥八国，以保护在华侨民"利益"为借口，组成联军，发动侵华战争。战败的清政府被迫与八国签订了《辛丑条约》。这个条约从政治、经济、军事各方面都扩大和加深了帝国主义对中国的统治，并表明清政府已完全成为帝国主义统治中国的工具。中国完全沦为半殖民地半封建社会。

从1840年鸦片战争到1911年辛亥革命这70多年间，清政府与列强签订了大大小小数百个不平等条约，割让领土近160万平方公里，共赔款2700万元，白银7亿多两（不含利息）。如把利息计算进去，仅《辛丑条约》中规定的"庚子赔款"本息就达9亿8千多万两。当时，在1.8万多公里的海岸线上，大清帝国竟找不到自己享有主权的港口。国家有海无防，有边不固，绝大部分中国领土成了帝国主义的势力范围：俄国在长城以北，英国在长江流域，日本在台湾、福建，德国在山东，法国在云南。中华民族美丽富饶的国土被蹂躏得支离破碎。

2. 民国时期的国防

1911 年爆发的辛亥革命，虽然推翻了清朝的统治，彻底废除了封建专制制度，建立了"中华民国"，但并没有改变中国任人宰割的历史。帝国主义通过扶植各派军阀作为自己的代理人，加紧对中国的控制掠夺；各派军阀争权夺利，混战不已，中国依然是有边不固，有海无防，人民有家难安。

（1）军阀混战与中华民族的觉醒。1911 年的辛亥革命，终于推翻了几千年的封建统治，但由于革命的不彻底，仍没有使中国摆脱半殖民地半封建的状况，帝国主义依然在华夏大地上横行无忌，他们为维护其在华利益，纷纷扶植自己的代理人：先有袁世凯称帝，后是张勋复辟，各派军阀以帝国主义为靠山，割据称雄，混战不休。直、皖、奉三大派系军阀先后窃取中央政权，贿选国会议员和总统，出卖国家和民族利益。"二十一条"的签订和"巴黎和会"中国外交的失败，充分暴露出北洋政府的腐败无能，使中国面临被帝国主义进一步瓜分的命运，激起了中华民族同仇敌忾、共御外侮的决心和勇气。以五四运动为标志，中国反帝反封建的资产阶级民主革命发展到新阶段。1921 年 7 月，中国共产党的成立，把中国人民的救亡图存斗争推向新的阶段，中国工人阶级开始以自觉的姿态登上了历史舞台。

（2）日本的入侵及中国人民的抗战。1931 年 9 月 18 日，日本发动了"九·一八事变"。面对日本帝国主义的野蛮侵略，蒋介石却奉行"攘外必先安内"的方针，一味奉行不抵抗政策，出卖民族利益，使东北大片国土迅速沦陷。1937 年 7 月 7 日，日本发动"卢沟桥事变"，进一步扩大了对中国的侵略，中华民族到了生死存亡的紧要关头。中国共产党高举团结抗日的旗帜，肩负起救民族于危难的神圣使命，领导全国各族人民进行了艰苦卓绝的八年抗战，终于取得了我国近代历史上第一次抗击外敌侵略的完全胜利。

（3）解放战争及新中国的成立。抗日战争胜利后，中国人民迫切需要一个和平安全的休养生息的环境，中国共产党顺民心，从民愿，不计前嫌，准备与国民党第三次携手，合作建国。但蒋介石背信弃义，妄图消灭中国共产党及其所领导的军队。在中国共产党的领导下，经过三年的解放战争，中国人民终于推翻了蒋家王朝，建立了新中国。

三、现当代国防

现当代国防史是指从新中国成立到现在的国防历史，这是中国国防的全面振兴史。1949年，中华人民共和国的成立标志着中国国防进入独立自主的新时代。具体而言，新中国国防史可以分为六个阶段。

1. 由革命战争向和平建设过渡的阶段

从 1949 年 10 月到 1953 年 12 月，是由革命战争向和平建设过渡的阶段，这是新中国国防的起步阶段。

这一时期，中国总体处在巩固政权和恢复发展国民经济的时期，国内外反动势力对新中国的国防构成了极大的威胁。党和国家高度重视国防事业的发展，在解放战争取得基本胜利和继续追歼残敌的基础上加大了对国防的投入；成立了统一的军事领导机构，加强了对全国武装力量的领导；开始组建新的军兵种，开始由单一陆军向诸军兵种全面过渡；开始建立军事院校，为国防建设培养大批现代化军事人才。抗美援朝战争的胜利是这一时期中国国防的重大成就。新中国国防的初步发展巩固了新生的人民政权，同时也为中国经济的恢复与发展创造了一个安定环境。经过这一阶段的努力，中国军队开始由长期的以单一陆军为主向合成军队过渡，为即将全面展开的国防和军队现代化建设奠定了基础。

2. 提出并开始进行现代化、正规化建设的阶段

从1953年12月到1965年5月，是提出并开始进行现代化、正规化建设的阶段，这是中国国防的大发展阶段，各项工作出现了令人鼓舞的新气象。在这一时期，党和国家对国防和军队建设进行了总体规划和部署，明确提出"建设一支优良的现代化的革命军队"的奋斗目标。

（1）调整体制，精简整编，压缩规模，提高素质。根据国家需要，中共中央、中央军委调整了军委和总部领导机构，重新划分军区，健全了院校和科研机构，统一了部队编制。作为中国国防核心力量的人民解放军连续进行了四次精简整编，压缩了军队规模，确立了诸军兵种合成体制。

（2）建立正规化军事制度。人民解放军实行军衔制、薪金制、义务兵役制三大制度改革，建立了正规化军事制度。

（3）发展国防科技和国防工业。国防科技和国防工业迅速发展，武器装备建设初步形成了体系，原子弹等尖端武器的研制也有了重大突破。1964年10月16日，西北大漠一声巨响，中国第一颗原子弹爆炸成功，震惊世界，大大增强了中国的国防力量。

（4）加强陆海边防建设，捍卫国家主权。1958年的金门炮战，成功粉碎了国民党军队"反攻大陆"的企图和美国妄图制造"两个中国"的阴谋。1959年的西藏平叛和1962年的中印自卫反击战，防止了国家分裂，捍卫了国家主权和领土完整。

3. 在"文化大革命"时期艰难前进的阶段

从1965年5月至1976年10月，是中国国防在"文化大革命"时期艰难前进的阶段。

在"文化大革命"时期，国防和军队建设同其他各条战线一样，受到严重冲击和影响。加之国际形势发生重大变化，美国直接干涉东南亚事务，武装入侵越南、老挝，直接威胁到中国安全；中苏关系全面恶化，边境冲突不断。在这种内忧外患的复杂环境中，全党、全军和全国人民顶住逆流，顽强奋斗，人民军队凭着对人民的忠诚和严格的纪律，努力排除各种干扰，基本保持了稳定，国防建设仍取得显著成绩。

（1）加强国防工程建设。面对错综复杂的国家安全环境，军队贯彻"立足早打、大打、打核战争"的战略方针，重点在东北、华北、西北地区主要作战方向构筑各类永备工事，加强人民防空、城市防卫工程建设及战略物资储备，组织以西南地区为重点的"大三线"建设及各地战略后方的"小三线"建设。

（2）国防尖端科技发展提速。1966年10月27日，中国又成功进行了导弹核武器试验；1967年6月17日，中国第一颗氢弹爆炸成功；1969年9月23日，中国成功进行了地下核试验；1970年4月24日，中国第一颗人造地球卫星上天；1974年8月1日，第一艘战略核潜艇"长征一号"下水等，都表明中国的国防力量上升到了一个新的阶段。

（3）坚决反抗外来侵略并支援一些国家的反帝正义斗争。1969年3月，苏联边防军入侵中国珍宝岛，中国军队进行自卫反击，给予敌军以歼灭性打击，保卫了中国领土。1974年，南越反动当局入侵中国西沙群岛领域，中国军队给予其致命打击，捍卫了民族尊严。中国还通过援越抗美、援老抗美作战等支援了一些国家反对帝国主义侵略的正义斗争。

4. 国防和军队建设指导思想战略性转变阶段

从 1978 年党的十一届三中全会到 1989 年，是国防和军队建设指导思想战略性转变阶段。

随着党的十一届三中全会后党和国家工作重心的转移，国防和军队建设也进入了新的发展阶段。1985 年 5 月，中央军委扩大会议做出军队和国防建设战略转变的重大决策，主要内容有四个方面。

①国防建设和人民军队从"早打、大打、打核战争"的临战状态转变到和平时期正常建设的轨道。

②服从国家经济建设大局，有计划、有步骤、有重点地加强以现代化为中心的国防建设。

③从单方面强调军队建设转变到全面增强综合国力上来。

④从主要准备对付全面战争转变到重点准备打赢现代条件下的局部战争上来。

根据这一决策，国家采取了一系列重大措施：1985 年中至 1987 年年底进行了百万大裁军，军队员额降到了 300 万左右；按照"精兵、合成、高效"的原则，全面调整了军队体制编制，组建了陆军集团军，加强诸军兵种合成；1986 年，启动实施了"863 计划"，实施科技强军战略；走"军民兼容"的国防发展道路；不断完善和加强战争动员体制和后备力量建设；加强军事理论和国防科研等。

这一时期中国也取得反抗外来侵略方面的重大胜利，突出地表现在对越自卫反击战上。1979 年、1981 年、1984 年、1988 年中国边防军分别展开了对入侵越军的自卫反击战，有力地维护了祖国尊严和领土主权。

这一时期最重要、最根本的成就就是形成了邓小平新时期军队建设思想，主要内容是关于相对和平时期人民军队建设的理论，同时也包括现代战争、国防建设和军事战略思想等。这些是邓小平理论所坚持的科学世界观、方法论在军事领域内的贯穿和运用，是新时期中国国防和军队建设的科学指南。

5. 把国防和军队现代化建设全面推向 21 世纪的阶段

从 1989 年到 2004 年，是把国防和军队现代化建设全面推向 21 世纪的阶段。20 世纪 90 年代，国际战略形势发生深刻变化，两极格局终结后，世界呈现多极化的发展势头，霸权主义和强权政治出现新的特点：新的世界大战和针对中国的全面战争一时打不起来，因领土、民族、宗教及各种经济利益矛盾引发的地区冲突和局部战争凸显；"台独"势力的发展，对祖国统一的现实威胁日趋严重；海湾战争爆发，世界新军事变革的兴起，对中国的安全统一和军事力量建设提出了新的挑战；国家的发展进入了大力发展经济、提高综合国力的新阶段。据此，江泽民同志审时度势，围绕打得赢、不变质两个历史性课题，科学回答了未来打什么仗和怎样打仗、建设什么样军队和怎样建设军队的问题，明确国防和军队现代化的发展战略与思路。

（1）新时期的军事战略方针。1993 年 1 月，中央军委确立了新时期军事战略方针，即把军事斗争准备的基点转到打赢现代技术特别是高技术条件下的局部战争上来，对国防和军队建设发挥了统领作用，按照"政治合格、军事过硬、作风优良、纪律严明、保障有力"的总要求全面加强军队建设。

（2）科技强军战略。1995 年 12 月，中央军委提出了科技强军战略，要求依靠科技进步提高战斗力，实现军队建设由数量规模型向质量效能型、由人力密集型向科技密集型转变，形成国防建设与经济建设相互促进、协调发展的机制，通用性较强的军事设施实行军民合用，国防科技工业尽量能军能民。

（3）裁军。1997 年，中国裁军 50 万，2003 年再次裁军 20 万，至此中国军队的军队员额基本上保持在 230 万左右，进一步优化结构，调整编制，组建了一批应急作战部队，提高快速反应和机动作战能力。

（4）展示实力。在东海、南海及台湾海峡先后进行了一系列重大实兵实弹军事演习，圆满完成"封边控边、维稳处突"等重大任务，展现了人民解放军在高技术条件下的防御作战能力；顺利进驻香港、澳门履行防务，展现了中国军队威武之师、文明之师的良好形象。

（5）培养新型军事人才。把院校教育放在优先发展的位置，大力培养高素质新型军事人才。

（6）加强后勤和装备建设。实行军区联勤体制，加强战略后方基地建设，整顿军队生产经营，后勤综合保障能力和效益进一步增强。陆军基本形成立体机动作战的装备体系和配套的支援保障体系，海军基本形成海上机动作战、基地防御作战和海基自卫核反击作战的装备体系，空军基本形成歼击机、攻击机、运输机和多种支援保障飞机相结合的装备体系，第二炮兵基本形成近中远程齐全、核常兼备的武器系列。

（7）完善相关法律法规。国家先后制定 10 多部军事法律和 100 多项军事法规，有力推动了国防和军队建设的法制化进程。

（8）积极推进中国特色军事变革。2002 年 12 月，为适应世界新军事变革发展趋势，中央军委明确提出积极推进中国特色军事变革，加快推进军队的各项改革和建设，走发挥后发优势、实现跨越式发展的军事变革发展道路，完成推进机械化和信息化的复合式发展的军事变革双重任务，提出国防和军队现代化建设"三步走"的军事变革战略步骤，到 21 世纪中叶实现国防和军队信息化的战略目标。

6. 国防和军队建设新的发展阶段

2004 年至今，是国防和军队建设新的发展阶段。党的十六大以来，以胡锦涛同志为主要代表的中国共产党人以科学发展观为指导，积极适应新的时代条件下国防和军队建设发展新要求，着眼于有效履行新世纪新阶段军队的历史使命，积极推进中国特色军事变革，以推动国防和军队建设科学发展为主题，以加快转变战斗力生成模式为主线，深化军事斗争准备，推动国防和军队建设在科学发展的轨道上不断取得新的历史性进步，实现了中国特色国防和军队建设道路新的拓展。

（1）科学确立新世纪新阶段军队历史使命。2004 年年底，胡锦涛同志依据国际风云的变化和国内形势的发展，对新世纪、新阶段军队历史使命作出"三个提供、一个发挥"的新概括，就是要在政治上能够为党巩固执政地位提供重要的力量保证，在军事能力上能够为维护国家发展的重要战略机遇期提供坚强的安全保障，在军事战略上能够为维护国家利益提供有力的战略支撑，在国际上能够为维护世界和平与促进共同发展发挥重要作用。人民解放军的全部工作，都要围绕有效履行这一历史使命来展开，各项建设都要围绕履行历史使命的能力来进行。

（2）明确国防和军队建设贯彻落实科学发展观的总体要求。坚持党绝对领导下的人民军队的根本性质和宗旨，着眼有效履行新世纪新阶段中国军队历史使命，以提高信息化条件下威慑和实战能力为根本出发点和落脚点，全面加强革命化、现代化、正规化建设，全面落实政治合格、军事过硬、作风优良、纪律严明、保障有力"五句话"总要求，统筹中国特色军事变革与军事斗争准备，统筹机械化建设与信息化建设，统筹诸军兵种作战力量建设，统筹当前建设与长远发展，统筹主要战略方向建设与其他战略方向建设，进一步实施科技强军战略，着力推动军事理论创新、军事技术创新、军事组织创新和军事管理创新，加快转变战斗力生成模式，充分发挥广大官兵的主体作用，坚持军民结合、寓军于民，实现国防和军队建设全面协调可持续发展。

（3）创新发展新形势下军队最根本的建设——思想政治建设。2007年8月1日，中国人民解放军80周年之际，胡锦涛对人民解放军优良传统作出"听党指挥、服务人民、英勇善战"十二字高度概括，指出加强军队思想政治建设的最根本两条是坚持党对军队的绝对领导、坚持全心全意为人民服务。2008年12月，围绕强化官兵精神支柱，胡锦涛提出"忠诚于党、热爱人民、报效国家、献身使命、崇尚荣誉"的当代革命军人核心价值观，引领官兵的思想和行为。

（4）全面提高军队有效履行使命任务的能力。以增强打赢信息化条件下局部战争能力为核心，全军不断提高应对多种安全威胁、完成多样化军事任务的能力，确保中国军队能够在各种复杂形势下有效遏制战争、打赢战争、维护和平、应对危机。

（5）鲜明提出了党在新形势下的强军目标。党的十八大以来，以习近平同志为总书记的党中央从坚持和发展中国特色社会主义、实现中华民族伟大复兴中国梦的战略全局统筹谋划国防和军队建设，审时度势，总结我们党建军成功经验，考量国际战略形势和国家安全环境发展变化，着眼于解决军队建设面临的突出矛盾和问题，鲜明提出了党在新形势下的强军目标——建设一支听党指挥、能打胜仗、作风优良的人民军队。

党的十八届三中全会通过的《中共中央关于全面深化改革若干重大问题的决定》（以下简称《决定》），把国防和军队改革纳入国家改革全局，作为一个重要部分进行部署。《决定》指出，要紧紧围绕建设一支听党指挥、能打胜仗、作风优良的人民军队这一党在新形势下的强军目标，着力解决制约国防和军队建设发展的突出矛盾和问题，创新发展军事理论，加强军事战略指导，完善新时期军事战略方针，构建中国特色现代军事化力量体系。

60多年国防和军队建设的伟大实践，丰富和发展了毛泽东军事思想，形成了邓小平新时期军队建设思想、江泽民国防和军队建设思想、胡锦涛国防和军队建设思想、习近平关于国防和军队建设重要论述。中国共产党坚持用军事创新理论指导国防建设实践，又及时总结实践经验进一步丰富和发展军事理论，在理论和实践的双向互动与辩证发展中，不断推进国防和军队建设向前发展。奋进在强军征途上的人民军队正在党的领导下，埋头苦干、奋力开拓，积极推进中国特色军事变革，加快推进国防和军队现代化，为实现中国梦提供坚强力量保证。

四、中国国防发展的启示

中国的国防历史发展了数千年，经历了古代国防、近代国防和现当代国防三个阶段，带给我们的启示也不尽相同。

1. 经济发展是国防强大的基础

经济是国防的物质基础，国防的强大有赖于经济的发展。早在春秋时期齐国的政治家管仲就提出"富国强兵"的思想，孙子则更直接地指出：兵不强则不可以摧敌，国不富不可以养兵，富国是强兵之本，强兵之急。这一观点抓住了国防强大的根本所在。我国古代凡是有作为的政治家、军事家和王朝，无不强调富国强兵。秦以后的汉、唐、明、清各代前期国防的强盛，都是与民休养生息、发展经济的结果；与此相反，以上各朝代的衰败，也都是由于经济的衰落导致国防的孱弱。无数史实证明，经济发展是国防强大的基础。

2. 政治开明是国防巩固的根本

政治与国防紧密相关，国家的政治是否开明，制度是否进步，直接关系到国防能否巩固，良好的政治才是固国强兵的根本。

纵观我国数千年的国防历史，我们不难发现，凡是兴盛的时期和朝代，都十分注意修明政治，实行较为开明的治国之策。原本西陲小国的秦国，从商鞅变法开始，修政治，明法度，发展生产，繁荣经济，国防日渐强大，为并吞六国奠定了坚实的基础；大唐初建之时，满目疮痍，百废待兴，正是由于制定并实施了一系列开明的政治制度，使国家很快从隋末的战争废墟中恢复过来，很快成为国力昌盛、空前统一的大唐帝国。凡是衰落的时期和朝代，无不因为政治腐败导致国防虚弱。唐朝中期以后，两宋乃至于晚清都是如此。

3. 国家的统一和民族的团结是国防强大的关键

翻开几千年的国防史，人们都会发现这样一个规律：凡是国家统一、民族团结的时期，国防就巩固、强大；凡是国家分裂、民族矛盾尖锐的时期，国防就虚弱、颓败。

晚清时期，在西方列强的进攻面前，清政府不仅不敢发动反侵略战争，不依靠、不支持人民群众进行战争，反而认为"患不在外而在内""防民甚于防火"；对人民群众自发组织的反侵略斗争实行残酷的镇压，最终造成对外作战中屡战屡败，割地赔款，逐步沦为半殖民地半封建社会。历史的教训最为深刻，经验弥足珍贵，值得我们永远记取。

第三节　国防建设

中华人民共和国成立后，经过几十年的艰苦努力，我国国防建设取得了举世瞩目的成就，今天的中国之所以能巍然屹立在世界的东方，并享有很高的声誉，主要是因为我国在政治上的独立、经济上的发展和国防的不断强大。

一、国防领导体制和国防政策

（一）国防领导体制

国防领导体制，是国家谋划、决策、指挥、协调国防建设和军事斗争的组织体系，包括国防领导机构的设置、职权划分、相互关系及相关制度等。我国国防领导体制是国家体制的重要组成部分。

1. 国防领导体制的历史发展

中华人民共和国成立以来，为使国防领导体制适应国家政治、经济、科技的发展，特别是适应军事发展和保障国家安全的需要，对国防领导体制进行了多次调整改革，使之在实践中不断发展和完善。

中华人民共和国成立之初，根据有关法律的规定，设立中央人民政府人民革命军事委员会，作为国家最高军事领导机关，统一管辖并指挥中国人民解放军及其他武装力量。毛泽东作为党的主席、国家主席和人民革命军事委员会主席，是武装力量的最高统帅。另外，还设有中国人民解放军总司令一职，由朱德担任。由著名将领（包括少数党外著名将领）组成人民革命军事委员会，下设总参谋部、总政治部、总后勤部。

1954年，第一届人大通过并颁布的宪法规定，中华人民共和国主席统率全国武装力量，担任国防委员会主席，不再设立中央人民政府革命军事委员会。一届人大一次会议决定，设立国防委员会和国防部，撤销中国人民解放军总司令的设置。国防委员会是一个带统一战线性质的名义上的国防领导机构。9月28日，中共中央政治局通过决议，在中央政治局和书记处之下设党的军事委员会，担负整个军事工作的领导。中央政治局、书记处和军事委员会有关军事工作的决定，对内以军事委员会（简称军委）的名义下达，对外以国务院或国防部的名义下达。毛泽东同时担任党的主席、国家主席、军委主席和国防委员会主席于一身，是武装力量的最高统帅。彭德怀主持中共中央军委日常工作，并任国务院副总理兼国防部长和国防委员会副主席。人民解放军总部曾实行总参谋部、训练总监部、武装力量监察部、总政治部、总干部部、总后勤部、总财务部、总军械部等八大总部的体制，1958年7月，恢复总参谋部、总政治部、总后勤部三总部体制；中央军委扩大会议通过的决议规定，中央军委是中共中央的军事工作部门，是统一领导全军的统率机关，军委主席是全军统帅。国防部是军委对外的名义。军委决定的事项，凡需经国务院批准，或需用行政名义下达的，由国防部长签署。1959年和1965年的第二、第三届全国人大会上，刘少奇当选为国家主席和国防委员会主席。毛泽东担任中共中央主席和中共中央军委主席，统率着全国的武装力量。

1975年和1978年通过的宪法规定，中华人民共和国武装力量由中国共产党中央委员会主席统率。国家未再设国防委员会。

1982年，第五届全国人大第五次会议通过的第四部宪法规定，设立中华人民共和国中央军事委员会，领导全国的武装力量。中央军事委员会实行主席负责制，主席由全国人民代表大会选举或罢免。与此同时，中共中央军事委员会继续存在，其职能和国家中央军委完全相同。这表明中央军委同时有两个名义：一个是中共中央军委，一个是国家的中央军委，从而确立了党和国家高度集中统一的行使领导职权的国防领导体制。

2. 中华人民共和国国防领导职权

根据宪法和国防法，中华人民共和国的国防领导职权由中共中央、全国人大及其常务委员会、国家主席、国务院、中央军委行使。

（1）中共中央的国防领导职权。中国共产党作为执政党，是领导中国社会主义事业的核心力量。中共中央在国家事务包括国防事务中发挥决定性的领导作用。有关国防、战争和军队建设的重大问题，都是由中共中央、中央军委、中央政治局及其常务委员会作出决策并通过必要的法定程序，作为党和国家的统一决策贯彻执行。

（2）全国人民代表大会及常务委员会的国防领导职权。中华人民共和国全国人民代表大会是最高国家权力机关。它在国防方面的职权主要有：决定战争与和平的问题；制定有关国防方面的基本法律；选举中央军事委员会主席，根据中央军事委员会主席的提名，决定中央军事委员会其他组成人员，并有权罢免以上人员；审查和批准包括国防建设计划在内的国民经济和社会发展计划以及计划执行情况的报告；审查和批准包括国防经费预算在内的国家预算和预算执行情况的报告；改变或者撤销全国人民代表大会常务委员会在国防方面的不适当的决定；应当由全国人民代表大会行使的国防方面的其他职权。

全国人民代表大会常务委员会在国防方面的职权主要有：在全国人民代表大会闭幕期间，如果遇到国家遭受武装侵犯或者必须履行国际共同防止侵略的条约的情况，决定战争状态的宣布；决定全国总动员或者局部动员；制定国防方面的法律；在全国人民代表大会闭幕期间，审查和批准包括国防建设计划在内的国民经济和社会发展计划，包括国防经费预算在内的国家预算在执行过程中所必须做的部分调整方案；监督中央军事委员会的工作；在全国人民代表大会闭幕期间，根据中央军事委员会主席的提名，决定中央军事委员会其他组成人员的人选；根据最高人民法院院长和最高人民检察院检察长的提请，任免军事法院院长和军事检察院检察长；决定同外国缔结的有关国防方面的条约和重要协定的批准和废除；规定军人的衔级制度；规定和决定授予在国防方面国家的勋章和荣誉称号；全国人民代表大会授予的国防方面的其他职权。

（3）国家主席的国防领导职权。中华人民共和国主席的国防领导职权主要有：根据全国人民代表大会的决定和全国人民代表大会常务委员会的决定，宣布战争状态；根据全国人民代表大会的决定和全国人民代表大会常务委员会的决定，发布动员令；公布全国人民代表大会及其常务委员会制定的有关国防方面的法律；根据全国人民代表大会常务委员会的决定，授予在国防方面国家的勋章和荣誉称号；根据全国人民代表大会常务委员会的决定，批准和废除同外国缔结的有关国防方面的条约和重要协定。

（4）国务院的国防领导职权。中华人民共和国国务院是最高国家权力机关的执行机关，是最高国家行政机关。它的国防领导职权包括：编制国防建设发展规划和计划；制定国防建设方面的方针、政策和行政法规；领导和管理国防科研生产；管理国防经费和国防资产；领导和管理国民经济动员工作和人民武装动员、人民防空、国防交通等方面的有关工作；领导和管理拥军优属工作和退出现役军人的安置工作；领导国防教育工作；与中央军事委员会共同领导中国人民武装警察部队、民兵的建设和征兵、预备役工作以及边防、海防、空防的管理工作；法律规定的与国防建设事业有关的其他职权。

（5）中央军事委员会的国防领导职权。中华人民共和国中央军事委员会是最高国家军事机关，负责领导全国武装力量。其职权主要包括：统一指挥全国武装力量；决定军事战略和武装力量的作战方针；领导和管理中国人民解放军的建设；制定规划、计划并组织实施；向全国人民代表大会或者全国人民代表大会常务委员会提出议案；根据宪法和法律，制定军事法规，发布决定和命令；决定中国人民解放军的体制和编制，规定总部以及军区、军兵种和其他军级单位的任务和职责；依照法律、军事法规的规定，任免、培训、考核和奖惩武装力量成员；批准武装力量的武器装备体制和武器装备发展规划、计划，协同国务院领导和管理国防科研生产；协同国务院管理国防经费和国防资产；法律规定的其他职权。

中央军委实行主席负责制，中央军委主席实际即为全国武装力量的统帅。中央军委组成人员为：中央军委主席，副主席若干人，委员若干人。中央军委下设总参谋部、总政治部、总后勤部、总装备部。总部既是中央军委的工作机关，又是全军军事、政治、后勤、装备工作的领导机关。

（二）国防政策

国防政策，指国家进行国防建设和使用国防力量的准则。通常可分为总政策和具体政策，是国防建设和国家安全的保证。国防政策有其鲜明的阶级性，不同的国家有不同的国防政策。中国的国防政策遵循中国共产党确定的基本路线和毛泽东关于人民战争的思想，实行积极防御的战略方针，为维护和平反对侵略服务。

1. 实行积极防御，坚决保卫国家利益

《中华人民共和国国防法》明文规定，中国"实行积极防御战略，坚持全民自卫原则"。在中国革命战争和中华人民共和国成立后巩固国防的长期斗争实践中，我们实行积极防御的战略方针，在战略指导上还一直贯穿着自卫战争，后发制人；对待强敌，持久作战；依据人民战争，以劣势装备战胜优势装备之敌；立足于复杂困难情况下作战等重要思想。在新的历史条件下，我国之所以仍然坚持这一战略方针，是由我国的社会制度和基本政策决定的；是由毛泽东积极防御战略思想本身所具有的长期稳定的科学指导作用决定的；也是由新时期军事斗争的客观需要所决定的。因此，根据和平时期的特点，进一步发展和丰富积极防御战略，实行遏制战争和打赢战争的辩证统一，着重准备对付可能发生的局部战争和突发事件，以国家利益为最高准则处理军事战略问题，是新时期我国国防战略的根本目标和基本任务。我国国防的唯一目的是保卫自身的安全，我们决不谋求超出我国合法权益以外的任何利益，我们也决不会首先挑起战争，我们不会掠夺别国的一寸土地，也决不干涉别国的内政，我们只求捍卫属于自己的利益。我国的社会主义性质、国家利益、国家发展状况和独立自主的和平外交政策，决定了我国必须实行积极防御的国防政策。这个政策的基本目标是：巩固国防，抵御外敌侵略，保卫国家领土、领空、领海主权和海洋权益，维护国家统一和安全。这一基本目标，也是1982年颁布的中国现行宪法赋予中国人民解放军的主要职责。如果有谁肆意侵犯我国领土主权，严重危害我国安全，我们必定给予坚决的回击。我们将积极、主动、灵活地使用一切武力的、非武力的手段，坚决捍卫国家利益。

2. 服从和服务于国家经济建设

在整个社会主义初级阶段，解决中国面临的所有问题，包括国防和军队现代化问题，关键是要把经济发展起来，这是决定当代中国命运的根本所在。经济发展了，才能为国防现代化提供坚实的物质基础。经济基础制约国防建设，国防建设要立足于经济建设，这是和平时期国防建设的规律。根据当前我国国情，国防建设更要服从经济建设。中华人民共和国成立以来，经过60多年的建设，经济取得长足的发展，一些工农业产品产量居世界前列，不少还居首位。但产品和资源按人均计算，我们却远远排在后面。我国的生产能力和科学技术水平，与发达国家相比，还有很大差距，即使经过努力，在21世纪中叶我们才能达到中等发达国家水平，在建国100周年时才可望成为世界强国。我们必须抓住大好时机，迎接挑战，把工作做得更好，把经济搞上去，使全国人民的生活达到小康，为经济的更大腾飞打下坚实基础。这就要求我们集中一切力量，以经济建设为中心，其他工作都要服从、围绕这一中心，尤其国防建设更应如此，以免经济基础负担加重，影响经济建设的发展速度。这是中国国防建设的一个基本点。但服从和服务于经济建设大局，并不等于可以忽视国防建设。国防力量是国家综合国力的有机组成，国防现代化也是国家四个现代化的一部分，国防和军队建设作为国家整体利益的内在需要，必须同经济建设协调一致发展。有了强大的国防作后盾，国家安全和现代化建设才有可靠的保证。

3. 坚持走中国特色的精兵之路

改革开放以后，邓小平明确提出走有中国特色精兵之路，裁减军队员额100万，组建陆军合成集团军，进行诸军兵种的合成训练，重新启动依法治军进程。军队自觉服从服务于国家经济建设大局，积极支援国家经济建设，参加抢险救灾，并且为捍卫国家领土主权、维护民族团结和社会稳定做出了贡献。江泽民同志指出："要实行精兵政策，这是我军建设的必由之路。如果我们不采取有力措施，进一步提高我军的质量水平，就不可能适应形势的发展，就无法完成新时期军事斗争准备的各项任务。"走中国特色的精兵之路，目标是建设一支现代化、正规化的革命军队。只有认真贯彻这一决策，才能够保证军队建设与国家经济建设协调一致的发展，使军队指挥系统更加精干高效，部队编组更加科学，诸军兵种合成进一步加强，快速反应能力和机动作战能力更加提高。党的十六大以来，胡锦涛科学阐述新世纪新阶段我军历史使命，明确提出把科学发展观作为加强国防和军队建设的重要指导方针，为在更高起点上推进国防和军队建设科学发展提供了根本遵循：各项建设围绕提高履行历史使命的能力来进行；加快机械化与信息化复合发展；深化编制体制和政策制度调整改革，裁减员额20万，注重解决官兵切身利益问题。党的十八大以来，习近平同志强调，要着眼实现强军目标，正确把握深化国防和军队改革的指导原则：要牢牢把握坚持改革正确方向这个根本；要牢牢把握军队组织形态现代化这个指向，没有军队组织形态现代化，就没有国防和军队现代化；要深入推进领导指挥体制、力量结构、政策制度等方面的改革，为建设巩固国防和强大军队提供有力制度支撑。

知识拓展

百万大裁军

1985年5月23日至6月6日，中央军委扩大会议在北京召开。6月4日，中央军委主席邓小平在会上郑重宣布：中国政府决定，人民解放军减少员额100万。1987年4月4日，在全国人大六届五次全会举行的中外记者招待会上，人民解放军副总参谋长徐信宣布："中国人民解放军精简整编的任务已基本完成！裁减员额100万后，军队的总定额为300万。"

裁军之后，各总部、各军兵种、各大军区和国防科工委机关及其直属单位，撤并机构，人员精简40%。将原来的11个军区合并为7个大军区，调整后的军区，战区范围扩大，兵源充足，物质资源雄厚，战役纵深加大，从而提高了大军区的独立作战能力。较大幅度地调整各兵种的编成比例，加强了特种兵部队。凡保留下来的陆军，军级建制全部改编为"合成集团军"，与原陆军相比，集团军的火力、突击力、机动能力都有所加强，提高了现代条件下的合成训练和作战能力。全军撤销或合并了一些初级指挥院校和专业技术院校。院校数量精简12%，人员数量减少20%。

结合精简整编，按照革命化、年轻化、知识化、专业化的方针调整配备了三总部、大军区、军兵种的领导班子。调整后的三总部领导班子的人数比原来减少23.8%，大军区领导班子的人数比原来减少一半。在平均年龄上，由原来的64.9岁下降到56.7岁，每个班子中都有40岁、50岁、60岁左右的干部，基本上形成了梯次结构年龄。知识结构也进一步改善，60%的干部具有大专以上文化程度，75%的干部经过院校培训。

4. 独立自主地建设和巩固国防
中国的社会制度、对外政策、历史传统和自然地理等国情，决定了中国必须独立自主地建设和巩固国防。独立自主，就是立足于依靠自己的力量来保障国家的安全。事实证明，依赖别国，就有可能受制于人，招致国家利益受损。中国独立自主的国防政策要求：坚持不与任何国家或国家集团结盟，不加入任何军事集团；坚持从国情出发，独立自主地进行决策和制定战略；坚持主要依靠自己的力量建设国防工业和国防科技体系，发展武器装备；坚持国家利益高于一切的原则，独立地处理一切对外军事事务。总之，根据本国的安全需求，自主地进行国防决策和国防现代化建设。

5. 实现国防现代化

国防建设以现代化为中心，是中国国防和军队建设的主要矛盾所决定的。中国国防和军队建设的主要矛盾是现代战争的客观需要同国防现代化、军队现代化水平还比较低的矛盾。只有坚持以现代化建设为中心，不断提高国防现代化、军队现代化的水平，才能适应现代战争特别是高技术战争的客观需要，有效地维护国家的安全。国防现代化有着丰富的内容，其中国防科学技术的现代化是关键，武装力量特别是军队的现代化是重点。实现国防现代化，要求国防科学技术要走在发展的前列，不断提高武器装备的现代化水平，为武装力量的现代化提供先进的物质技术基础。同时要抓好国防人才、国防体制、国防动员、国防理论、国防法制等现代化建设，全面提高国家的综合国防力量。

6. 实行军民结合、全民自卫

在国防建设和国防斗争中，要继承和发扬人民战争的优良传统，坚决地依靠广大人民群众的力量，坚持军民结合、全民自卫的原则。在武装力量建设方面，重视民兵和预备役的建设，实行精干的常备军与强大的后备力量相结合。在国防斗争中，发挥民兵和广大群众的威力，在边防、海防前线建立起军、警、民结合的联防体系。加强全民的国防教育，提高人民群众的国防意识，健全国防动员机制，以保证一旦发生战争，能够充分动员人民群众实行全民自卫。国防工业和科技的发展，实行军民结合、平战结合、军品优先、以民养军的方针，在经济发展规划、工业生产布局、大型工程施工、科技教育发展、交通邮电建设等方面都要做到军民结合，平战结合，实现寓国防人才于民，寓国防科技于民，寓国防物资于民，把国防事业植根于人民群众之中。

7. 致力于维护世界和平和促进人类进步事业

中国奉行独立自主的和平外交政策，不搞霸权主义，不搞侵略扩张，不同任何国家结成军事同盟，不在国外驻军或建立军事基地。中国反对军备竞赛，主张根据公正、合理、全面、均衡的原则，实行有效的裁军和军控。中国主张通过协商，和平解决国与国之间的分歧和争端，反对诉诸武力或以武力相威胁。中国的国防建设不针对任何国家，不对任何国家构成威胁。中国国防政策的核心和实质是：捍卫国家独立、主权、统一和安全，促进国家的改革开放和国民经济的发展，维护世界和周边稳定。

二、武装力量建设

武装力量建设是指为建立和加强国家武装力量所采取的一系列举措。它以军队建设为主体，是国防建设的重要组成部分，目的是提高武装力量的作战能力，为国家的根本利益服务。

（一）我国武装力量的体制和编成

1. 我国武装力量的体制

武装力量的体制是构成武装力量战斗力的一个重要因素。体制是否科学决定着武装力量能否胜任其肩负的使命。《中华人民共和国国防法》和《中华人民共和国兵役法》规定，中华人民共和国的武装力量由以下几部分组成：

（1）中国人民解放军现役部队和预备役部队。中国人民解放军是中华人民共和国武装力量的骨干，是抵抗侵略、保卫祖国、维护国家主权和安全的主要力量。中国人民解放军由现役部队和预备役部队组成。现役部队是国家的常备军，由陆军、海军、空军、第二炮兵组成。中国人民解放军预备役部队组建于 1983 年，是以现役军人为骨干，以预备役军官、士兵为基础，按统一编制为战时实施成建制快速动员而组建起来的部队。其师团已纳入军队建制序列，授有番号、军旗。预备役部队平时隶属省军区，战时动员后归指定的现役部队指挥。在预备役军官中，有些是地方党政领导干部。预备役部队的基本任务是努力提高部队的军政素质，不断增强现代条件下的快速动员和作战能力；切实做好战时动员的各项准备工作，随时准备转为现役部队，执行作战任务；积极参加社会主义建设，在物质文明和精神文明建设中，发挥骨干带头作用。组建预备役部队是实施成建制快速动员的好形式，是提高储备质量的好办法，是节约军费开支和加强国防建设的好措施。

由于解放军主要担负对付外敌入侵的任务，需要统一调动，统一使用。因此对其必须实施高度集中的垂直领导，归中央军委统一指挥。

（2）中国人民武装警察部队。它是国家武装力量的重要组成部分，是保卫社会主义现代化建设的一支重要力量。《中华人民共和国国防法》规定，人民武装警察部队担负国家赋予的安全保卫任务，维护社会秩序。它是人民民主专政的重要工具之一。其主要职能作用是：①维护国家主权和尊严。主要通过执行边境武装警卫勤务、边防检查勤务、安全检查勤务、海上巡逻勤务来履行这一职能。②维护社会治安。作为公安机关的一部分，人民武装警察部队担负着用公开武装的形式预防和镇压敌对势力的破坏，应付各种紧急意外情况，维护社会治安的任务。③保卫党政领导机关、重要目标和人民生命财产的安全。主要通过执行警卫勤务、守卫勤务、消防工作、反恐怖活动来实现。

人民武装警察部队的任务决定了它具有军事性、公安性、地方性的特点，也决定了武警部队必然有不同于解放军的组织领导体制。所谓军事性，是指人民武装警察部队同人民解放军一样，根据人民解放军的建军思想、宗旨、原则，按照人民解放军的条令、条例和有关规章制度，结合武警部队特点进行建设，以军事手段履行自己的职责。所谓公安性，是指武警部队又是公安机关的组成部分，在完成任务上，要坚持以执勤为中心，有效地保卫国家安全，这种任务有着很强的执法护法性；在隶属关系上，武警部队接受公安机关的分级管理和分级指挥，以武装形式配属公安机关，和公安队伍在同一战线上以不同方式履行同一职责。所谓地方性，是指武警部队按照国家区域分级设置，遍布全国各地，在多数情况下都是在本地区执行任务。

人民武装警察部队自 2018 年 1 月 1 日起，由党中央、中央军委集中统一领导，实行中央军委－武警部队－部队领导指挥体制。人民武装警察部队设总部、总队（师）、支队（团）三级领导机关。各级机关设司令部、政治部、后勤部。武警总部是武警部队的领导指挥机关，领导管理武警内卫部队的军事、政治和后勤工作，对列入武警部队序列的其他部队的军事、政治、后勤工作进行指导。武警总部直辖若干师和大专院校。各省、自治区、直辖市设武警总队，各总队分设初级指挥学校，总队以下根据行政区划和任务需要，设若干个支队，支队下辖大队、中队。

中国人民武装警察部队依其任务不同分为以下三类：

第一类：内卫部队。这是武警部队的主要组成部分，受武警总部的直接领导和管理。其主要任务是承担固定目标执勤和城市武装巡逻任务，保障国家重要目标的安全；处置各种突发事件，维护国家安全与社会稳定；支援国家经济建设和执行抢险救灾任务。

第二类：列入武警序列由公安部门管理的部队。其中，边防部队主要担负边境检查、管理和部分地段的边界巡逻以及海上缉私；消防部队主要担负防火灭火任务；警卫部队主要担负党和国家领导人、省市主要领导及重要来访外宾警卫任务。

第三类：列入武警序列受国务院有关业务部门和武警双重领导的部队。这些部队既担负经济建设任务，同时又负有维护国家安全和社会稳定的任务。其中，黄金部队主要担负黄金地质勘察、黄金生产任务；水电部队主要承担国家能源重点建设项目，包括大中型水利、水电工程以及其他建设任务；交通部队主要担负公路、港口及城建等施工任务；森林部队主要担负东北、内蒙古、云南森林的防火灭火以及维护林区治安和保护森林资源的任务。

人民武装警察部队的武器装备以步兵轻武器为主，兼有少量重型武器和特种武器。人民武装警察部队是国家必不可少的人民武装力量，它的存在直接关系到国家和社会的安定，关系着人民生命财产的安全和人民民主专政的巩固。所以，人民武装警察部队的建设只能加强而不能削弱。

（3）中国民兵。民兵是国家的后备武装力量。中国国防法规定，民兵在军事机关的指挥下，担负战备勤务和防卫作战任务，协助维护社会治安。为确保完成这一任务，必须确立有关民兵的各项基本制度。新时期的中国民兵建设已经取得了很大成绩，以法律的形式确立了在国务院、中央军委领导下的民兵组织领导体制。全国的民兵工作由总参谋部主管；各大军区按照上级赋予的任务，负责本区域的民兵工作；省军区、军分区和县（市）人民武装部是本地区的民兵领导指挥机关；乡、镇、部分街道和企事业单位设有人民武装部，负责民兵和兵役工作。地方各级人民政府对民兵工作实施原则领导、组织和监督。中国民兵的作用主要是积极参加社会主义现代化建设，带头完成生产任务；担负战备勤务，保卫边疆，维护社会治安；随时准备参军作战，抵抗侵略，保卫祖国。

民兵制度。民兵区分为基干民兵和普通民兵。28岁以下退出现役的士兵和经过军事训练的人员，以及选定参加军事训练的人员编入基干民兵组织。其余18~35岁符合服兵役条件的男性公民，编入普通民兵组织。女民兵只编基干民兵，人数控制在适当的比例内。陆海边疆、少数民族地区和城市有特殊情况的单位，基干民兵的年龄可适当放宽。民兵必须是身体素质良好，政治可靠的人员。兵役法规定，实行民兵与预备役相结合的制度。一是规定基干民兵为一类预备役，普通民兵为二类预备役；二是把参加民兵组织和服预备役年龄、政治、身体条件一致起来；三是在有民兵组织的地方，在基层工作上把两者结合起来，使基层民兵组织成为预备役的基本组织形式。对于未编入民兵组织，但符合民兵条件的，进行预备役登记。

民兵的编组。民兵一般以乡（镇）、行政村和厂矿企业为单位，按照民兵人数多少，分别编为班、排、连、营、团。基干民兵、普通民兵、男民兵、女民兵应分别编组。行政村一般编民兵连（营），领导本村的基干民兵和普通民兵。县、乡（镇）所属企业单位，凡人员比较稳定，行政、党团组织比较健全，可建立民兵组织，属乡（镇）武装部直接领导。乡镇编基干民兵营或连，领导全乡的基干民兵。城市民兵的编组，大型厂矿企业可以车间或分厂为单位编组，中小企业可实行跨车间或班组编组。

民兵训练。民兵干部和基干民兵的训练原则上由县（市、区）人民武装部组织实施。根据训练大纲的要求，干部训练时间为 30 天，一般在一年内完成；民兵训练时间为 15 天，一次完成。通过训练，干部具备相应的军事技能和组织指挥能力，并提高开展本职工作的能力；民兵学会使用手中的武器装备，掌握基本军事技能；分队能担负一般战斗任务。民兵干部主要进行本级指挥和教学法训练，基干民兵主要进行技术和战术基础训练。专业技术兵的训练时间可根据需要适当延长，一般比步兵训练时间多一些。

2. 中国人民解放军的编成

中国人民解放军由陆军、海军、空军三个军种和一个独立兵种（第二炮兵）等四大军兵种构成。每个军兵种都是一个多系统、多层次有机结合的整体，不仅有战斗兵种、战斗保障兵种及专业部队，而且设有各级领导机构、后勤保障系统和院校培训体系。各军兵种还建有相当规模的预备役部队。

（1）中国人民解放军陆军。中国人民解放军陆军诞生于 1927 年 8 月 1 日。它经历了中国工农革命军、中国工农红军、八路军和新四军等阶段，在 1946 年 10 月改称为中国人民解放军。

陆军是在陆地上作战的军种，是军队的主要组成部分。中国人民解放军陆军担负着在陆地歼灭敌人的任务，既能独立作战，又能与海军、空军联合作战。它由步兵（摩托化步兵、机械化步兵、山地步兵）、装甲兵、炮兵、防空兵、陆军航空兵、工程兵、防化兵、通信兵、电子对抗兵等兵种及侦察兵、测绘兵、汽车兵等专业兵构成。步兵是徒步或搭乘装甲输送车、步兵战车实施机动和作战的兵种，是地面作战的主要力量。装甲兵是以坦克及其他装甲战车、保障车辆为基本装备，遂行地面突击任务的兵种。炮兵是以各种压制火炮、反坦克火炮、反坦克导弹和战役战术导弹为基本装备，遂行地面火力突击任务的兵种。防空兵是以高射炮、地空导弹武器系统为基本装备，遂行对空作战任务的兵种。陆军航空兵是装备攻击直升机、运输直升机和其他专用直升机及轻型固定翼飞机，遂行空中机动和支援地面战斗的兵种。

中国人民解放军陆军的基本组织层次是集团军、师（旅）、团、营、连、排、班。团以上大多采用合成编组，如集团军通常辖若干个步兵师（旅）及装甲（坦克）师（旅）、炮兵旅、防空旅、直升机大队、工兵团、通信团及各种保障部（分）队等。陆军按任务还划分为野战部队、边防部队、警卫警备部队等。中国人民解放军陆军未设置独立的领导机关，由总部有关部门行使领导职能。集团军军至团的各级领导机关通常设置司令部、政治部（处）、后勤部（处）、装备部（处）。

（2）中国人民解放军海军。中国人民解放军海军于 1949 年 4 月 23 日正式成立，现已成为一支兵种齐全，常规和尖端武器兼备，具有立体攻防能力，能有效地保卫国家领海的战斗力量。

海军是以舰艇部队为主体，在海洋上作战的军种。现代海军具有在水面、水下、空中及对岸上实施攻防作战的能力，有的还具有实施战略袭击的能力，可独立地或与其他军种协同遂行海洋机动作战任务。中国人民解放军海军由水面舰艇部队、潜艇部队、海军航空兵、海军岸防兵、海军陆战队等兵种及专业兵构成。

水面舰艇部队是在水面遂行作战任务的兵种，是海军的基本作战兵力，包括战斗舰艇部队和勤务舰船部队，具有在广阔海域进行反舰、反潜、防空、水雷战和对岸攻击等作战能力；主要用于攻击敌方海上兵力和岸上目标，支援登陆、抗登陆作战，保护或破坏海上交通线，进行海上封锁、反封锁作战，运送作战兵力和物资，参加夺取制海权和海洋制空权的斗争等；平时还用于保卫大陆架、专属经济区，保卫和参加海上科学试验与调查作业、开发海洋资源，维护国家海洋权益。其编制层次通常为支队（相当于师级）、大队（相当于团级）、中队（相当于营级），如驱逐舰支队、护卫舰大队、导弹快艇中队等。

潜艇部队是在水下遂行作战任务的兵种，按潜艇动力，分为常规动力潜艇部队、核动力潜艇部队；按武器装备，分为鱼雷潜艇部队、导弹潜艇部队和战略导弹潜艇部队。潜艇部队具有在水下使用鱼雷、水雷、导弹武器对敌方实施攻击的能力，主要用于消灭敌方大、中型运输舰船和作战舰艇，破坏敌方海上交通线，保护己方海上交通线，破坏、摧毁敌方基地、港口和岸上重要目标；还可以遂行侦察、布雷、反潜、巡逻和运送人员物资等任务。其基本编制为支队，辖有若干艘潜艇。

海军航空兵是主要在海洋上空遂行作战任务的兵种，通常由轰炸航空兵、歼击轰炸航空兵、歼击航空兵、强击航空兵、侦察航空兵、反潜航空兵部队和执行预警、电子对抗、运输、救护等保障任务的部队编成。它是夺取和保持海洋战区制空权的重要力量，是海军的主要突击兵力之一，能对海战的进程和结局产生重大影响。其编制层次为舰队航空兵、航空兵师、团、大队（营）、中队（连）。

海军岸防兵是海军部署于沿海重要地段、岛屿，以火力遂行海岸防御任务的兵种。通常由海岸导弹部队和海岸炮兵部队组成。其基本任务是封锁海峡、航道，消灭敌方舰船，掩护近岸海区的己方交通线和舰船；支援海岸、岛屿守备部队作战，保卫基地、港口和沿海重要地段的安全。其编制有独立团、营、连等，分属于海军基地或水警区。

海军陆战队是海军中担负渡海登陆作战任务的兵种，是实施两栖作战的快速突击力量，通常由陆战步兵、炮兵、装甲兵、工程兵及侦察、通信等部（分）队组成。其基本任务是独立或协同陆军实施登陆作战、抗登陆作战。其编制序列为旅、营（团）、连、排、班。

中国人民解放军海军领导机关设有司令部、政治部、后勤部、装备部，下辖北海、东海、南海舰队和海军航空兵部，各舰队辖基地、舰艇支队、水警区等。

（3）中国人民解放军空军。中国人民解放军空军于1949年11月11日正式成立，经过半个多世纪的建设，人民空军已经发展成为一支由航空兵、地空导弹兵、高射炮兵、雷达兵、空降兵、电子对抗、气象等多兵种合成，由歼击机、强击机、轰炸机、运输机等多机种组成的现代化的高技术军种。

空军是主要进行空中作战的军种，具有快速反应、高速机动、远程作战和猛烈突击的能力，既能协同其他军种作战，又能独立遂行战役、战略任务。空军是现代立体作战的重要力量，能对战争的进程和结局产生重大影响，在现代国防和现代战争中具有重要的地位和作用。

航空兵是空军的主要组成部分和作战力量，包括歼击航空兵、强击航空兵、轰炸航空兵、侦察航空兵、运输航空兵等。歼击航空兵是歼灭敌空中飞机和飞航式空袭兵器的兵种；强击航空兵是攻击敌地面部队或其他目标的兵种；轰炸航空兵是对地面、水面目标实施轰炸的兵种；侦察航空兵是以侦察机为基本装备，从空中获取情报的兵种；运输航空兵是装备军用运输机和直升机，遂行空中输送任务的兵种。

地空导弹兵是装备地空导弹和执行防空任务的兵种，通常与歼击航空兵和高射炮兵共同行动。

高射炮兵主要用于防空作战，歼灭敌空中目标，协助歼击航空兵夺取制空权。

空降兵是以机降或伞降方式介入地面作战的兵种，由步兵、装甲兵、炮兵、工程兵、通信兵及其他专业部（分）队组成，主要任务是夺取敌纵深内的重要目标或地域。

中国人民解放军空军领导机关设有司令部、政治部、后勤部、装备部，其下的基本组织层次为：军区空军、空军军（基地）、师（旅）、团（站）、大队（营）、中队（连）。军区空军根据任务辖一至数个空军军（基地）或航空兵师，一至数个防空混成师、地空导弹师（旅、团）、雷达旅（团）或高炮旅（团）。空军军（基地）下辖数个航空兵师及必要的战斗保障、勤务保障部（分）队。

（4）中国人民解放军第二炮兵。中国人民解放军第二炮兵，组建于 1966 年 7 月 1 日，由地地战略导弹部队和常规战役战术导弹部队组成。

第二炮兵也称中国人民解放军战略导弹部队，是人民解放军中装备地地战略导弹武器系统，遂行战略核反击任务的部队。这支部队经过几十年的建设，逐步发展，不断壮大，已具有一定的规模和实战能力，成为主要的核威慑和战略核反击力量。它对实现积极防御战略方针，加强国防，以及提高中国的国际地位起着重要作用。

地地战略导弹部队是装备地地战略导弹武器系统，遂行战略核反击任务的部队。它的主要任务是遏制敌人对中国使用核武器，在敌人对中国发动核袭击时，遵照统率部的命令，独立地或联合其他军种的战略核部队对敌人实施有限而有效的自卫反击，打击敌人的重要战略目标。地地战略导弹部队是一支具有一定规模和实战能力的主要核威慑和战略核反击力量。它由中程、远程和洲际导弹部队，工程部队，作战保障、装备技术保障和后勤保障部队组成。

常规战役战术导弹部队是装备常规战役战术导弹武器系统，遂行常规导弹突击任务的部队。它由近程、中近程常规导弹部队，工程部队，作战保障、装备技术保障和后勤保障部队组成。

第二炮兵领导机关设有司令部、政治部、后勤部、装备部，其下的基本组织层次为基地、旅、营。

（二）我国武装力量建设的目标

武装力量建设的目标是指武装力量建设在一定时期内所要达到的程度和标准，它决定着武装力量建设的规模和水平。我国《宪法》第二十九条规定：国家加强武装力量的革命化、现代化、正规化的建设，增强国防力量。我国《国防法》又重申了这一规定。我国《宪法》和《国防法》把实现"三化"作为整个武装力量的建设目标。这就为加强武装力量建设，增强国防实力，提供了最高的法律保障。就武装力量内部而言，军队、武警、民兵在"三化"建设的内容和手段上各有不同，程度上也有差异，但都必须为实现革命化、现代化、正规化而共同努力。

1. 革命化

我国武装力量的革命化主要是指在中国共产党的绝对领导之下，坚持无产阶级的政治方向，坚持全心全意为人民服务的宗旨；掌握革命理论，继承和发扬优良传统；培养严守纪律和自我牺牲的精神，培养压倒一切敌人和压倒一切困难的精神，培养爱国主义和国际主义的精神，使我国武装力量永远是党和国家的钢铁长城，永远是国家的捍卫者，永远是社会主义的捍卫者，永远是人民利益的捍卫者。其中最根本的是确保政治上永远合格，绝对听从党的领导与指挥，为巩固中国共产党的执政地位提供重要的力量保证。

实现武装力量的革命化必须大力加强政治建设。第一，必须认真学习和贯彻党的路线、方针、政策，使武装力量建设的政治方向同党的奋斗目标始终保持一致，保证武装力量永远忠于党，忠于人民，忠于社会主义。第二，必须坚持不懈地用马克思主义、毛泽东思想教育部队，引导广大官兵树立无产阶级世界观。历史上，每逢我党提出一条正确路线，为了提高官兵贯彻执行的自觉性，都伴随着一场普遍的马克思主义、毛泽东思想的教育运动。当前，只有继续深入抓好这一教育，才能确保武装力量坚定不移地贯彻执行党的基本路线，才能挫败国内外敌对势力的阴谋，在思想上筑起抵御和平演变的钢铁长城。第三，加强政治建设，还必须坚持和完善军队政治工作制度，努力把各级党组织建设成统一领导和团结部队的核心。

2. 现代化

我国武装力量的现代化主要是指三个方面的内容：一是武器装备的现代化，即要跟上世界新技术革命的发展，努力缩小同发达国家武装力量在武器装备方面的差距，发展和装备先进的尖端武器，并努力使我们能有几件有效制敌的"杀手锏"。二是人员素质的现代化，即培养能熟练使用现代化武器，能指挥和进行现代战争的人，要求武装力量的广大官兵必须适应现代战争要求，掌握现代科学知识和技能，掌握先进的军事思想和理论，善于全面地研究和运用现代战争条件下的战略战术。三是人和武器的最佳组合，即精简机构，提高效率，建立科学的体制编制，保证人与装备所具有的潜力能够得到最大限度的发挥。

在上述三个方面的内容中，武器装备的现代化是武装力量现代化的物质基础和外在标志。它一方面直接促进了军队战斗力的提高，另一方面使现代化战争在一定程度上成为现代技术的较量和现代武器装备的较量。同时，还进一步推动和导致战争理论、战争方式和作战方法的革命性变革。人员素质的现代化是武装力量现代化的关键所在。武器装备的对抗和较量，毕竟只是现代战争的表现形式，就其实质而言，现代战争仍然是人的质量竞争。实现"物"的现代化与实现人的现代化相比，在一定意义上，可以说后者比前者更重要，也更困难。因此，必须把提高人的素质摆在我国武装力量现代化建设的突出位置，并重点解决。这是因为：

（1）武器装备的现代化可以通过阶段性的质变来实现。例如，在科研、生产发展积累的基础上，国家可以集中财力在较短时间内实现武器装备的阶段性质变。但人的现代化，特别是与现代战争相适应的现代观念、现代军事技术素质、现代作战理论、战略战术、指挥现代战争的能力等，则只能是一个渐进的过程，不可能一蹴而就。

（2）提高人的素质必须经过专门、系统地培训。正如邓小平同志所言："过去是在战争中训练，从战争中学习，而且那个学习是最过硬的。但是现在，即使有战争，不经过学校学习也不行，因为装备不同了，指挥现代化战争需要多方面的知识。"应当说，这些知识只有经过平时系统的学习和严格的训练才能掌握。

（3）着力实现人的现代化，也是武器装备不断发展的客观要求。武装力量有了现代化的武器装备，并不意味着就具有了现代作战能力，只有当它为具有现代化素质的人所掌握时，才能转化为现实的战斗力。换言之，武器装备的现代作战能力只有在人的素质现代化的基础上才能最终实现。

3. 正规化

我国武装力量的正规化就是要建立起与武装力量现代化建设相适应的科学合理的组织结构和高效周密的运行机制，实行统一的指挥、统一的制度、统一的编制、统一的纪律、统一的训练，增强组织性、计划性、准确性、纪律性。武装力量的正规化建设是一个完整有机的系统工程，各个方面既有独立的内容，又有紧密的联系。

（1）统一的指挥：就是要统一服从党中央、中央军委的领导与指挥，保证政令军令畅通，维护武装力量的高度稳定和集中统一。

（2）统一的制度：凡属全国性的军事制度，必须由全国人大及其常委会、国务院、中央军委统一制定。中国人民解放军全军性的制度，必须由军委、总部统一制定，颁发全军执行。中国人民武装警察部队和有关民兵的基本制度，也由国务院和中央军委统一制定。要坚决纠正自立章法的现象和工作上的随意性，建立科学高效的运行机制。

（3）统一的编制：中央军委、国务院统一颁发的编制，必须坚决执行。任何单位和个人都不得擅自决定超编超配。统一编制并非不分南方北方，不分任务和条件地"一刀切"，相反，体制编制要合理，军兵种的发展比例要科学、协调，就必须照顾到不同战区的具体情况，要认真论证，审慎定编，并保持相对稳定。

（4）统一的纪律：中央军委和国务院制定的军事法规均有明确规定，武装力量纪律的内容、维护纪律的原则和措施、奖惩的项目、条件和程序等，必须坚决贯彻执行。

（5）统一的训练：军队、武警和民兵应分别按照统一的训练方针原则、统一的条令条例、统一的训练大纲和训练标准，实行统一领导，分级管理，从难从严从实战出发进行训练，未经批准，不得改变训练任务、减少训练时间，更不得降低训练标准，以确保训练质量。

（6）武装力量的组织性、计划性、准确性、纪律性是一个整体，核心是纪律性。科学的计划、严密的组织、准确的行动，都要有严格的纪律作保障。没有严格的纪律，武装力量就不可能达到高度集中统一，就不可能真正实现正规化。加强正规化建设，就是要把我国武装力量的纪律提高到整齐划一、令行禁止的程度。

我国武装力量的革命化、现代化、正规化建设是处于一个有机系统中的三个基本要素。首先，革命化规范现代化的政治方向。革命化表明武装力量的无产阶级性质，表明武装力量属于人民，属于社会主义。现代化则表明武装力量的作战水平，即为一定阶级、一定国家服务的能力。离开革命化，现代化就会失去正确的政治方向，失去服务的方向和目标。其次，正规化保障现代化的实现。现代化需要统一的编制、体制和制度，需要良好的战备、训练、工作和生活秩序，需要高度的组织性、纪律性和行动的准确性，还需要健全有序和灵敏高效的组织指挥系统，这一切，都要经过正规化建设才能形成。再次，革命化统率正规化。正规化只有以革命化做指导，才能保证各项规章制度的贯彻落实。总之，"三化"有着共同的出发点和归宿，最终都是为了全面提高武装力量的战斗力。其中，革命化是统帅，现代化是中心，正规化是保障，三者相辅相成，不容割裂，不能孤立、片面、静止地强调某一个方面而忽视其他方面。

（三）我国武装力量建设与发展的指导原则

从现在起到 21 世纪中叶是中华民族全面振兴的重要时期，也是人民军队发展的重要时期。依据国家总体规划，国防和军队现代化建设实行三步走的发展战略，在 2010 年前打下坚实基础，2020 年前后有一个较大的发展，到 21 世纪中叶基本实现建设信息化军队和打赢信息化战争的战略目标。这一战略构想充分反映了党中央领导集体战略上的深谋远虑和强军兴军的雄心壮志，是指引我国武装力量建设与发展的宏伟纲领。

实现 21 世纪发展构想，加速军队的现代化建设，需要坚持以下指导原则。

1. 质量建军的原则

军队是为打仗而存在和进行建设的。对任何一支军队来说，其战斗力强弱，不但取决于数量多寡，而且取决于质量的高低。在现代战争条件下，数量要素在军队作战能力构成中的比重相对下降，军队战斗力的强弱越来越主要取决于质量的高低。对于人民解放军这支过去和将来都立足于以劣势武器装备打仗的人民军队来说，在全面战争及其临战时期，有必要达到一定的数量和规模。而和平时期，国家以经济建设为中心，军队建设就必须把规模控制在适度水平，把有限的军费用于军队建设最重要、最关键、最急需的地方。在军队建设的指导思想上，实现从数量规模型向质量效能型、从人力密集型向科技密集型的两个根本性转变。

2. 科技强军的原则

在 21 世纪初期，军事领域的一个显著特点，就是科学技术的进步对战争形态、军事力量结构、军事力量运用的方式和军事理论的发展都将产生深刻的影响。没有先进的科学技术，就不可能有现代化的武器装备，也不可能有现代化的军事人才和科学的体制编制，因此也就不可能建设成高质量的军队。中国人民解放军是一支攻无不克、战无不胜的军队。然而，毋庸讳言，在这支军队战斗力的总体构成中，也存在着若干薄弱环节。其中最突出的一点就是科技基础薄弱。因此，在中国人民解放军的建设与发展中，必须增强科技意识，提高用科技强军思想指导质量建设的自觉性。现代技术特别是高技术条件下的局部战争，对军队的科学技术素质提出了更高要求，只有走科技强军之路，通过不断增强军队战斗力构成中的高科技含量，才能使中国人民解放军成为一支更加适应未来战场环境，并能够在未来战争中立于不败之地的强大军队。

3. 勤俭建军的原则

勤俭建军是中国人民解放军的优良传统，也是建军的基本原则之一。在革命战争年代和相对和平时期的军队建设中，人民解放军依靠勤俭建军和艰苦奋斗的精神，克服了重重困难，取得了战争的胜利和军队建设的巨大进步。在军队跨世纪的发展中，现代化建设任务十分繁重，而军费有限，供需矛盾突出。在这种情况下，继承和发扬勤俭建军、艰苦奋斗的优良传统尤为重要。勤俭建军就是要发扬艰苦创业精神，以此作为战胜困难和夺取胜利的精神支柱；要坚持勤俭节约办一切事情，坚决反对铺张浪费，注重效益，精打细算，做到少花钱也能多办事，花小钱也能办大事；树立计划的节约是最大的节约的思想，搞好军队建设的宏观谋划和长远规划，做到统筹规划，协调发展；要严格执行有关条令条例、规章制度，加强检查、监督，从各个方面堵塞漏洞，防止贪污、盗窃、经济受骗等事故或案件的发生；要通过加强科学管理，运用新的科学技术成果、改进工作方法、提高工作效率等，节约人力、物力和财力，丰富勤俭建军的内容和成果。

4. 依法治军的原则

依法治军是贯彻邓小平法制思想和中共中央"依法治国，建设社会主义法治国家"方针的基本要求，是实现新世纪军队建设发展目标的重要保证。随着社会主义市场经济体制的建立和民主法制建设的加强，社会生活、军队活动的各个方面都将逐步纳入法制轨道，传统的治军方法必将越来越紧密地同法律手段有机地结合起来。人民解放军在长期的革命实践中积累了丰富的治军经验，形成了一系列卓有成效的治军方法和手段。依法治军并不排斥也不取代其他治理军队的方法和手段，而是在这些方法和手段中引入法律机制，使之规范化、制度化，从而更有效地发挥各种治军方法和手段的综合效益。坚持依法治军的原则应把军队建设的各个方面和各个环节纳入法制轨道，做到有法可依、有法必依、执法必严、违法必究，实现军队建设的法制化和规范化：要重点抓好依法行政，通过制定军事组织和军事行政法规，把各级领导和机关的职责、权限、行政责任、监督办法等纳入法制轨道。要在健全军事法规体系的同时，提高军事法规的可操作性，使法规内容具体化。要深入持久地开展法制教育，提高广大官兵特别是各级领导干部守法、执法的自觉性。要加强法律监督，建立有效的监督体系，保证法规制度的全面遵守。

5. 深化改革的原则

军事改革是特定历史时代对军队建设的客观要求，是军队自身矛盾运动的必然结果，也是军队建设的自我完善和发展。因此，大力推进军队质量建设，也就必须顺应潮流，革故鼎新，深化军事改革。时代在发展，历史在前进，军队建设同样在不断地发生着深刻变化，人民军队的一些传统，包括在历史上曾经发挥过重要作用的东西，将可能与新的形势不再适应，有的甚至被淘汰。这是不以人的意志为转移的客观规律。站在新世纪的人民解放军，需要有改革创新的精神，迎接世界军事领域深刻变革的挑战，着重研究世界军事发展趋势，探索高技术战争的特点和规律，研究自身建设中的重大现实问题，寻求解决新形势下矛盾的办法，在保持人民军队特色的基础上，博采众长，走有中国特色的精兵之路。

6. 科学决策的原则

加强军队建设的科学决策是时代发展和科学进步提出的必然要求。随着经济、科技和社会的发展，军队建设的系统性特征越来越突出，现代化军队建设越来越成为一个庞大而复杂的系统工程。现代化军队建设不仅在人、财、物上的投入耗费是巨大的，而且整个军队建设的各个方面又是一个紧密联系的有机整体。例如，武器装备发展战略的确定，军队体制编制的调整，教育训练的发展，后勤保障制度的改革等，都是牵一发而动全身，一项决策的失误，将会带来严重的后果。因此，必须坚持科学决策的原则，借助于现代决策科学、管理科学，采用科学的决策程序和方法，在加强预测研究、系统论证的基础上，科学决策；建立健全决策系统、咨询系统、执行系统、反馈系统、监督系统，完善决策机制，最大限度地保证决策的科学合理，保证新时期军队发展战略的实现。

三、新中国国防建设的主要成就

重视国防和军队建设，是我党领导核心的一贯思想。自新中国成立以来，在党中央、中央军委的领导下，国防和军队建设取得了很大成就。党的领导核心高度重视国防和军队建设，从根本上说，是因为国防的强弱与国家的安危存亡、兴衰荣辱紧密相关。当前，在新的征途上，我们要坚定不移地贯彻党的十九大精神，努力加强国防和军队建设，更好地担负起保卫国家主权和领土完整的神圣使命，保证社会主义现代化建设顺利进行。

（一）建立了中国特色的武装力量领导体制

我国的武装力量领导体制，是在长期的革命战争中形成和发展起来的。新中国成立后，根据中央人民政府 1949 年 10 月 19 日的命令，成立了中央人民政府人民革命军事委员会，作为全国武装力量的最高统率机关。1954 年 9 月，第一届全国人民代表大会第一次会议通过的宪法规定，中华人民共和国主席统率全国武装力量，并决定设立国防委员会和国防部，由国家主席担任国防委员会主席。与此同时，取消了中央人民政府人民革命军事委员会，在同月召开的中央政治局会议上，决定在中央政治局和书记处之下成立中共中央军事委员会，领导中国人民解放军和其他武装力量。军委下设总参谋部、总政治部、总后勤部，作为军委的工作机关。为加强我军武器装备建设，1998 年，中央军委增设了总装备部。在中央军委的领导下，还设有负责各军种组织建设、军事训练和战备作战的海军、空军、第二炮兵指挥机关，此外，直接隶属中央军委的还有军事科学院和国防大学等单位，以及负责指挥驻在各大战略区范围内的陆、海、空军部队和民兵的大军区领导机关。

1982 年起，党和国家共同设立中央军事委员会。这种体制，既贯彻了党对军队绝对领导的根本原则，又适应我军已成为国家主要成分的实际，进一步完善了国家武装力量的领导体制，体现了党领导军队与国家领导军队的一致性。这种领导体制，便于运用国家机器来加强武装力量的建设，可以使党中央对军事工作的决策、指示具有法律效力，成为国家意志，以保证军队的最高领导权、指挥权高度集中统一。这种领导体制，也符合我国的国情和军情，坚持了党领导军队的传统，体现了四项基本原则这个立国之本的要求，体现了中国共产党作为唯一的执政党在国家政治生活中的领导地位和作用。

（二）中国人民解放军的革命化、现代化和正规化建设有了突破性的进展

新中国成立后，人民解放军在继续加强革命化建设的同时，尤其注重现代化、正规化的建设。特别是改革开放以来，我国国防实力得到进一步加强，国防现代化建设，尤其是军队的现代化建设，有了突破性的进展，取得了一系列重大成就。

中华人民共和国成立时，人民解放军基本上是一支单一的以步兵为主的陆军，炮兵、装甲兵等技术兵种所占比例非常小，且海军、空军仅具雏形。经过几十年的艰苦努力，人民解放军实现了由单一陆军向诸军兵种合成军队的发展，不仅研制和装备了种类比较齐全的常规武器装备，而且拥有了具有一定威慑力的原子弹、氢弹等尖端武器装备。

21 世纪的人民解放军将按照习近平主席提出的"听党指挥、能打胜仗、作风优良"这一强军目标的总要求，继续优化编制体制，更新教育训练内容和手段，改善武器装备，加强质量建设，提高诸军兵种的合成化水平，向精兵、合成、高效的方向发展。可以预见，人民解放军将能够昂扬地面对任何挑战而不辱使命。

（三）形成了门类齐全、综合配套的国防科技工业体系

国防科技是衡量一个国家综合国力的重要标志之一，也是国防现代化建设的一个重要方面。经过几十年的建设和发展，我国的国防科技工业从无到有、从小到大、从落后到先进，建立起了包括电子、船舶、兵器、航空、航天和核能等门类齐全、综合配套的科研实验生产体系，取得了一大批具有国内或国际先进水平的科研成果，为我军现代化建设和切实增强我国的综合国力做出了重要贡献。

在军事电子方面，逐步发展成为具有相当规模、门类齐全的新兴工业部门，特别是在指挥自动化、情报侦察、预警探测、电子对抗和通信等方面，为我军提供了各种新式装备和产品，进一步增强了部队侦察、通信、指挥和作战能力；在船舶工业方面，先后自行研制建造了核动力潜艇、常规潜艇、导弹驱逐舰、导弹护卫舰、导弹快艇等作战舰艇，以及各种辅助船舶和新型鱼雷、水雷、反水雷等新装备，经过改造的辽宁号航空母舰也已经服役；在兵器工业方面，研制生产了一大批性能先进的坦克、装甲车辆、火炮、弹药、轻武器、军用光电器材和综合火控、指挥系统等新型武器装备，为我军现代化做出了重要贡献；在航空工业方面，已累计生产歼击机、轰炸机、直升机、运输机、教练机等60多个型号1万余架军用飞机，基本满足了海空军作战和飞行训练的需要；在航天科技工业方面，已拥有地地、地空、海空和空空导弹武器系统，运载火箭、各种应用卫星的研制发射和实验能力，在世界航天技术领域占有一席之地；在核工业方面，我国不仅可以生产制造原子弹、氢弹，还掌握了核潜艇技术，形成了我国的核威慑力量，在和平利用核能方面，我国也取得了突破性进展。

（四）国防后备力量建设取得了长足的发展

我们党和国家历来十分重视国防后备力量建设。经过几代人的努力，我国国防后备力量建设形成了一整套制度和优良作风，打下了坚实的基础。党的十一届三中全会以来，尤其是从1985年，党中央、国务院、中央军委明确提出"精干的常备军和强大的后备力量相结合，是建设现代化国防的必由之路"这一基本指导方针之后，作为一支伟大战略力量的国防后备力量，越来越受到党和国家的高度重视，并在全国范围内形成了一个各级地方党政领导关心后备力量建设、各级军事机关狠抓后备力量建设、社会各界和广大人民群众积极支持后备力量建设的可喜局面。经过一系列的调整改革，我国国防后备力量建设的各项工作均取得了明显的成绩。

一是实现了指导思想的战略性转变，走上了和平时期稳步发展的轨道。当前，民兵工作要以更好地适应新时期军事战略方针和适应发展社会主义市场经济的新形势为指针。二是确立并实行了民兵与预备役相结合的制度，初步形成了具有中国特色的国防后备力量体系，并下大力重点抓了基干民兵队伍建设和预备役部队建设，加强了训练，更新了武器装备，使我国后备兵员的整体素质有了较为明显的提高。三是注重了宏观指导，合理布局，边海防、大中城市和重点地区的民兵工作得到加强。四是民兵、预备役部队在参战支前、保卫边疆、发展生产、扶贫帮困、抢险救灾、维护社会治安等方面发挥了重要作用，为国家的改革、发展和稳定做出了巨大的贡献。五是健全了国防动员机构，为了保证国家在一旦发生战争，能很快由平时状态转入战时状态，调动足够的人力、财力、物力应付战争的需要，我国于1995年成立了战争动员委员会，下设兵员动员、经济动员等四个办公室，负责指导、协调全国的后备力量建设和动员工作。军队从总部机关到各军区、集团军、师团均设有动员机构或动员军官。省军区、军分区、人武部既是同级党委的军事部门，又是政府的兵役机关，是集后备力量建设与动员工作于一体的机构。六是加强了国防教育，恢复并加强了对大学、高中（含相当于高中）在校学生的军训工作，使国防教育正逐步纳入到整个国民教育体系之中，走上了法制化、规范化的轨道。

（五）捍卫领土主权的国防斗争成就

中华人民共和国成立后，在加强国防建设的同时，为抵抗侵略，制止武装颠覆，保卫国家的主权、统一、领土完整和安全，我国武装力量同国内外敌人进行了多次坚决的斗争，并取得了一个又一个的伟大胜利。

1. 与国内敌人的斗争

（1）继续发展解放战争的伟大胜利。新中国成立时，祖国大部分地区已获得解放，但是盘踞在西南地区和中南、东南及西北少数地区的国民党残余部队不仅尚未缴械投降，而且妄图负隅顽抗。人民解放军在中央军委和毛泽东主席的领导指挥下，对残留的国民党军队展开了战略追击和围歼战。从1949年10月到1950年8月，我军先后解放了云南、贵州、四川、广东、广西、福建、新疆等省区和海南、舟山、万山等岛屿，共歼灭国民党军200余万人。1951年12月，我军进驻拉萨，解放了西藏苦难深重的百万农奴。至此，我军解放了除台湾及东南沿海少数岛屿外的全部国土，完成了统一祖国大陆的伟大事业。

（2）平息匪患和叛乱。1950年至1953年，我军在新解放区进行了大规模的剿匪斗争，共歼灭匪特武装260余万人，使全国范围内的匪患基本得以平息，保证了革命的胜利果实，巩固了新生的人民政权。1959年3月，西藏地方政府和上层反动集团发动了武装叛乱，人民解放军在当地爱国僧俗和人民的协助下，迅速平息了叛乱，粉碎了西藏分裂主义分子搞"西藏独立"的阴谋，维护了祖国的统一。

（3）粉碎国民党军队的窜扰活动。国民党当局从撤退台湾的时候起，就在美国政府的怂恿支持下，不断派遣军队，从海上和空中对大陆，特别是东南沿海地区，进行各种袭扰破坏活动。与此同时，逃往缅甸的国民党残部也不断窜扰云南边境地区。从1949年秋至1955年，人民解放军先后粉碎了国民党军在东南沿海地区的多次中小规模的登陆窜犯和武装袭扰活动，并解放了东山、一江山等20多个岛屿，共歼灭国民党军1万余人。从1958年8月起，福建前线解放军部队对金门国民党军队，进行了大规模炮击，在军事上、政治上给美蒋以沉重的打击。驻云南的边防部队，从1950年起，与逃往缅甸的国民党军和武装特务进行大小战斗1千余次，歼敌近3万人。

2. 抗击外国军队的武装侵犯

新中国成立后，为保卫和平，反对侵略，捍卫国家领土、主权的完整和安全，我军还与外国侵略者进行了多次交战，取得了抗美援朝战争和多次边境自卫作战的伟大胜利，打出了军威、国威。

1950年6月，朝鲜爆发国内战争。美国则打着"联合国军"的旗号侵入朝鲜。与此同时，美国还把其第七舰队开进台湾海峡，企图以武力阻止中国人民解放军解放台湾。10月上旬，美军已把战火烧到了中朝边境的鸭绿江和图们江附近，其飞机多次轰炸、扫射中国东北边境城镇和乡村，对中国的安全构成了严重的威胁。毛泽东、周恩来等中央领导人审时度势，慎重考虑，做出了"抗美援朝，保家卫国"的战略决策。这一决策，体现了高度的国际主义精神，表明了中国人民捍卫和平，反对侵略的坚强决心。中国人民志愿军入朝后，经过近3年的浴血奋战，与朝鲜军民共歼敌109万多人，迫使敌人不得不在停战协定上签字。抗美援朝战争的胜利，戳穿了美国不可战胜的神话，极大地鼓舞了全世界被压迫人民和被压迫民族的解放斗争，保卫了中国社会主义建设的安全。

1962年10月至11月，印度军队在中印边界东、西两段向中国边防部队发动大规模进攻。中国边防部队在忍无可忍的情况下，被迫进行自卫反击作战。在作战中，共毙、俘印军旅长以下官兵8 700余人，驱逐了入侵的印军，拔除了印军在中国境内设置的90多个据点，保卫了我国领土。

1974年1月，南越当局派军舰侵入中国西沙群岛，并武装占领了珊瑚岛等，打死、打伤中国渔民、民兵多人。中国军民进行了英勇的自卫反击作战，击沉、击伤敌军舰4艘，俘敌48人，粉碎了南越当局妄图霸占中国西沙群岛的侵略野心，保卫了祖国的领土主权。

1988年3月14日，我海军部队在南沙赤瓜礁海区同入侵的越南军队进行了坚决的斗争，驱逐了入侵的敌人，捍卫了祖国的神圣领土。

从新中国成立至70年代初，美国军用飞机不断入侵中国领空，进行侦察和挑衅。中国人民解放军空军、海军航空兵和高炮部队进行了英勇的防空作战，击落敌作战飞机和高空无人侦察机数十架，有力地打击了入侵的美国军用飞机，保卫了祖国领空的安全。

第四节　国防法规

国防法规是调整国防和武装力量建设领域各种社会关系的法律规范的总和。在国家建立社会主义市场经济体制的新形势下，在依法治国的大环境中，国防法规对于加强国防和武装力量建设，做好新时期军事斗争准备，发挥着越来越重要的作用。

一、国防法规概述

（一）国防法规的演进

国防法规是随着国防的产生而产生的。国防活动的主要形式是军事建设和军事斗争，因此，国防法规也可以称作军事法规。古代典籍中有"刑始于兵""师出于律"的记载，表明军事法规产生于战争实践。

我国奴隶社会的军事法规，主要表现形式是临战前统治者发布的誓命文诰，如《尚书》中的甘誓、汤誓、牧誓、大诰、费誓等。这些既是战争动员令、讨敌檄文，也是最初的军事法规。

进入封建社会，军事法规的主要形式发生了明显改变，临时性的军事誓言已被稳定的成文法所取代，如《秦律二十九种》就包括《军爵律》《戍律》和关于傅籍以应兵役的《傅律》等多部军事法律。同时，军事立法、司法以及监督制度开始建立，军事法规的调整范围不断拓展，军事法制逐步完善。

近代中国跟随世界军事发展的历史潮流，借鉴西法治军。1933年6月，国民政府颁布了我国历史上第一部《兵役法》。但是，由于统治集团腐败，国家内忧外患，形势混乱，为数不多的军事法规并没有真正实行。

新中国成立之初，国家就着手制定国防法规，很快颁布了《兵役法》《民兵组织条例》以及军队的一些条令条例。特别是最近20年，国家加大了国防立法工作的力度，制定了一系列国防法律、规章，使国防和武装力量建设走上了法制化轨道。但是，我国的国防法规体系还不够健全，国防法规的内容还不够完备，国防法制建设的任务仍然很繁重。

（二）国防法规的特性

国防法规是国家法律的组成部分，是由国家制定或认可的并由国家强制力保证其实施的行为规范，具有法律的一般特性：鲜明的阶级性，高度的权威性，严格的强制性，普遍的适用性，相对的稳定性。同时，国防法规还具有区别于其他法规的特殊性质，主要表现在四个方面。

1. 调整对象的军事性

法律是调整社会关系的行为规范，不同的法律规范用来调整不同领域的社会关系，国防法规所调整的是国防和武装力量领域的各种社会关系，包括军队内部的社会关系、武装力量内部的社会关系、武装力量与外部的社会关系。这些带有军事性的社会关系是国防法规特有的调整对象，是其他任何法律规范所不能代替的，这是国防法规特性的一个基本表现。

调整对象的军事性并不意味着国防法规只管军队，不管地方。国防是国家行为。国防和武装力量建设领域的社会关系是军事性的，但这些社会关系所涉及的行为主体并不都是军队和军人，政治、经济、外交、科技、教育等各个部门和社会各阶层人士都与国防有关。因此，一切社会团体和个人都必须按照国防法规的要求，履行自己的国防义务。

2. 公开程度的有限性

一般的法律都是公开的，以使全体公民熟悉和遵守。从整体上看，国防法规也有公开性，但与其他法律相比，国防法规的公开程度比较低。一些涉及军事机密的国防法规只限定有关人员知晓，如关于作战、训练、军队编制和国防科研等方面的法规都具有保密性。为加强国防法制建设，对能够公开的国防法规应积极宣传，力求人人皆知；对于不能公开的国防法规应严格保密，以维护国家的安全利益。

3. 司法适用的优先性

国防法规优先适用，是指在解决与国防利益、军事利益有关的法律问题时，如果国防法规和普通法规都有相关的规定，要以国防法规的规定作为评判是非的标准和采取行动的准则。优先适用不是指的先后顺序，而是一种排他性的单项选择。在涉及国防利益、军事利益的案件中，只适用国防法规，不适用普通法。"特别法优先于普通法"是国际公认的法律适用原则。国防法规属于特别法，因而在司法程序上实行"军法优先"。

4. 处罚措施的严厉性

国防法规所保护的国防利益，是关系国家兴衰存亡的、最根本的国家利益，因而对危害国防利益的犯罪行为实行比较严厉的处罚。如《刑法》规定，抢劫罪通常处 3 年以上 10 年以下有期徒刑；而冒充军警人员抢劫的或抢劫军用物资的，处 10 年以上有期徒刑、无期徒刑或者死刑。同一类型的犯罪，战时的处罚要更严厉一些。《刑法》《兵役法》都有战时从重处罚的规定。如平时应征公民拒绝、逃避征集的，在 2 年内不得被录取为国家公务员、国有企业职工，不得出国或者升学，还可处以罚款；而战时要依法追究刑事责任。

（三）新中国的国防法规的体系

国防法规的体系是指由不同层次、不同门类的国防法律规范构成的相互联系、相互制约、和谐一致的有机整体。

我国的国防法规，按立法权限分为四个层次：第一个层次是法律。关于国防和武装力量建设的法律由全国人民代表大会及其常务委员会制定。第二个层次是法规。由中央军委制定的为军事法规，由国务院制定或国务院与中央军委联合制定的为军事行政法规。第三个层次是规章。由军委各总部、各军兵种、各军区制定的为军事规章，由国务院有关部委与军委有关总部联合制定的为军事行政规章。第四个层次是地方性法规。主要是指由省、自治区、直辖市人民代表大会及其常务委员会制定的贯彻执行国家国防法规的实施办法、实施细则、补充规定等。

我国的国防法规按调整领域划分为十六个门类：一是国防基本法类，二是国防组织法类，三是兵役法类，四是军事管理法类，五是军事刑法类，六是军事诉讼法类，七是国防经济法类，八是国防科技工业法类，九是国防动员法类，十是国防教育法类，十一是军人权益保护法类，十二是军事设施保护法类，十三是特别行政区驻军法类，十四是紧急状态法类，十五是战争法类，十六是对外军事关系法类。

二、中国现行的主要国防法规

（一）《中华人民共和国国防法》

《中华人民共和国国防法》（以下简称《国防法》）于 1997 年 3 月 14 日由第八届全国人民代表大会第五次会议审议通过，江泽民主席 1997 年第八十四号主席令公布施行。该法共 12 章，70 条，主要规定了国防活动的基本原则，国家机构的国防职权，武装力量的构成、任务和建设，国防动员和战争状态，公民、组织的国防义务和权利，对外军事关系等。《国防法》是我国国防和武装力量建设的基本法。

1. 国防活动的基本原则

国防活动的基本原则是由《国防法》确认和体现的、对国防活动具有普遍指导意义的行为准则，反映了《国防法》的本质和基本精神。《国防法》所确认的我国国防活动的基本原则有五项。

（1）独立自主。独立自主原则表明了我国国防的自主性。坚持独立自主，就是立足于依靠自己的力量保障国家安全，不与任何国家或国家集团结盟，不参加任何军事集团，保持国防事务的自主权。独立自主不是闭关自守，不排除引进外国的先进技术和装备。在以我为主的基础上，有选择地引进外国的先进技术和装备，有助于提高我国自力更生的能力，推进国防现代化建设的进程。

（2）积极防御。积极防御原则表明了我国国防的防御性。我国国防以保障国家安全、维护地区稳定和世界和平为目标，实行防御性的国防战略。但是，这种防御是积极的，不是消极的。其积极性不仅表现在以积极进攻的作战行动来达成战略防御的目的，而且表现在战争爆发之前采取积极的措施防止战争。

（3）全民防卫。全民防卫原则表明了我国国防的人民性。坚持全民防卫，就是要继承和发扬人民战争的优良传统，依靠广大人民群众的力量进行国防建设，一旦发生战争，动员广大人民群众实行全民自卫。

（4）协调发展。协调发展原则表明了我国国防的整体性。国防发展既是国家整体发展的组成部分，又依赖于国家的整体实力。实行协调发展，就是把国防建设纳入国家经济和社会发展总体规划之中，在集中力量进行经济建设的同时，高度重视国防建设，使国防建设与经济建设相互促进，共同发展。

（5）统一领导。统一领导原则表明了我国国防的集中性。只有国家对国防活动实行统一的领导，才能凝聚全国人民的意志，汇集各方面的力量，万众一心地建设和巩固国防。

国家对国防活动的领导与党的领导是一致的。我们党是人民根本利益的代表者，《宪法》确立了中国共产党在国家生活中的领导地位，《国防法》明确了"中华人民共和国的武装力量受中国共产党的领导"。在我们国家，国防法律和国防政策是在党的领导下制定的，国防法律和国防政策也是在党的领导下实施的，国家领导人由党中央主要领导人担任，党的中央军委与国家中央军委是一个机构两个名称。因此，党对国防的领导与国家对国防的领导在思想上、组织上是完全统一的。

2. 公民、组织的国防义务和权利

公民、组织的国防义务是指由宪法和法律规定的公民、组织在国防活动中必须履行的责任，由国家强制力保证其落实。公民、组织的国防权利是指宪法、法律赋予公民、组织在国防活动中享有的权利或利益，国家从法律和物质上保障公民享有这种权利的可能性。国防是国家生存和发展必不可少的条件，每一个公民和社会组织都必须分担相应的国防义务；公民和组织在履行国防义务的同时，也享有相应的国防权利。

（1）公民、组织的国防义务。根据《国防法》的规定，公民和组织负有七个方面的国防义务：①兵役义务；②承担国防科研生产任务，接受国家军事订货的义务；③在交通建设中贯彻国防要求和优先保障军人、军车（船）通行的义务；④接受国防教育的义务；⑤保护国防设施的义务；⑥保守国防秘密的义务；⑦支持国防建设、协助军事活动的义务。其中，①、⑤、⑥、⑦项是公民和组织共有的义务，④项是公民特有的义务，②、③项是组织特有的义务。

（2）公民、组织的国防权利。根据《国防法》的规定，公民和组织享有三个方面的国防权利：①对国防建设提出建议的权利；②对危害国防的行为进行制止或者检举的权利；③因国防建设和军事活动在经济上受到直接损失的，依照国家有关规定取得补偿的权利。

（二）《中华人民共和国兵役法》

1955 年 7 月 30 日，经第一届全国人民代表大会第二次会议通过，新中国第一部《兵役法》颁布。1984 年 5 月 31 日，修订后的《兵役法》经第六届全国人民代表大会第二次会议通过，重新颁布。1998 年 12 月 29 日，第九届全国人民代表大会常务委员会第六次会议通过《关于修改〈中华人民共和国兵役法〉的决定》，江泽民主席第十三号主席令公布施行。现行《兵役法》共 12 章 68 条，主要规定了我国的兵役制度，公民的兵役义务和权利，兵员的平时征集和战时动员，预备役人员的军事训练，高等院校和高级中学学生的军事训练，违反兵役法的惩处等。

1. 兵役制度

《兵役法》第二条规定："中华人民共和国实行义务兵与志愿兵相结合、民兵与预备役相结合的兵役制度。"

义务兵役制，是指国家法律要求公民在一定年龄内必须服一定期限兵役的制度，具有强制性；志愿兵役制，是指公民本着自愿原则、根据军队需要确定其服现役期限的制度，不具有强制性。义务兵与志愿兵相结合，是对单一的义务兵役制的发展和补充。实行这一制度，现役士兵仍以义务兵为基础，义务兵服现役期满，根据军队需要和本人自愿，可以改为志愿兵。志愿兵也可以直接从地方非军事部门具有专业技能的公民中招收。实行义务兵与志愿兵相结合的制度，既保留了义务兵役制的优点，有利于部队兵员年轻力壮、朝气蓬勃，又弥补了义务兵役制的不足，有利于保留技术骨干，提高职业化程度，加强军队质量建设。

民兵是不脱离生产的群众武装组织，是中国人民解放军的助手和后备力量。我国农村乡、镇和城市企业事业单位均建立民兵组织。预备役是公民在军队以外所服的兵役，是国家储备后备兵员的一种形式。预备役分为军官预备役和士兵预备役，并分别区分一类预备役和二类预备役。民兵与预备役相结合，就是国家在实行民兵制度的同时，建立预备役制度，并将民兵工作和预备役工作结合进行。根据《兵役法》规定，公民服士兵预备役和参加民兵组织的年龄是一致的，都是年满18岁到35岁，经过登记的应征公民，除应征服现役的以外，编入民兵组织服预备役。民兵与预备役相结合，使我国的后备力量建设有了一个完善的体制，既保持了我国民兵制度的传统优势，有利于平时维护社会稳定和战时开展人民战争；又吸取了现代预备役制度的长处，有利于储备、动员战时所需要的后备军官和技术兵员。

2. 兵役原则

（1）普遍平等。《兵役法》第三条规定"中华人民共和国公民，不分民族、种族、职业、家庭出身、宗教信仰和教育程度，都有义务依照本法的规定服兵役。"这表明，我国公民在服兵役方面普遍负有平等的义务，也普遍享有平等的权利，充分体现了"中华人民共和国公民在法律面前一律平等""各民族一律平等"的宪法原则。

（2）男女有别。男女公民都有服兵役的义务，但考虑到女性公民的生理特点和军队建设的实际需要，《兵役法》对男女公民服兵役提出了不同的要求：在兵役登记方面，年满18岁的男性公民都必须按规定进行兵役登记，女性公民不进行兵役登记。在服现役方面，适龄男性公民符合服现役条件的都有应征服现役的义务，女性公民只根据军队的需要应征服现役。在服预备役方面，年满18岁至35岁的男性公民，凡符合服预备役条件的，除了应征服现役的以外，都应按规定进行预备役登记，分别服一类预备役和二类预备役；女性公民只根据需要服第一类预备役，不服第二类预备役。在参加民兵组织方面，在建有民兵组织的单位，适龄男性公民都应分别编入基干民兵或普通民兵；女性公民只根据需要编入基干民兵，不编入普通民兵。

（3）合理照顾。《兵役法》规定："有严重生理缺陷或者严重残疾不适合服兵役的人，免服兵役。"免服兵役，是指公民因身体条件不适合服兵役，国家免除他们服现役和服预备役的法律义务，体现了国家对他们的照顾。

（4）严格限制。《兵役法》规定："依照法律被剥夺政治权利的人，不得服兵役。""应征公民被羁押正在受侦查、起诉、审判或者被判处徒刑、拘役、管制正在服刑的，不征集。"不得服兵役，是指依照法律被剥夺政治权利的人没有服兵役的资格，既不得被征集服现役，也不得编入民兵组织或登记服预备役。

3. 兵员的平时征集

兵员的平时征集，是指依照法律规定和通过一定的工作程序，将符合条件的公民征集到人民解放军和武装警察部队服现役。全国每年征集服现役的人数、要求和时间，由国务院和中央军事委员会的征兵命令规定。

（1）征集年龄。每年12月31日以前年满18岁的男性公民，应当被征集服现役。当年未被征集的，在22岁以前，仍可以被征集服现役。根据军队需要，也可以征集18岁至22岁的女性公民服现役。为了满足军队某些技术、文体单位的特殊需要，在本人自愿的前提下，还可以征集未满18岁的男女公民服现役。

（2）征集程序。每年12月31日以前年满18岁的男性公民，都应当在当年9月30日以前，按照县、市、区的兵役机关的安排，进行兵役登记。经兵役登记和初步审查合格的，称应征公民。在征集期间，应征公民应当按照县、市、区兵役机关的通知，按时到指定的体格检查站进行体格检查。公安机关和基层单位对应征公民进行政治审查。应征公民体检、政审合格，经县、市、区的兵役机关批准，被征集服现役。

（3）缓征。《兵役法》第十五条规定："应征公民是维持家庭生活的唯一劳动力或者是正在全日制学校就学的学生，可以缓征。"根据这一规定，缓征对象有两种人：一是维持家庭生活的唯一劳动力。独生子女不一定是维持家庭生活的唯一劳动力，如果其父母仍有劳动能力，就不属于缓征对象。二是正在全日制学校就读的学生。全日制学校是指普通高等院校、普通中学、职业中学、中等专业学校、技术学校，不包括业余大学、函授大学和各种培训班。

2001年9月修订颁布的《征兵工作条例》规定："依法可以缓征的正在全日制高等学校就学的学生，本人自愿应征并且符合条件的，可以批准服现役，原就读学校应当按照有关规定保留其学籍，退伍后准其复学。"这一规定，没有改变《兵役法》关于缓征的基本原则，正在全日制高等学校就学的学生，仍属于缓征对象。所以，《征兵工作条例》强调，对这部分青年的征集必须是本人自愿，而且原就读学校应保留其学籍，退伍后准其复学。这样既可以满足一部分在校大学生携笔从戎、保卫祖国的凤愿，又充分照顾到了他们的切身利益。从高等学校在校生中征集兵员，有利于改善兵员的整体素质，有利于军队的现代化建设。国家鼓励在校大学生应征入伍。

知识拓展

大学生应征入伍

大学生入伍（如图1-1所示）是指部队每年从应届大学毕业生中招收义务兵，从2013年开始征兵工作由冬季改为夏秋季征兵，时间调整为4月份开始。具体大学生入伍条件、程序及享受政策详见全国征兵网站http://www.gfbzb.gov.cn/。

图1-1　大学生入伍宣传海报

4. 学生军事训练

学生军事训练，是指高等院校、高级中学和相当于高级中学的学校组织在校学生进行的军事理论教育和军事技能训练。1955年《兵役法》颁布后，学生军事训练就成为国家的一项军事制度。1984年重新颁布的《兵役法》设专章对学生军事训练作出了规定。从1985年开始，学生军事训练工作按照《兵役法》的规定在全国部分高校和高级中学开展军训试点。2001年6月，国务院办公厅、军委办公厅转发教育部、总参谋部、总政治部《关于在普通高等学校和高级中学开展学生军训工作的意见》（国办发〔2001〕48号文件），要求全国高等院校和高级中学普遍开展军事训练。

1）学生军事训练的地位作用

（1）学生军事训练是兵役义务的一种形式。《兵役法》第四十三条规定："高等院校的学生在就学期间，必须接受基本军事训练。"《兵役法》第四十五条规定："高级中学和相当于高级中学的学校，配备军事教员，对学生实施军事训练。"这些规定表明，接受军事训练是学生必须履行的兵役义务。在高等院校和高级中学就读的学生，应自觉服从学校的军事训练安排，认真履行应承担的兵役义务，完成军事训练科目，达到训练目标。

（2）学生军事训练是加强国防后备力量建设的战略举措。通过军事训练，可以增强学生的国防意识，使其掌握一定的军事理论知识和军事技能，提高依法履行兵役义务的自觉性。同时，学生军事训练有利于战时快速实施兵员动员。搞好各类学校学生的军事训练，并长期坚持下去，可以为国家储备大量高素质的军事后备人才，为建设强大的国防后备力量奠定坚实的基础。

（3）学生军事训练是促进学生全面发展的重要手段。通过军事训练，不仅可以丰富学生的知识，增强其体魄，而且可以培养他们无私奉献的责任意识，令行禁止的纪律观念，扎实奋斗的拼搏精神。同时，军事训练有利于促进学生德智体全面发展，造就国家经济建设和国防建设的优秀人才。

2）学生军事训练的实施方法

高等院校学生的军事训练，采取军事理论教学和军事技能训练相结合的方法进行。根据2002年6月19日教育部、总参谋部、总政治部颁发的《普通高等学校军事课教学大纲》规定，军事理论课教学时数为36学时，开设中国国防、军事思想、世界军事、军事高技术、高技术战争等课程。军事技能训练时间为2~3周，实际训练时间不得少于14天，主要进行解放军条令条例教育与训练、轻武器射击、单兵战术、军事地形学和行军、宿营、野外生存等课目的训练。高级中学和相当于高级中学的学校（中等专业学校、职业中学、技工学校等）主要进行军事知识讲座和基本养成训练。

（三）《中华人民共和国国防教育法》

《中华人民共和国国防教育法》于2001年4月28日由第九届全国人民代表大会常务委员会第二十一次会议通过，江泽民主席第五十二号主席令公布施行。该法共6章，38条，主要规定了国防教育的方针原则，学校国防教育，社会国防教育，国防教育的保障和法律责任等。《全国人民代表大会常务委员会关于设立全民国防教育日的决定》是对《国防教育法》的补充，2001年8月31日由第九届全国人民代表大会常务委员会第二十三次会议通过，确定每年9月第三个星期六为全民国防教育日。

1. 国防教育的地位和目的

1）国防教育的地位

《国防教育法》第二条规定："国防教育是建设和巩固国防的基础，是增强民族凝聚力、提高全民素质的重要途径。"这一规定，明确了国防教育的重要地位。

（1）国防教育是建设和巩固国防的基础。只有搞好国防教育，才能使全体公民明确国防的目的、任务，自觉地为国防建设贡献力量；只有搞好国防教育，才能造成爱军尚武的风气，为国防建设创造良好的社会氛围；只有搞好国防教育，才能激发公民的爱国奉献精神，为国家利益舍生忘死。以爱国主义精神为支柱的国防力量是不可战胜的，而国防教育的主要作用正是激发公民的爱国热忱，为国防建设奠定坚实的思想基础。

（2）国防教育是增强民族凝聚力的重要途径。在长期的和平环境中，人们容易思想麻痹，精神涣散。特别是在改革开放的新形势下，人们的经济意识有所增强，奉献意识有所削弱；自主意识有所增强，集体意识有所削弱。加强新形势下的国防教育，对于振奋民族精神，增强民族凝聚力，具有特殊的现实意义。

（3）国防教育是提高全民素质的重要途径。进行国防教育，既可以提高公民的政治觉悟，增强法纪观念，提高思想道德水平，又可以扩大知识面，改善知识结构，提高科学文化水平，从而全面提高公民的素质。因此，应把国防教育作为加强国防建设的战略性措施，纳入社会主义精神文明建设总体规划，纳入国民教育体系，常抓不懈，筑起中华民族坚不可摧的精神长城。

2）国防教育的目的

《国防教育法》第三条规定："国家通过开展国防教育，使公民增强国防观念，掌握基本的国防知识，学习必要的军事技能，激发爱国热情，自觉履行国防义务。"这一规定，明确了国防教育的目的。

（1）增强国防观念。国防观念，是国民从事国防活动的思想基础。在强敌压境、战火纷飞的年代，国防观念容易形成。但是在和平时期，在国家集中力量进行经济建设的条件下，国防观念的形成和保持并非易事。长期的和平环境淡化着人们的国防观念，经济意识、致富欲望冲击着人们的国防观念，安逸舒适的生活消磨着人们的国防观念。在这种情况下，国防教育必须把增进国民的国防观念作为首要任务。因为国民只有具备了一定的国防观念，才可能积极掌握国防知识，主动履行国防义务。增强国防观念，主要是使广大国民培养三种意识：一是"忧患兴邦"的意识。古人云："生于忧患，死于安乐。"一个国家，只有保持必要的忧患意识，看到世界上存在着各种威胁，才可能励精图治，奋发向上。二是"爱军尚武"的意识。要使人们特别是青少年了解人民军队的历史作用和优良传统，懂得"没有一个人民的军队，便没有人民的一切"的深刻道理，形成拥军、爱军、优属的社会风气。三是"全民皆兵"的意识。要使人们不断深化对现代条件下人民战争的理解，激起关注国家兴衰和安危的责任感，使"万众"凝聚为"一心"，努力进行国防建设；一旦战争爆发，全民团结一致，用人民战争保卫社会主义祖国。

（2）掌握基本的国防知识和技能。国防知识是指公民应当了解和掌握的有关国防的基本常识和基本理论。公民要担负起保卫祖国的神圣职责，不仅要有强烈的国防观念，而且要了解有关的国防知识。只有具备了一定的国防知识，才能知道自己在国防活动中应当做什么以及怎样做。从总体上看，国防知识可分为国防基础理论、军事知识、国防历史、国防形势、国防法制等内容。其中，国防基础理论是国防知识的基本内容，军事知识是国防教育的主要内容。此外，在国防教育中，还应积极通过国防体育、军事训练、战备演习等方式，使公民掌握必要的军事技能，并在这些实践性的教育环节中进一步巩固习得的国防知识。学习军事技能的过程可以使公民进一步加深对国防知识的理解，掌握、提高在战争中保卫国家和进行自卫的技术、能力。

（3）激发爱国热情。爱国热情是千百年来固定下来的对自己祖国的一种最深厚的感情，是国家安全最深厚的根基。要通过教育激发公民对祖国辽阔土地、壮丽山河的无限热爱，对祖国灿烂文化、悠久历史的无限热爱，对人民的无限忠诚和对国家命运的深切关心，增强维护国家安全的责任感。爱国主义教育是国防教育的核心内容。发扬爱国主义精神，必须进行爱国主义教育。这种教育应着重从以下几个方面培养公民的爱国主义精神。一是激发起公民对祖国壮丽山川的热爱。二是激发起公民对祖国悠久历史的热爱。三是激发起人们对党和社会主义的热爱。四是激发起人们的无产阶级国际主义精神。

（4）自觉履行国防义务。从根本上说，国防教育的作用落实到人们的行为上，就是要使广大公民和各种社会组织自觉地履行国防义务，正确地行使国防权利。国防教育更深层次的目的，就是要使每一个人，每一种组织都清楚应当承担哪些国防义务，享有哪些国防权利；这种义务和权利具有什么样的性质；正确地履行义务和行使权利对于国防事业具有什么样的意义，从而更好地在国家的领导下实施国防行为。

2. 国防教育的方针和原则

《国防教育法》第四条规定："国防教育贯彻全民参与、长期坚持、讲求实效的方针，实行经常教育与集中教育相结合、普及教育与重点教育相结合、理论教育与行为教育相结合的原则，针对不同对象确定相应的教育内容分类组织实施。"这一规定，明确了国防教育的方针和原则。

1）国防教育的方针

（1）全民参与。全民参与国防教育有两方面的含义：一方面，全体公民都是国防教育的对象，都有接受国防教育的权利和义务；另一方面，全体公民都是国防教育的主体，普及和加强国防教育是全社会的共同责任，国家支持、鼓励社会组织和个人开展有益于国防教育的活动。

（2）长期坚持。国防观念的形成，是日积月累的历史积淀，绝非一朝一夕之功；国防观念的保持，是反复教育、不断强化的结果，不可能一劳永逸；国防观念的承续，需要一代又一代地口授身传，不能止息。因此，国防教育必须长期坚持，代代相传，以使国防意识成为民族的心理定式，对公民的行为产生习惯性影响。

（3）讲求实效。国防教育应注重实际效果，不能片面追求形式，制造表面效应。要保证国防教育收到实效，必须加强教育的针对性，根据不同人员、不同时期的思想反映，采取不同的方法，提出不同的要求，突出不同的内容，使国防教育切合实际，深入人心。

2）国防教育的原则

（1）经常教育与集中教育相结合。经常教育是在日常工作和生活中随机进行的非专门教育，其形式灵活多样，不拘一格，其作用是耳濡目染、潜移默化。集中教育是利用一定的时间、在一定的场所对有关人员进行的专门教育，主要形式是授课和专题参观活动。经常教育的特点是广泛性、群众性，集中教育的特点是系统性、组织性，两者在增强公民国防观念方面有不同的功效，其作用不可互相替代，要把这两种教育形式有机地结合起来，使其相辅相成。

（2）普及教育与重点教育相结合。普及教育是对全体公民的一般教育，重点教育是对部分公民的加强教育。重点教育的对象是：各级领导干部，现役军人，民兵、预备役人员，高等院校和高级中学的学生。重点教育要着重抓，普及教育要普遍抓。普及教育是重点教育的基础，只有搞好普及教育，重点教育才能取得更显著的成效。

（3）理论教育与行为教育相结合。理论教育，是以课堂讲授、阅读书籍等形式进行的，以传播国防思想、国防历史、国防法规等方面的知识为目的的教育活动。行为教育，是结合军事训练、执行任务等进行的，以传授技能、锻炼体格、陶冶情操为目的的教育活动。理论教育和行为教育是密不可分的两个方面，应在重视理论教育的同时，加强行为教育，促进国防知识向国防行为的转化，提高公民的国防行为能力。

3. 国防教育的组织和保障

《国防教育法》第六条规定："国务院领导全国的国防教育工作。中央军事委员会协同国务院开展全民国防教育。地方各级人民政府领导本行政区域内的国防教育工作。驻地军事机关协助和支持地方人民政府开展国防教育。"根据这一规定，国务院和地方各级人民政府是领导国防教育工作的主体，在组织实施国防教育中发挥主导作用。军事机关担负着直接领导国防活动的重任，协助和支持人民政府搞好国防教育是义不容辞的责任。

1）国防教育的组织

（1）学校国防教育。《国防教育法》第十三条规定："学校的国防教育是全民国防教育的基础，是实施素质教育的重要内容。"搞好学校的国防教育，不仅可以提高青少年学生的综合素质，而且可以有力地推动全社会的国防教育。学校应当将国防教育列入学校的工作和教学计划，采取有效措施，保证国防教育的质量和效果。小学和初级中学应当将课堂教学与课外活动相结合，对学生进行生动活泼的国防教育。高等学校、高级中学和相当于高级中学的学校应当将课堂教学与军事训练相结合，对学生进行系统的国防教育。负责培训国家工作人员的各类教育机构，如党校、行政学院等，应当将国防教育纳入培训计划，设置适当的国防教育课程。

（2）社会国防教育。《国防教育法》第五条规定："一切国家机关和武装力量、各政党和各社会团体、各企业事业组织以及基层群众性自治组织，都应当根据各自的实际情况组织本地区、本部门、本单位开展国防教育。"根据这一规定，国家机关应当根据各自的工作性质和特点，采取多种形式对工作人员进行国防教育。全军部队应带头搞好国防教育，激发官兵的爱国之心、报国之志，保证打得赢、不变质。军区、省军区（卫戍区、警备区）、军分区和县（市、区）人民武装部应结合军事训练、征兵工作以及重大节日、纪念日活动，对民兵、预备役人员进行国防教育。企业事业单位应当将国防教育列入职工教育计划，结合政治教育、业务培训、文化体育等活动，对职工进行国防教育。城市居民委员会、农村村民委员会应当将国防教育纳入社区、农村社会主义精神文明建设，对居民、村民进行国防教育。文化、新闻、出版、广播、电影、电视等部门和单位应当根据形势和任务的要求，采取多种形式开展国防教育。

2）国防教育的保障

（1）师资保障。国防教育教员应从热爱国防教育事业、具有较高文化素养和军事素养的人员中选拔。人民解放军和武装警察部队应当根据需要和可能，为驻地有组织的国防教育活动选派军事教员。对国防教育教员，应根据其担负的任务，采取适当方式进行培训，不断提高他们的理论水平和教学能力。

（2）经费保障。国防教育经费主要来源于国家财政，同时应广开渠道，多方筹集国防教育经费。国家鼓励社会组织和个人捐赠财产，资助国防教育的开展。国防教育经费应本着节俭的原则，合理使用，杜绝浪费，提高使用效益。

（3）教材保障。全民国防教育使用统一的国防教育大纲。国防教育大纲由国家国防教育工作机构组织制定。各地和有关部门应依据国家的国防教育大纲编写本地区、本部门的国防教育教材。

（4）设施保障。人民解放军和武警部队应当根据需要和可能，为驻地有组织的国防教育活动提供必要的军事训练场地、设施以及其他便利条件。被命名为国防教育基地的烈士陵园、革命遗址和其他具有国防教育功能的博物馆、纪念馆、科技馆、文化馆、青少年宫等场所，应当对有组织的中小学生免费开放，在全民国防教育日向社会免费开放。有条件的地方可创办少年军校、国防教育园或国防教育中心。各种国防教育设施应随着当地经济的发展，不断改善条件，充分发挥其在传播国防知识、培养国防观念、提高公民素质方面的作用。

三、公民的国防权利和义务

公民的国防权利是指宪法和法律赋予公民在国防事务中享有的权益和资格，国家从法律和物质上保障公民享有这种权利的可能性。公民的国防义务是指宪法和法律规定的公民在国防事务中应当履行的责任，由国家强制力保障其落实。公民的国防权利与国防义务是辩证统一的：一方面，国家赋予公民各项国防权利，并保证其权利的行使；另一方面，公民应当自觉维护国家的安全与利益，严格履行各种国防义务。

1. 公民的国防权利

（1）国防建设建议权。中国《国防法》第五十四条规定："公民和组织有对国防建设提出建议的权利。"所谓国防建设建议权，就是公民有权对国防建设的指导思想、方针原则、规章制度、措施方法等提出改进意见。此项权利是公民依宪法享有的对国家事务的建议权在国防建设方面的体现，反映了中国人民当家做主的社会主义性质。在中国，人民是国家的主人，公民有权关心国防建设，有权对国防建设提出建议。

（2）制止或检举危害国防行为权。中国《国防法》第五十四条规定：公民和组织"有对危害国防的行为进行制止或者检举的权利"。所谓制止权，就是公民有权采取一定的方式方法使危害国防的行为中止，从而维护国防利益。所谓检举权，就是在危害国防的行为发生以后，公民有权进行揭发。对违法犯罪行为进行制止、检举是公民享有的一项普遍性权利，制止或检举危害国防行为权是其在国防领域的运用。一方面，公民为维护国防利益，有权依法对危害国防的行为予以制止检举；另一方面，要求国家对公民为维护国防利益而行使的制止和检举予以支持和保护，对检举的危害国防利益的违法犯罪行为，要查清事实，负责处理，决不允许对检举人压制和打击报复。

（3）经济上直接损失补偿权。中国《国防法》第五十五条规定："公民和组织因国防建设和军事活动在经济上受到直接损失的，可以依照国家有关规定取得补偿。"这一规定体现了中国一切为了人民利益的社会主义的本质，既保护了公民的经济权利，又有利于调动公民依法积极参加国防建设和军事活动。

但是这种补偿，与公民在民事活动中享有的损害赔偿是不同的，它仅限于公民在国防活动中的直接经济损失，而不包括间接的经济损失和非经济损失。同时，对直接经济损失的偿付，视情况可以是全部的，也可以是部分的，而且有些补偿措施是在事后落实的，公民不能把预先得到补偿作为接受动员和接受征用的条件。

（4）特定主体的优待、安置和抚恤权。按照中国《兵役法》的规定，军人及其家属、革命烈士家属、参加军事训练的学生等特定主体依法享有相应优待、安置和抚恤权。

《兵役法》第五十六条规定："现役军人，残疾军人，退出现役军人，烈士、因公牺牲、病故军人遗属，现役军人家属，应当受到社会的尊重，受到国家和社会的优待。军官、士官的家属随军、就业、工作调动以及子女教育，享受国家和社会的优待。"《兵役法》第五十七条规定："现役军人因战、因公、因病致残的，按照国家规定评定残疾等级，发给残疾军人证，享受国家规定的待遇和残疾抚恤金。""现役军人因战、因公、因病致残的，按照国家规定的评定残疾等级采取安排工作、供养、退休等方式妥善安置。""现役军人、残疾军人参观游览公园、博物馆、展览馆、名胜古迹享受优待，优先购票乘坐境内运行的火车、轮船、长途汽车以及民航班机；其中，残疾军人按照规定享受减收正常票价的优待，免费乘坐市内公共汽车、电车和轨道交通工具。义务兵从部队发出的平信，免费邮递。"

《兵役法》第五十九条规定："现役军人牺牲、病故，由国家发给其遗属一次性抚恤金；其遗属无固定收入，不能维持生活，或者符合国家规定的其他条件的，由国家另行发给定期抚恤金。"《兵役法》第六十五条规定："民兵、预备役人员因参战、参加军事训练、执行军事勤务牺牲、致残的，学生因参加军事训练牺牲、致残的，由当地人民政府依照军人抚恤优待条例的有关规定给予抚恤优待。"

2. 公民的国防义务

（1）维护国家统一和安全的义务。中国《宪法》第五十二条规定："中华人民共和国公民有维护国家统一和全国各民族团结的义务。"中国《宪法》第五十四条规定："中华人民共和国公民有维护祖国的安全、荣誉和利益的义务，不得有危害祖国的安全、荣誉和利益的行为。"

履行维护国家统一和安全的义务，就是要求每一个公民都有高度的爱国主义精神和自觉的爱国主义行动，以国家利益为最高利益，自觉维护祖国统一、安全、荣誉和利益，绝不做危害国家安全、民族荣誉和国家利益的事。

（2）兵役义务。中国《宪法》第五十五条规定："保卫祖国、抵抗侵略是中华人民共和国每一个公民的神圣职责。依照法律服兵役和参加民兵组织是中华人民共和国公民的光荣义务。"中国《国防法》第五十条也规定："依照法律服兵役和参加民兵组织是中华人民共和国公民的光荣义务，"中国《兵役法》第三条规定："中华人民共和国公民，不分民族、种族、职业、家庭出身、宗教信仰和教育程度，都有义务依照本法的规定服兵役。"

按《兵役法》规定，公民履行兵役义务有服现役、服预备役和参加学生军事训练三种形式。

（3）接受国防教育的义务。中国《宪法》第二十四条中有"在人民中进行爱国主义、集体主义和国际主义、共产主义的教育"的要求。中国《国防法》第五十二条明确规定："公民应当接受国防教育。"中国《国防教育法》第五条规定："中华人民共和国公民都有接受国防教育的权利和义务。普及和加强国防教育是全社会的共同责任。一切国家机关和武装力量、各政党和各社会团体、各企业事业组织以及基层群众性自治组织，都应当根据各自的实际情况组织本地区、本部门、本单位开展国防教育。"

国防教育是建设和巩固国防的基础，是增强民族凝聚力、提高全民素质的重要途径。公民应当自觉接受国防教育，从而增强国防观念，掌握基本的国防知识，学习必要的军事技能，激发爱国热情，自觉履行国防义务。

（4）保护军事设施的义务。《中华人民共和国军事设施保护法》第四条规定："中华人民共和国的所有组织和公民都有保护军事设施的义务。禁止任何组织或者个人破坏、危害军事设施。"

所谓军事设施，是指国家直接用于国防目的的建筑、场地和设备，主要有以下几种：

①军事指挥机关，地面和地下的军事指挥工程，作战工程；

②军用机场、港口、码头；

③部队营区、训练场、试验场；

④军用洞库、仓库；

⑤军用通信、侦察、导航、观测台站和测量、导航、助航标志；

⑥军用公路、铁路专用线，军用通信、输电线路，军用输油、输水管道；

⑦国务院和中央军委规定的其他军事设施。

军事设施是国防的物质屏障，在战时，它是打击敌人、抵抗侵略的重要依托；在平时，它具有制约敌对力量的威慑作用。因此，保护军事设施，确保军事设施效能的实现，是巩固国防、维护国家安全利益的具体体现。

根据军事设施的性质、作用、安全保密的需要和使用效能的不同要求，可将军事设施分为军事禁区的军事设施、军事管理区的军事设施及其他军事设施。中国公民对这三类军事设施要履行不同的保护义务。

（5）保守国防秘密的义务。国防秘密是指关系国家的防卫安全与利益，依照法定程序确定，在一定时间内只限于一定范围内的人员知悉的军事或与军事有关的政治、经济、外交、科技、文化等方面的事项。

中国《宪法》第五十二条规定："中华人民共和国公民必须遵守宪法和法律，保守国家秘密。"中国《国防法》第五十二条规定："公民和组织应当遵守保密规定，不得泄露国防方面的国家秘密，不得非法持有国防方面的秘密文件、资料和其他秘密物品。"《中华人民共和国保守国家秘密法》第三条规定："一切国家机关、武装力量、政党、社会团体、企业事业单位和公民都有保守国家秘密的义务。"《中华人民共和国国家安全法》第十九条规定："任何公民和组织都应当保守所知悉的国家安全工作的国家秘密。"

（6）支持国防建设和协助国防活动的义务。根据中国《国防法》的有关规定，公民在支持国防建设和协助国防活动方面的义务主要有以下几条：

①支持国防建设，包括参与国防宣传、履行兵役义务、协助做好军人及其家属的优抚工作、促进军民团结等。

②为武装力量的军事训练、战备勤务、防卫作战等活动提供便利条件或者其他协助，主要包括根据需要主动为武装力量使用档案、资料、设备、交通、通信、场地、建筑等提供方便；为执行任务的人员提供必需的饮食、住宿、医疗、卫生保障等。

③支前参战的义务，主要包括战时踊跃参军、配合部队作战、担负战时勤务、保卫重要目标等。

第五节　国防动员

国防动员，亦称战争动员，简称动员，是国家或政治集团由平时状态转入战时状态时，统一调动人力、物力、财力为战争服务所采取的措施。通常包括武装力量动员、国民经济动员、科学技术动员、人民防空动员、国防交通动员和政治动员等。动员是国防活动的重要组成部分。动员准备的完善程度是国防强弱的标志之一。加强动员准备，已成为各国普遍重视的战略问题。

一、国防动员分类

世界上许多国家一般按规模把动员分为总动员和局部动员两个类型（有的国家称等级）；按方式把动员分为秘密动员和公开动员；按时间把动员分为初期动员和持续动员。秘密动员是在各种伪装手段掩护下隐蔽进行的动员；公开动员是宣布进入战争状态，公开发布动员令后所实施的动员。初期动员是在战争爆发前和战争初期进行的应急动员，包括整个战争初期的各项动员活动；持续动员是战争进入中后期之后，在初期动员的基础上，为继续满足战争需求所进行的动员。

根据我国《国防法》的规定，当中华人民共和国的主权、领土完整和安全遭受威胁时，国家将依照宪法和法律规定，进行全国总动员或者局部动员。

1. 总动员

总动员亦称全面动员，是国家采取紧急措施，在全国范围内实施的战争动员，即将全国军事、政治、经济、科技、文化以及社会生活的各个方面转入战时轨道。总动员通常在爆发大规模战争需要举国迎敌时进行，时机一般选择在战争初期。决定实施总动员的权限属于国家最高权力机关，总动员令通常由国家元首或政府首脑发布。

由于总动员涉及面广、组织实施复杂，因而最能体现动员的一般规律和原则。与局部动员相比，总动员有如下特征：

（1）全面性。总动员涉及国家各个地方、各个领域，包括军事、政治、经济、文化等各个部门，一切为了战争。就人员而言，总动员可能涉及每一个有能力承担国防义务的公民。为了应付大规模战争，总动员将使国家转入战时体制，全国进入战争状态，一切部门和全体公民都要服从战争需要，以各种不同的方式支持战争的进行。

（2）彻底性。由于全面战争往往比局部战争更复杂、更激烈、更残酷，因而总动员的程度也就更为彻底，它将使国家所具有的战争潜力更多地转化为战争实力，使政府的各种机制更多地由平时状态转换为战时状态，并由此导致整个国家的活动中心和社会生活发生根本性的改变。

（3）持续性。总动员多是为全面战争而反复实施的。一般说来，全面战争比局部战争涉及的范围更广，持续的时间也更长。这就要求总动员也随之持续下去，成为长时间的、分批次进行的活动。因此，动员可能持久进行，或者反复进行，甚至整个战争的自始至终都贯穿着动员。

2. 局部动员

局部动员是国家在部分地区或部门进行的动员，通常是动员部分武装力量和人力、物力、财力进行战争。根据战争的发展，局部动员也可能上升为总动员。决定实施局部动员的权限属于国家最高权力机关。

局部动员是古今中外战争动员中最常见的动员类型。第一、第二次世界大战及战后的许多次局部战争中，许多国家都进行过这种局部动员。我国进行的抗美援朝战争、对印自卫反击作战、对越自卫还击作战，都进行过这种类型的动员。与总动员相比，局部动员具有以下特征：

（1）有限性。局部动员多是为局部战争而实施的。其作用目的、时间、范围都有限，所以局部动员的规模必须严格控制。这样不仅可以尽量减少国家的负担和损失，还有利于达成政治上的主动。进行局部动员时，国家体制不做根本改变，社会的各个方面和公民也大多保持正常生产和生活，维持正常的社会秩序。动员只在局部地区和某些部门进行，不涉及国家的总体发展布局和正常的经济建设。

（2）不稳定性。局部动员的不稳定性主要是说它有多种发展趋势，有可能发展上升为全面动员，也可能只在局部地区或部门进行，不需再发展扩大。这就要求在局部动员之前和实施过程中必须对战争的发展趋势不断地进行研究，做出科学的预测，以便有所准备，一旦需要，及时向总动员过渡。

实施总动员还是局部动员，是由战争规模和国家战略意图决定的，二者在一定条件下相互转化。随着战争规模的扩大，局部动员有可能升级为总动员，同样，随着战争规模的缩小，原来在全国各行各业进行的总动员，则逐步变为局部动员，国家的大部分地区和部门恢复正常状态。战场情况是不断发展变化的，随着交战双方政治、经济的需要，以及双方力量的消长，战争规模也处在不断的发展变化过程中，动员的指导者要把握这种变化，适时调整动员规模。

二、国防动员的内容

1. 武装力量动员

武装力量动员是国家将军队及其他武装组织由平时体制转为战时体制所采取的措施。通常包括解放军现役部队、武装警察部队、预备役部队、民兵和预备役人员，以及相应的武器装备和物资等动员。它是战争动员的核心，对战争的进程和结局，特别是对战争初期军队的迅速扩编和战略展开，掩护国家转入战时体制，争取战略主动，具有重要意义。

武装力量动员的主要做法是：

（1）扩编现役部队。临战前使军队迅速转入战时状态，现役军人一律停止转业和退伍，外出人员立即归队；迅速组建扩建新的作战部队和保障部队，实施战略展开。

扩建新建部队的方法：一是对一部分现役部队进行扩编。这种方式是以现役部队为"母体"，通过补充实力达到部队建制的扩大或数量的增多。二是组建新的作战部队。这种方式可以从现役部队抽调指挥员和技术骨干，通过补充兵员，组建新的作战部队，也可以以军事院校为基础，抽调学员和其他人员为骨干，组成新的作战部队，还可以由地方与军事专业相关的部门包干组建新的保障部（分）队。

（2）征召预备役人员。重点是征召预备役军官和专业技术兵，按战时编制补充现役部队，使之达到齐装满员，随时处于临战状态。

（3）预备役部队调服现役。预备役部队是区别于现役部队的一种武装组织，是以少数现役军人为骨干，以预备役军官和士兵为基础进行编组。预备役部队平时寓于民间，需要时一声令下，可以整师、整团地转为现役部队。

（4）将地方部队升级为野战部队。地方部队是执行地区性军事任务的部队，包括武装警察、生产部队在内。平时主要担负内卫、守护、维护社会治安、生产建设等任务。在需要时，地方部队可迅速升级为野战部队，开赴战区，投入战斗。在我国，地方部队升级为野战部队，民兵升级为地方部队，源源不断，已成为一个独特的、完整的兵员动员体系。

（5）动员和组织民兵参军参战。

（6）征用急需物资。主要是运输工具和工程机械、医疗器械、修理设备等，以满足军队扩编的需要。

（7）健全动员机构，加强组织领导。随着战争的发展，进行持续动员，以保证军队不断补充和扩大，直至战争结束。

2. 国民经济动员

国民经济动员，是指国家将经济部门、经济活动和相应的体制从平时状态转入战时状态所采取的措施，是战争动员的基础，目的是充分调动国家的经济能力，保障战争的需要。通常包括工业、农业、交通运输、财政金融、邮电通信、医疗卫生力量等方面的动员。国民经济动员的主要做法是：

①改组国民经济各部门，实行集中管理和使用战争潜力。

②调整国民经济比例，重新分配人力、物力、财力，统筹安排军需和民用。

③调整经济建设布局，搬迁、疏散重要工厂和战略物资。

④改组工业结构和产品结构，实施工业转产，扩大军工生产。

⑤调整科研和军工试验部门的任务，加速研制新式武器装备。

⑥调动交通运输、邮电通信、医疗卫生以及财贸、商业等各行各业的力量，为战争服务。

⑦加强能源生产和资源管理。

⑧改组农业，提高农业产量，加强粮食生产和储备，保障粮食供给。

⑨加强经济资源的开发利用，扩大生产，保障战争的需要。

3. 科学技术动员

科学技术动员，是指国家战时统一组织调整科学研究部门和专家、工程技术人员，从事战争所需要科学技术的开发研究所采取的措施，是战争动员的重要组成部分。其任务是开发应用新兴科学技术，利用科研设施和成果，研制先进的武器设备，为军队培养、输送专业技术人才，使军队在战争中保持科学技术和武器装备方面的优势。科学技术动员的广度和深度，对战争的进程和结局具有重大影响。为适应现代战争的特点，世界许多国家都很重视在平时就做好科学技术动员的准备，例如，保持精干的国防科研队伍，研究开发现代战争需要的军事装备，储备战时生产技术和工艺；国防科技主管部门要会同国家和地方政府科技主管部门调查登记具有国防科研能力的人才、设备和具有国防用途的科研成果。科学技术动员通常根据国家发布的动员令组织实施，主要做法是：

①按照科学技术动员计划，有组织、有步骤地将全国科技力量转入战时轨道，强化国家对科技领域人力、物力、财力的投入，将科学技术转化为军事实力和战斗力。

②充分运用先进的科技成果和科技手段，迅速改进和更新现有武器装备，力争军队的武器和技术装备在战争中保持领先地位。

③加速为军队输送各类专业技术人才，保证战时扩编需要，保持参战人员与武器装备的有机结合，使之发挥最大效能。

④及时总结战争的经验教训，分析敌我双方的战时态势，针对战争的发展趋向，研究提出新的对策，开拓新的研究领域，充分发挥科学技术在战争中的作用。

4. 人民防空动员

国家战时发动和组织人民群众防备敌人空袭所采取的措施，简称为人防动员，有的国家称为民防动员。其主要任务是依据国家有关法律法令，动员社会力量，进行防空设施建设，组建防空专业队伍，普及防空知识教育，组织隐蔽疏散，配合防空作战，消除空袭后果。其目的是保护居民、经济设施及其他重要目标的安全；减少国家及人民群众生命财产的损失，保存战争潜力。人民防空动员的主要做法是：

①制定和完善人民防空动员法规，建立和健全各级领导机构。

②拟制各项防空动员计划，如人口和物资疏散、工业搬迁计划，重要经济目标防护措施和抢修预案，以及各种保障方案。

③组织实施人民防空工程、通信警报等设施的建设与管理。

④按照专业对口、平战结合的原则，组织训练抢险抢修、医疗救护、消防、防化、通信、运输等防空专业队伍，提高专业技能。

⑤对人民群众进行防空知识教育和训练，掌握防空的基本知识和技能，提高自救互救能力。

⑥人民防空重点城市，根据战时需要，结合平时周转供应，做好粮食、医药、油料等必要物资的储备。

随着现代科学技术的飞速发展，各种新式空袭兵器不断出现，空袭与反空袭已成为现代战争的主要作战形式，在现代战争中占有极为重要的地位。搞好人民防空动员，对于增强国家的总体防御能力具有重要的战略意义。

5. 国防交通动员

国防交通动员是指在全国或部分地区调集交通力量，全力保障战争需要的紧急行动。国防交通动员通常在国家动员领导机构的统一领导下，由国防交通主管机构组织，协同政府、军队有关部门共同实施。国防交通动员准备包括在平时制定完备的国防交通动员的法规和计划，健全国防交通机构和机制，建立国防交通保障队伍，储备必要的国防交通物资和器材等。国防交通动员的主要任务包括以下几方面：

①根据战争规模和作战需要，有计划地将平时国防交通领导机构迅速按方案扩编为战时交通运输指挥机构，政府交通运输部门随即转入战时体制。

②根据作战保障需要，动员、征用社会运输力量，必要时对交通运输系统实行不同范围和不同形式的军事化管理。

③动员、组织各交通保障队伍和交通保障物资器材迅速到位，遂行运输、抢修、防护任务。

④根据统率部的规定，做好对弃守地区的交通遮断准备，保障及时遮断。

6. 政治动员

政治动员是国家为进行战争而开展的宣传、教育、组织工作和外交活动。战时政治动员主要包括国内政治动员和外交舆论宣传。平时政治动员主要表现为国防教育。战时政治动员的主要做法是：

①党、政府、军队的领导人，发布政治动员令、训令、宣言、声明、告人民书等，提出鲜明、生动的政治纲领或口号，进行普遍的动员和教育。

②进行战争形势和目的教育，讲清敌我双方进行战争的原因，揭露敌人的反动本质和暴行，明确进行革命战争正义战争的有利条件、不利条件和克服困难、战胜敌人的办法，号召人民和军队准备战争、参加战争、支援战争。

③通过通讯社、广播电台、电视台、报刊等宣传工具，运用布告、标语、传单等宣传手段，采取报告会、动员会、讲演会、政治课、文艺演出等形式，对群众进行宣传教育。

④进行爱国主义、国际主义和革命英雄主义教育，宣扬英雄模范人物的先进思想和先进事迹，号召军民向英雄模范学习；传播胜利消息，鼓舞士气和斗志，提高胜利信心。

⑤建立统一战线，充分发挥各民主党派、人民团体和群众组织的作用，组织集会、游行、示威等，在全国掀起政治动员的热潮。

⑥制定优抚政策，开展拥军优属和拥政爱民活动。

⑦制定战时法规和战场纪律；制定保护城市设施、名胜古迹以及尊重民族风俗习惯和宗教信仰等规定。

作为平时政治动员的国防教育，是国家为增强公民的国防意识，提高公民的国防行为能力而进行的教育，是国防建设和国民教育的重要组成部分。其目的是使公民增强以爱国主义为核心的国防观念，树立居安思危的忧患意识；振奋以民族自尊心、民族自信心和民族自豪感为基础的国防精神，增强建设祖国、保卫祖国的使命感和责任感；掌握基本的国防知识和必要的军事技能；增强自觉履行国防义务的积极性。它不仅对提高受教育者的国防观念和增强国防实力有重要作用，而且是提高全民族素质，增强民族向心力和凝聚力的重要途径，对巩固和加强国防有着培根固本的意义。

国防教育是和平时期做好动员准备的一个重要方面，在国家发布动员令后，则进一步转化为战时政治动员。国防教育的对象是全体公民，教育内容主要包括国防理论教育、国防精神教育、国防法制教育、国防知识教育和军事技能教育。我国的国防教育贯彻"全民参与、长期坚持、讲求实效"的方针，实行经常教育与集中教育相结合、普及教育与重点教育相结合、理论教育与行为教育相结合的原则，针对不同对象确定相应的教育内容，并分类组织实施。目前，我国的国防教育主要分为学校国防教育和社会国防教育。学校国防教育的方法包括以下几方面：

①将国防教育纳入有关课程，将课堂教学与课外活动相结合。

②开展以国防教育为主要内容的少年军校活动。

③根据需要聘请课外辅导员，协助学校开展各种形式的国防教育。

④设置适当的国防教育课程，安排专门的国防教育内容。

⑤由学校负责军事训练的机构或者军事教员按照国家有关规定组织实施学生军事训练。

⑥教育行政部门将国防教育列入工作计划，加强对学校国防教育的组织、指导和监督，并定期进行考核。

⑦学校则将国防教育列入学校工作和教学计划，采取有效措施，保证教育质量和效果。

社会国防教育的方法主要是分系统、按职责实行。例如，国家机关、企事业组织、社会团体、军队系统、城市居民委员会、农村村民委员会，以及宣传、文化、新闻、出版、广播、电影、电视等部门和单位，根据各自的工作性质和特点，采取多种形式进行国防教育。

✎ 知识拓展

国防动员标识

国防动员标识（如图1-2所示），是国防动员事业的象征。国防动员标识以五角星、和平鸽、长城烽火台、橄榄枝和文字为主要元素,通过抽象概括,将五角星与和平鸽组合为一个有机整体。五角星象征着国家无上的尊严与荣耀,同时也是国防事业的代表元素,寓意国防动员是国家行为,是国防现代化建设的重要组成部分。长城烽火台象征着国家安全,寓意国防动员是巩固强大国防、维护国家安全的战略工程。和平鸽与橄榄枝象征着和平,寓意我国加强国防动员建设的根本目的是维护国家的和平与安宁。标志上下方分别缀以汉字"国防动员"和其英文"NATIONAL DEFENSE MOBILIZATION"。国家国防动员委员会下发通知,明确自 2013 年 2 月 1 日起,启用国防动员标识。

图 1-2　国防动员标识

三、国防动员的准备和实施

1. 动员的准备

国防动员准备,是在动员实施之前进行的筹划、安排和采取的措施,是动员实施的前提和基础。平时没有充分的动员准备,战时就不可能实施快速高效的动员。

中国《国防法》第四十五条规定:"国家在和平时期进行动员准备,将人民武装动员、国民经济动员、人民防空、国防交通等方面的动员准备纳入国家总体发展规划和计划,完善动员体制,增强动员潜力,提高动员能力。"根据这一规定,国防动员准备应贯彻平战结合、军民结合、寓兵于民的方针,在增强经济实力的同时,为战时快速动员创造条件。

动员的准备包括以下内容:

(1)加强全民国防教育,打牢动员的思想基础。做好动员,有赖于精神和物质两个方面的努力。加强全民的国防教育,不断增强广大干部群众的国防观念和忧患意识,为国防动员奠定坚实的思想基础,是动员准备不可或缺的精神需要。

要通过国防教育使全体人民认识到,中国正在实现中华民族伟大复兴中国梦的征途上昂扬奋进,特别需要一个和平的国内国际环境,而和平的国内国际环境需要强大的国防来维护。不打仗,可以不动员,但是决不能不进行动员准备。相反,维护和平更需要加强动员准备,以便利用有利的时机,壮大和平力量,制止战争爆发。

(2)发展国家经济建设,打牢动员的物质基础。国家动员能力取决于动员的物质基础,包括国家的人力资源、国家经济部门的生产能力、战略原材料的储备、财政金融的实力等。

应当坚持在经济发展的基础上，努力积蓄和发展战争潜力。同时，国民经济建设必须随时考虑到动员的需要，必须具备转入战时体制的能力。

例如，大型企业兼备军品生产的能力，交通运输具备适应战时运输的能力，通信设施具备保障战时通信指挥的能力等，这些都不是战争打起来可以仓促完成的，必须平时预先做好准备。在进行经济建设时，要把军事目的、军事用途与国民经济各部门的工作结合起来，在不影响国民经济发展的情况下，赋予各部门、各方面一定的动员职能。

（3）搞好后备兵员储备，打牢兵员动员的基础。民兵、预备役是常备军的后备兵员，是现役部队组编补充兵员的主要来源，也是战时动员的组织基础，在整个动员中具有举足轻重的地位。现代高技术战争，对后备兵员提出了更高的要求，因此必须从提高质量入手，做好现代战争条件下的兵员动员准备工作。

要着眼于未来联合作战的特点，积极开辟有效途径，扩展专业技术兵储备量。其主要措施有以下几点：

①按照就地就近的原则，加强与动员扩编部队挂钩联系，充分利用部队的装备器材和技术人才，实行对口带训，进一步扩大专业技术兵员数量。

②调整布局，充分发挥城市和县城厂矿企业集中、技术力量雄厚、军地通用装备器材多的优势，进一步扩大专业技术兵组建面，增加专业技术分队种类和组建量。

③以地（市）和县（区）为单元，分别建立相对稳定的专业技术兵储备基地。

④不断调整、改善武器装备种类，逐步搞好配套，在民兵组织和预备役部队中有计划、按比例逐步组建一些炮兵、工程兵、装甲兵、防化兵等特种专业技术分队，优化兵员结构。

（4）健全和完善动员体制，打牢动员的组织领导基础。动员体制是动员领导机构与动员计划、动员法规体系的总称，是国家准备和实施动员的组织保证和法律保证。健全的动员体制，对提高动员效能具有决定性的意义。其主要措施如下：

①必须健全和完善动员领导机构。要进一步理顺关系，逐步形成分工科学、职责明确、相互配合、协调一致的工作关系，使整个动员体系精干、高效，保证后备力量动员建设的顺利进行。

②要健全和完善国防动员的法规。只有健全法规制度，才能使动员准备的各个方面有法可依，有章可循，才能保证动员准备各项工作任务的落实。

③要制订科学完善的动员计划。计划是动员准备与实施的主要依据，因此必须以立法的形式制订动员计划，逐步形成完整的动员计划体系，包括国家动员总计划、国民经济动员计划、武装力量动员计划、人民防空动员计划、交通通信动员计划、医药卫生动员计划、科学技术动员计划、支前保障动员计划及政治动员计划等，并将动员计划列入国家基本建设和国防建设的总体规划之中。计划一经制订和批准，就应下达给各级相关机构贯彻执行。

2. 动员的实施

国防动员实施是将国防潜力转化为战争实力，使国防动员由准备到操作，由计划成行动，是国防动员的实质性和决定性阶段，是一切动员准备的着眼点和归宿点。现代战争特别是高技术条件下的局部战争的复杂性要求战时动员必须快速、高效地实施。

中国《国防法》第四十七条规定："一切国家机关和武装力量、各政党和各社会团体、各企业事业单位和公民，在和平时期必须依照法律规定完成动员准备工作；在国家发布动员令后，必须完成规定的动员任务。"动员令是由国家最高权力机关决定，以国家元首名义宣布的关于全国或部分地区由平时状态转入战时状态，统一调动各种资源进行战争准备的命令。国家发布动员令以后，各级人民政府、各级军事机关，必须迅速实施动员。

（1）动员实施的时机。只有正确把握动员时机，才能掌握战争主动权，反之就会处于被动挨打的境地。

过早动员会打乱自己的计划，影响国民经济正常发展，还可能成为敌人的借口；过迟动员则会在军事上被动，并将造成损失。因此，要依据国际战略环境、敌国战争准备的变化和兵员动员工作的特点来确定兵员动员的时机。例如，应急动员，在战争即将爆发之前，风云变幻莫测，要迅速判断，抓住时机实施动员；临战动员，交战双方已经打响，态势高度紧张，必须全力以赴搞好人力、物力的动员；战争中后期动员，要纵观全局，掌握节拍，保持后劲。

为准确把握动员时机，应注意以下几点：一是加强预测，内容包括国际战略环境，敌国军事战略思想发展趋势、军事实力、经济能力、武器装备技术水平，本国的军事实力、后备兵员和快速动员状况及可能得到的援助等；二是加强战略侦察，做到知己知彼，除了动用现代化手段实行军事情报侦察外，还要通过政治、外交、经济、文化等多种渠道，广泛搜集资料，进行分析判断；三是综合分析，果断决策，必须审时度势，从猎取情报、分析情况到动员令的下达，都要快速决断，及时反应。

（2）动员实施的程序。动员实施的程序，是指按时间先后和流程次序，对兵员动员实施过程所安排的工作步骤，一般有发布动员令、优化国防动员机构、修订战时动员计划和落实动员计划等程序。

①发布动员令。动员令是宣布全国或部分地区、某些部门转入战时状态的命令。动员令的主要内容包括敌情，动员实施方式和任务，后备兵员集结、输送和补充，完成时限等，动员令的发布关系到战争的胜负和国家的前途命运。

根据中国宪法，中国动员令由全国人民代表大会或人大常委会决定，以国家主席名义发布。动员令发布分公开发布和秘密发布两种：公开发布动员令一般是战争在即或战争已经爆发，可以运用一切宣传工具和手段，不受任何保密限制，这种方式传递速度快，能在短期内家喻户晓，迅速转入战时体制；秘密发布动员令通常适用于在战争已不可避免但尚未爆发的情况，有严格的保密限制，通常只下达给政府有关部门和军事机构、预备役部队、军工厂和需要转产的民用工厂。

②优化国防动员机构。和平时期的动员机构，无论是人力还是权限都难以满足战时需要，因此，战争一旦爆发，必须及时调整和加强动员机构的力量，形成一个科学合理和运转高效的动员机构。要强化各级政府和军事指挥机关在动员中的领导指挥职能，明确各级地方政府和政府部门主要负责人在动员中的领导责任，并赋予其相应的权力；要赋予动员领导机构较高的指挥权威，司法部门对干扰和阻碍国防动员机构行使职权者依法严惩；要完善动员执行机构，战时由于任务的转换和加重，依靠原有的编制员额难以完成繁重的工作任务，必须对机构和人员进行充实调整；要按战时需要完善机构内部设置，并协调好相互之间的关系。

③修订战时动员计划。战时情况千变万化，所以对原有计划实时进行修订是必要的。修

订动员计划必须以平时制订的计划为基础，以国家的动员令为基本依据，以满足部队动员需要为目标，由上而下组织实施。具体工作通常由国家各级动员机构负责，并吸收有关人员参加。

中国战时动员计划的修订，由各级国防动员机构负责，具体工作分别由政治动员、人民武装力量动员、经济动员、人民防空动员、国防交通动员、科技动员等机构负责。对修订工作的要求是通盘谋划，抓住重点；内容全面，条文具体；注重效益，具有弹性。

④落实动员计划。国家发布动员令以后，负有动员任务的地区、部门和行业应根据修订的动员计划迅速转入战时体制，武装力量、政府部门和社会生活都要以保障战争胜利为轴心迅速进行调整。

武装力量要迅速转入战时状态。满编部队要迅速集结到指定地域，补充武器装备；有作战任务的部队要迅速开赴前线。简编部队应迅速补充，齐装满员。预备役部队应根据情况，迅速集结、换装、发放武器装备，实施交接，转隶关系，明确任务，并抓紧时间进行整训。民兵应做好应征准备，同时启封民兵武器，成建制组织起来，进行必要的训练。另外，视情况准备成立新的部（分）队。

政府各部门要根据动员任务积极实施动员计划。经济部门要根据战争需要调整经济资源配置，集中控制和调动国家财力、物力，增加武器装备和其他物资的生产，保障战争的需要；交通运输部门要优先运送应召的预备役人员和返回部队的现役军人，要组织好交通、通信设施的抢修、抢建，组织部队机动、物资补给等方面的交通运输保障；人防部门要积极开展防空宣传，组织人员疏散隐蔽，配合防空作战，消除空袭后果；科研机关要抽出人力、物力研制和开发新型武器装备；教育部门要组织有关的大专院校为军队培养和输送人才；宣传文化系统要做好政治动员，加强爱国主义、革命英雄主义和参军参战的宣传教育；民政部门要做好优抚工作；外事外贸部门应积极争取外国的军事和经济援助，并通过各种途径广交朋友、打击敌人。总之，各行各业都要动员起来，落实战争动员计划，有组织、有计划地转入战时体制，为战争服务。

四、国防动员的意义

国防动员属于战略问题，直接影响到战争的进程和结局，关系到国家的安危。无论是古代战争，还是现代战争，无论是全面战争，还是局部战争，无论是常规战争，还是非常规战争，都离不开国防动员。

1. 国防动员是增强国防实力的重要措施

当今世界上任何一个国家，哪怕是经济极为发达的国家，在平时要保持战时需要的那么庞大的军队显然是不可取的，因为巨额的军费开支必然加重国家的经济负担，影响国民经济的发展，同时也影响部队武器装备的研制和更新。因此，一个国家，在平时一般只保持一点比较精干的常备军，以应急需，并把它作为战时动员扩编的基础和骨干。这样就产生了平时养兵少、战时用兵多的矛盾，解决这个矛盾的唯一途径就是依靠国防动员。通过国防动员，在平时建立的强大后备力量，在战时就可以使常备军成倍地增长并可为战争提供源源不断的兵员补充。

在和平时期，国家把动员准备纳入经济建设和社会发展的总体规划，贯彻军民结合、平战结合的方针，可以增强战争潜力。同时通过动员准备，激发人民的爱国主义精神和树立居安思危、爱军尚武的国防观念，使国家政局稳定、经济发达、科技进步，迅速增强综合国力。由于平时奠定了良好的基础，一旦战争爆发，通过战时动员就能迅速地把战争潜力转化为战争实力。平时保持精干的常备军作为战时动员扩建部队的骨干力量，同时积极训练、储备后备力量以便战时根据需要组编参战。这样既可以加速国民经济的发展，又可以从根本上增强国防实力。

2. 国防动员是增强国防威慑力的有效手段

一个国家的国防威慑力，不仅取决于常备军的质量和数量，而且还取决于军队后备力量和其他动员潜力，取决于常备军与后备力量动员准备的有机结合，以及动员机制健全完善的程度和运行效率。

平时充分做好战时动员的准备工作，建立强大的后备力量和健全的动员体制，表明一个国家承认战争的危险依然存在，对国家的安全不会掉以轻心；战时的动员实施表明受侵略、受威胁一方不屈的卫国决心，这种卫国决心，是国家的意志，也是一种民族精神的体现，它对外界的影响力往往超出物质的力量，可以使敌人望而生畏，延缓或放弃侵略。可见，通过国防动员的一系列活动来显示卫国的决心和战争的实力，会对潜在的和现实的对手产生深刻的影响，使其不敢轻举妄动和贸然发动进攻，这就是所谓"不战而屈人之兵"的道理。例如，20 世纪 60 年代，英国元帅蒙哥马利访问中国，看到中国民兵训练后颇有感慨地指出："战争的禁律之一就是不能进攻中国，谁要是进攻就一定要大倒其霉，因为中国就像一块吸水石一样，任凭你有原子弹，有大量新式的技术装备也无济于事，必将被 7 亿中国人所击败。"

特别是处于防御地位和反对侵略的国家，应该采取积极措施，以充分有效的动员，显示应对战争的能力和誓死抵抗的决心，迫使敌人延缓或放弃侵略战争。中国的后备力量，既是潜力又是实力，例如，中国的民兵是现实力量和后备力量的统一体，平时加强国防后备力量建设，做好战争动员准备，无疑可以增强威慑力量，从而达到制约战争爆发和维护和平的目的。

3. 国防动员是夺取战争主动权的可靠保障

决定战争胜负的因素是多方面的，其中后备力量的强弱，兵员质量的优劣，以及战时动员的准备和实施的好坏都是极其重要的影响因素。

从一定意义上讲，战争是个军事力量不断消耗与不断补充的活动过程。现代战争空前增大的人力、物力和财力的消耗，靠平时的常备军和战前的物质准备远远不能满足需要，必须通过国防动员，使预备役人员转为现役，民用工业转为军用，在人员、武器装备及各方面力量上弥补因战争破坏而造成的巨大消耗，不断满足战争的需要。

近 20 年来的一些局部战争表明，首先发动战争的一方往往是先发制人，不宣而战，搞突然袭击，陆地、空中、海上同时进行，前方后方都是战场，迫使对方在无戒备或准备不充分的条件下仓促应战，以求达到速战速决的效果。这对于处于战略防御地位的国家来说，是一场你死我活、存亡攸关的考验。平时动员的准备如何，临战时的应急动员如何，战争进程中的持续动员如何对于战争的成败都具有决定性的意义。

只要国防动员的组织水平高，就能够做出快速反应，争取在较短的时间内完成紧急动员，实行战略展开，以稳定战局，使国家迅速转入战时体制，掌握战争的主动权。如果战时动员工作的准备和实施不当，在战争初期往往处于被动地位，甚至来不及实施动员和战略展开，其武装力量和经济命脉就已经陷于瘫痪，在突发战争面前措手不及，被动挨打，造成严重损失，甚至危及整个战局。因此，在现代战争中，谁能保持强大的后备力量，并以最快的速度动员起来投入战争，谁就能取得战争的主动权。

五、国防动员的发展趋势

国防动员建设作为积蓄和转化国防潜力的战略工程，既是平战结合的桥梁，又是军民融合的纽带。随着以信息技术为核心的高新技术迅猛发展并广泛应用，战争形态由机械化向信息化转型，世界经济向信息化、全球化转变，国防动员领域也随之发生新的深刻变化。准确把握世界各国国防动员的发展趋势，对于有效发挥国防动员作为实现军民结合、寓军于民的重要组织形式和桥梁作用，实现富国强军相统一，具有重要现实意义。

从当前和今后一个时期来看，国防动员的发展趋势主要表现在六个方面。

1. 动员规模由"全面"向"局部"转变

在人类战争发展的历史长河中，伴随着战争规模的不断扩大，国防动员范围日趋广泛，特别是两次世界大战，把国防动员推到了以动员范围广、规模大、持续时间长、方式多样、动员后备兵员和各种人力与物力数量多为特点的全面动员阶段。

第二次世界大战后特别是"冷战"结束后，局部战争成为主要的战争形态。未来信息化局部战争使作战空间已从平面、单维、线式的战场，发展成为立体、多维、非线式的信息化战场，与局部战争相适应的局部动员登上历史的舞台。

国防动员保障目标的变化，必然使国防动员准备及实施发生变化，适应现代战争的局部动员已成为目前和今后一定时期内国防动员的基本样式。

2. 动员过程由"静态"向"动态"延伸

第一次世界大战以前的国防动员多表现为平时进行一定人力、物力储备，战前通过动员把这些储备补充给作战力量的一种"静态"动员，由于两次世界大战的持久性，临战前的一次性动员已经远远不能满足战争的需求，必须在整个战争期间连续多批次地实施人力、物力动员。在这个基础上，国防动员开始有了前期和中后期之分。

进入高技术局部战争时期，为应付未曾预料的战争或突发事件，产生了应急动员，国防动员按时序形成了应急动员、战争初期动员、战争中后期动员的"动态"过程。

现代国防动员根据战争的需要，不仅要完成集结前的一次性应急动员，而且要实施不间断的持续动员；不仅要做好机动部队的补充满足，而且要做好机动作战的全过程、全方位的动员；不仅要做好就近就地动员，而且要实施跨区域的定向动员。这种动态性已成为现代国防动员的典型特征。

3. 动员方式由"显性"向"潜性"演化

战时，需要将动员潜力在较短时间内转化为国防实力，而这个转换时间的长短和实力提升的幅度，不仅取决于经济基础的雄厚程度，也取决于军民融合的程度。为此，各国在国防动员建设中，纷纷在"平战结合，军民结合"中寻找出路，通过实施寓军于民、军民兼容等措施，使国防动员准备由军事化向社会化发展，在国防动员的许多方面出现了"军转民""军民一体"的势头，特别是在信息领域和高新技术领域军民兼容性更强，使国防动员表现形式由"实"到"虚"，由"显"到"潜"，军用与民用技术的界限趋于淡化。

有统计数字表明，在世界军事强国中，约85%的军事核心技术同时也是民用关键技术，

80%以上的民用关键技术被直接运用于军事目的。这样，战略物资和武器装备的储备就由过去大量生产储存的"显性化"演变成今天以储备技术为主的"潜性化"。通过军民融合，实现社会资源的最佳配置，以期等量的投入取得最大的效益。

4. 动员对象由"数量"向"质量"聚焦

传统意义上的国防动员的构成要素主要是人力、物力和财力的简单积累，参战双方各要素之间的质量差异较小，国防动员主要依靠数量规模来体现，特别是由于受武器装备、人员素质、作战思想和作战理论的限制，战争多表观为数量型的对抗，这就使国防动员呈现出数量型的特征。

当今，由于高技术广泛运用于军事领域，侧重于智能与智能的比拼，无论是参战还是支前保障，除了进行人力、物力动员外，更大程度上需要进行科技动员。例如，科索沃战争中，以美国为首的多国部队用50颗侦察卫星和24部航天器组成天基情报侦察网络，把对方尽收眼底，形成不对称作战的优势；又如，伊拉克战争前夕，美军在拉斯维加斯举行"电脑黑客"大会，其实质就是一场信息人才招募会，吸纳全国顶尖高手参加对伊作战。事实说明，知识、智力、技术和管理等高科技动员必将取代人、财、物的常规性投入，跃居国防动员的核心位置。国防动员的数量与质量关系正发生着剧烈的变化，国防动员的质量对战争的影响力口益增大。高技术条件下的作战是系统功能的有效发挥和整体力量的激烈对抗，只有高质量的动员才能形成与高技术战争相适应的配套保障能力。

5. 动员控制由"粗放"向"精确"发展

"粗放"动员即片面强调动员的人、财、物越多越好，并不注重动员与需求的一致。"精确"动员即动员最小的力量获取最大的战争动员效益。与传统的"粗放"动员相比，"精确"动员更具有灵活性，更能迅速达成战争动员的目的和效果。以信息和知识为基础的"精确"动员，"秒到秒"的时效性要求、"键对键"的信息化手段和"点到点"的精确化程度，呼唤着新型动员能力，从实质上反映了信息时代的价值取向。

战争形态向信息化的转变，决定了信息技术水平和信息产业实力成为国防潜力的重点要素，信息资源也成为最重要的战略资源，战争动员向精确化方向大跨越的时机正逐步走向成熟。随着信息技术在动员需求分析、动员信息传输、动员信息管理、动员效能评估等方面广泛应用和发展，实施精确化动员将逐步从一种发展趋势转变为现实。因此，中国新时期国防动员建设必须把信息动员摆在重要位置，以此带动国防建设的跨越式发展。

6. 动员目的由"单一"向"多样"拓展

早期，加强国防动员建设的目的主要是单一应战。第二次世界大战后，特别是近年来，一些国家相继成立了应急机构，在处理紧急事件和重大灾害中，经常启动国防动员机制、动用后备力量，直接参与处置突发事件和实施应急救援，国防动员建设呈现出"应战"与"应急"并重的发展趋势。例如，美国成立有联邦紧急事务管理局，俄罗斯有紧急情况部，日本有防灾省，这些机构的职责涉及反恐、灭火、防疫、减灾、国际援助、防范金融风险甚至公民救援等所有事关国家利益和社会安全的各个领域。

在中国，国防动员也逐渐由单一提高应战能力向增强应战应急"双应"能力发展。中国奉行防御性的国防政策。坚持走和平发展道路，把遏制战争、维护和平、共同发展视为己任。居安需要思危，有备方能无患。战时应战、急时应急、平时服务是国防动员的历史使命。1998 年抗洪抢险，投入民兵 500 多万人；2003 年抗击非典，仅出动民兵应急分队就达 69 万多人；2008 年抗震救灾，震后 6 小时就有 3.7 万民兵预备役人员紧急动员集结。事实证明，不管是抢险救灾、处置突发事件，还是维护社会秩序，只要关乎国家利益、人民安危，都离不开国防动员工作。

面对风云变幻的国际格局、复杂多变的安全环境，无论是战而胜之还是不战而屈敌之兵，都要通过国防动员来积聚"正能量"。国防动员绝非一日之功，乃是长期之效。一条条纵横交错的高速公路同步考虑国防要求，一道道贯通南北的铁路线有效满足军事需求，一幢幢拔地而起的高楼大厦配套建设人防工程……这就是国防动员科学发展的生动写照。走军民融合式发展之路，在人才培养中强化国防观念，加快国防动员信息化建设步伐，在重大基础设施建设中贯彻国防要求，在城市发展中兼顾战时防护之需，是做好国防动员准备的长久之计。

思考题

（1）国防的基本类型有哪些？

（2）现代国防的基本特征有哪些？

（3）国防历史的启示有哪些？

（4）如何认识国防的地位和作用？

（5）我国国防的领导体制和组织形式是怎样的？

（6）新中国国防建设成就有哪些？

（7）什么是国防法规？国防法规的主要特性是什么？

（8）我国实行什么样的兵役制度？

（9）什么是国防动员？它是如何分类的？

（10）国防动员如何实施？

（11）国防动员有哪些发展趋势？

第二章 军事思想

学习目标

了解军事思想的形成和发展及其主要内容；

理解毛泽东军事思想的科学含义和主要内容；

理解邓小平军队建设思想的科学含义和主要内容；

理解江泽民国防和军队建设思想的科学含义和主要内容；

理解胡锦涛国防和军队建设思想的科学含义和主要内容；

理解习近平关于国防和军队建设的重要论述的主要内容。

第一节 军事思想概述

一、军事思想的基本概念

（一）概念

军事思想是关于战争、军队和国防的基本问题的理性认识，是人们长期从事军事实践的经验总结和理论概括。军事思想来源于人类的军事实践，同时又给人类的军事实践以理论指导，并在军事实践中接受检验。

（二）军事思想的特点

1. 军事思想具有鲜明的阶级性

军事思想来源于社会实践，为了各阶级的利益，军事家站在不同的阶级立场上，反映各阶级对战争和军队建设的不同看法和认识，奉行和推崇的军事思想带有鲜明的阶级性。因为，资产阶级军事思想是维护他们自身利益的思想，无产阶级军事思想也是维护自身利益的思想。例如，从社会发展或政治角度看，战争有正义战争和非正义战争之分，而无产阶级是拥护正义战争，反对非正义战争的，因为正义战争是符合广大人民群众利益、推动人类社会进步的、革命的战争。

2. 军事思想具有强烈的时代性

军事思想来源于战争实践，不同历史时期的战争有着不同的形态和战略战术，有着不同的军队组织原则和编制。这种不同时代的特征往往最能反映当时的物质生产水平（生产力水平），军事思想所反映的这些特征代表着这一时代的特性。恩格斯指出："现代的作战方法是法国革命的产物。它的前提是资产阶级和小农的社会和政治的解放。——革命前的军队的不灵活，正是封建制度的反映——军队和整个生活一样是以缓慢的速度前进的。""无产阶级的解放在军事上同样也将有它自己的表现，并将创造出自己特殊的、新的作战方法。"

3. 军事思想具有明显的继承性

战争的特点之一，是强制性地要求人们的主观认识同客观实际相一致。因此，在战争中，人们必须按事物的客观规律办事，古代大军事家孙武说："先知者，不可取于鬼神，不可象于事，不可验于度，必取于人。知敌之情者也。"因为只有这样，才能做到"知彼知己，百战不殆，知天知地，胜乃无穷"。所以，历史上所形成的具有规律性的军事原则、概念和范畴是人们对战争这一客观事件的总结，并在实践中不断地加以丰富和发展。

（三）军事思想的主要内容

一是军事哲学。包括战争观、军事问题的认识论和方法论。

二是军事实践基本指导原则。包括战争指导的基本方针和原则、军队建设的基本方针和原则、国防建设的基本方针和原则等。

（四）军事思想的分类

分类的标准不一样，其分类结果也不一样。可按时间、阶级、国家等进行分类。按阶级划分可分为封建地主阶级军事思想、资产阶级军事思想、无产阶级军事思想；按时代划分可分为古代军事思想、近代军事思想、现代军事思想；按国家分可分为中国军事思想、国外军事思想等。

二、军事思想的地位和作用

军事思想是各种军事理论、军事原则的理论基础，对军队建设、作战行动和国防建设起着根本性的指导作用。

1. 军事思想为认识军事问题提供基本观点

人们总是基于一定的思想观念，去评判军事问题的是非与价值，进而确定对其采取何种态度和行动。军事思想提供的正是这种思想观念。运用马克思列宁主义的理论去看待战争，就能全面认识战争在人类社会生活中的作用，正确判断正义战争与非正义战争，坚持以正义的、进步的、革命的战争去反对非正义的、反动的、反革命的战争。如果用否定一切战争暴力的和平主义，或"强存弱汰"的社会达尔文主义之类的观点看待战争，就不可能有正确的态度和行动。

2. 军事思想为进行军事预测提供思想方法

科学的军事思想揭示了军事领域矛盾运动的规律，为人们正确地认识战争，进行军事预测提供了科学的认识论和方法论工具。

恩格斯和列宁关于资本主义列强之间的争夺将导致世界大战的预见：人类确实爆发两次世界大战，即第一次世界大战和第二次世界大战。

毛泽东关于中国人民抗日战争进程与结局的论断：毛泽东在《论持久战》一书中写了21个问题，前9个问题为第一部分，主要说明抗日战争为什么是持久战，为什么最后胜利是中国的，批判了亡国论和速胜论；后12个问题为第二部分，主要说明怎样进行持久战和怎样争取最后胜利，着重论述了人民战争和人民战争的战略战术。这是科学地进行宏观预测的范例。非科学的军事思想因不能揭示甚至歪曲了军事领域矛盾运动的规律，必然导致错误的预测结果。

3. 军事思想为从事各项军事实践活动提供全局性指导

人们从事军事实践活动，离不开军事思想的指导。军事实践的成败，与军事思想的科学与否关系甚大。以科学的军事思想作指导，军事实践就能保持正确的方向，并能达到预期的目的。否则，军事实践的方向就难免发生全局性的偏差，达不到预期的目的。军事思想之所以能对军事实践起指导作用，在于它是军事实践的能动的反映，是军事实践经验的理论概括，并揭示了军事领域的一般规律。春秋时期，吴国用了孙武的军事思想，打败了强大的楚国。拿破仑的军事思想，成功地指导了法国的资产阶级革命战争。毛泽东军事思想，在中国半殖民地半封建社会性质的条件下，从敌强我弱的实际情况出发，充分发挥其能动的指导作用，使中国革命战争取得了伟大胜利。相反，欧洲一些国家在第二次世界大战初期战略防御的失败，与这些国家当时军事思想上存在的非科学性，特别是保守主义有直接关系。战争实践证明，在客观物质条件许可的范围内，军事思想正确与否决定着军事实践的成效，决定着战争的胜败。

第二节　军事思想的历史发展

"历史从哪里开始，思想进程也应当从哪里开始，而思想进程的进一步发展不过是历史过程在抽象的、理论上前后一贯的形式上的反映；这种反映是经过修正的。然而是按照现实的历史的过程本身的规律修正的。"（《马克思恩格斯选集》第二卷，第122页）军事思想的发展也是如此，它依照历史的发展而发展，依照战争的发展而发展。这种发展，不仅仅是量的积累，更重要的是水平的提高。随着社会生产力的发展，战争规模的扩大，以及科学文化水平的不断提高，人们对军事思想的认识，经历了一个由浅入深的历史发展过程。从时代角度划分，其大体可分为古代军事思想、近代军事思想和现代军事思想。

一、古代军事思想

军事思想是实践的产物。在远古时代，世界各地生息繁衍的众多氏族群体，对军事问题认识普遍处于蒙昧状态，往往把战争的发生和胜负的原因归结为"天意"或"神的意志"。我国历史上传说的黄帝、炎帝和蚩尤之间的战争，以及古希腊传说的特洛伊战争的故事，反映的就是这样一种情况。随着私有财产和阶级的产生，特别是人类历史进入奴隶制社会后，战争日益频繁，目的性更加明确，并逐渐成为阶级斗争的最高形式。丰富的实践经验极大地锻炼和提高了人们的思维能力，使人类对战争的认识进一步向实际靠近，唯心主义的迷信色彩也随之而有所淡化。

从奴隶社会到封建社会前期，中国的军事思想的发展水平一直居世界前列。早在春秋以前就已出现了专门的军事文献《军政》和《军志》等，在《尚书》《周易》等古代典籍中也包括一些军事思想。在这些古籍中，人们对建军和作战等问题就有许多带规律性的认识。如：在治军问题上，强调齐众以律、严明赏罚；在战争指导问题上，既重礼信，又重谋略等。春秋战国时期，社会剧烈变革，争霸和兼并战争频繁激烈，加之军事技术的进步和学术思想上的百家争鸣，有力地促进了军事思想的发展，使中国古代军事思想出现了一个前所未有的兴盛时期。不仅儒、道、法、墨等诸子百家典籍中有大量深邃的军事思想，而且涌现了孙武、吴起、孙膑等一批兵学家，产生了《孙子兵法》《吴子》《孙膑兵法》《尉缭子》等一大批兵学著作。孙武是先秦军事理论家的杰出代表，其著作《孙子兵法》不仅是中国，也是世界军事思想发展史上的一座里程碑。以《孙子兵法》为代表的先秦军事思想，明确提出战争"必取于人"的朴素唯物论观点；指出战争有"义"与"不义"的性质之分，以"义兵"讨伐"不义之兵"是可取的；认为战争是国之大事，应当"慎战"，否则穷兵则亡；认为应综合比较敌对双方的国家在政治、将帅才能、天时地利、军事制度和军队的数量、训练及法度纪律等各项要素的优劣，据以预测战争胜负；认为属于政治范畴的"道""德""仁"等因素对战争具有重大影响；总结出知己知彼、践墨随敌、因形用权、战胜不复、以众击寡、避实击虚、致人而不致于人等军事规律；概括出奇正、迂直、强弱、攻守、主客、进退、虚实、众寡、分合等军事领域特有的范畴，并且辩证地阐释了它们的关系；主张上兵伐谋，不战而屈人之兵；主张耕战结合，富国强兵，居安思危；强调教戒为先，严明法度，"令之以文、齐之以武"，兵权高度集中于最高统治者。这些观点对后来中国乃至世界军事思想的发展均起到了广泛而深远的影响。自公元前 221 年秦王朝建立，到 1840 年鸦片战争爆发的 2 000 多年间，中国军事思想虽没有出现像春秋战国时期那样的兴盛景象，但仍然时缓时快地向前发展。秦统一六国时的远交近攻，各个击破；东汉统一战争中的西和东攻，由近及远，各个击破；三国两晋南北朝时期的广结联盟；隋末李渊统一全国时的因势借力，乘虚入关，居险养威；元代初期成吉思汗及忽必烈的远程迂回，假道南宋灭金；明初朱升的"高筑墙、广积粮、缓称王"；清初努尔哈赤的"凭尔几路来，我只一路去"等方略、策略，使中国古代战略思想有了一定发展；宋代统治者提出并实行的兵权高度集中，军事行政权归枢密院，军事指挥权归"三司""三帅"互相制约，集权于皇帝的统军思想；明代戚继光提出的一套比较完整的军队训练原则和方法，使中国古代治军思想增添了新的内容。秦代修筑万里长城体现的"用险制塞"思想；汉代推行军屯实边措施；隋至唐初将全国划分为若干军事战略区，采取强干弱校、居中驭外、中外相维的兵力部署原则；明代提出的哨于远洋、击于近海、巩固海岸、严守要城的海防思想，使中国古代国防思想有了新的发展。唐代李世民的"持久"防守和围城打援、一举两克的战法；《卫公兵法》提出的速决和持久不可偏废的观点；火器出现后，明代有人提出火器在先、各兵种配合作战的思想，进一步丰富了中国古代作战指导思想。

在古代，世界其他国家的军事思想，特别是古代希腊军事思想和古代罗马军事思想获得显著发展。史书记载的古希腊底比斯军事统帅埃米农达、马其顿国王亚历山大三世、迦太基军事统帅汉尼拔、古罗马军事改革家马略、奴隶起义军领袖斯巴达克斯等人的军事实践活动和这一时期的代表性军事著作，像希罗多德的《历史》、恺撒的《高卢战记》和《内战记》等书，都可反映出古代欧洲一些国家的军事思想。如认为，为赢得战争胜利，必须政治、外交手段和军事打击并用；用兵之道，计谋胜于刀枪；军队的力量在于指挥官和纪律，没有优秀的指挥官将一事无成；统率的艺术在于根据情况采取行动，战争艺术的基本原则是避免分散兵力，作战指挥的要旨在于选择时机、迅速行动和击敌要害；正确编组战斗队形是取得战斗胜利的前提之一，应考虑参战兵力和地形条件等进行编组；突然出击最能使敌方惊慌失措。至公元 1 世纪，开始出现带有较强理论色彩的军事著作，如古罗马弗龙蒂努斯的《谋略》以及后来书格蒂乌斯的《论军事》等。在随后长达千年的中世纪，欧洲军事思想发展较为缓慢。在这一时期，穆罕默德创建的阿拉伯帝国，奉行宗教与军事一体化的治军方针，其继承人欧麦尔一世在一系列对外征服战争中，以"圣战"为旗帜；奥斯曼帝国皇帝穆罕默德二世实行庞大的兵员数量与先进的军事技术并重、贵族骑兵与平民步兵并重的建军原则；日本颁布的第一部较为完备的国家军事法典《大宝军防令》，就兵役、边防和军队的组织、训练、管理及作战，提出若干指导原则，都对军事思想的发展做出了贡献。

二、近代军事思想

近代是世界资本主义形成与上升、无产阶级作为独立的政治力量开始登上历史舞台的时代。近代军事思想发展的总体特征，一是欧洲一些国家在文艺复兴运动和产业革命的推动下率先实行军事思想的变革，资产阶级军事思想体系得到确立；二是人类军事思想发生革命性变化，以马克思主义军事理论为代表的无产阶级军事思想宣告诞生。

15 和 16 世纪之交，欧洲军事思想领域出现了近代化的萌芽，主要代表著作是意大利马基雅维利的《战争艺术》等。17—18 世纪，欧美各国资本主义因素迅速发展，发达的工场手工业生产出大量新式火器，资产阶级政治革命风暴造成的阶级关系和民族关系变化，加之早已兴起的文艺复兴运动对意识形态的催化作用，促使战争和军队建设从形式到内容发生了巨大变革，欧美军事思想的近代化过程随之达到高潮。瑞典国王古斯塔夫二世·阿道夫、英国革命战争领导人克伦威尔、俄国沙皇彼得一世、普鲁士国王弗里德里希二世、英国军事著作家劳埃德、俄国大元帅苏沃洛夫、美国独立战争领导人华盛顿、普鲁士军事著作家比洛、奥地利军队统帅卡尔大公等，对这一时期军事思想的发展均产生过重要影响。有的提出战争与国家的对内对外政策密切相关，主张战术服从战略，以公民军队取代雇佣军队，利用民众力量进行战争；有的强调作战方法必须随着火器的不断进步而创新；有的主张实行反映新兴资产阶级利益的治军制度，破除封建贵族的军事特权，建立随军牧师。

近代欧洲军事思想变革的成果，集中体现在产生于 18 世纪前期的拿破仑战争艺术，以及克劳塞维茨所著《战争论》和若米尼所著《战争艺术概论》这两部军事理论名著之中。拿破仑一世凭借法国大革命所造成的新的社会条件，创立了使用广大民众力量进行战争的崭新作战体系。这一体系贯穿着依靠反对封建君主统治的广大民众支持和进行运动性作战的基本思想，在与欧洲大陆君主国反法联盟进行的战争中表现出强大威力，对封建制度下的旧式作战体系敲响了警钟。克劳塞维茨在《战争论》中提出了"战争无非是政治通过另一种手段的继续"的著名论断；比较系统地探讨了战争的目的，论证了消灭敌人和保存自己的关系；阐述了民众战争的作用及使用原则；认为指导战争必须考虑精神的和物质的要素，物质要素是"刀柄"，统帅的才能、军队的武德和民族精神要素才是"刀刃"，打败敌人就是要剥夺对方的抵抗意志；强调集中兵力是首要的战略原则，兵力优势是战争中普遍的制胜因素，防御是较强的作战形式，并最早提出了积极防御的作战思想；论证了战争是充满暴烈性、偶然性、作为政治工具的从属性和各种"阻力"的领域，军事原则不是死板的规定，不能把战争艺术变成机械的公式计算，军事知识只有浓缩成为简明的原则才有用无害，军事理论应当是一种思考而不是现成的"脚手架"，批判地考察战史是军事理论研究的基础。若米尼在《战争艺术概论》中，论证了军事领域的一些基本原理及其应用规则，同时又指出不能把这些原理和规则当成绝对化的公式，提出了战争指导上的若干原理，强调战争艺术应首先考虑国家的战争政策和影响战争胜败的多种因素；指出各种不同类型战争的规律是有区别的，全民参加的民族战争具有最可怕的力量；对战争艺术的内容体系做了新的划分，提出了有关战略、战术以及军队建设的一系列基本原则。这两部著作都是在总结拿破仑战争经验的基础上产生的，标志着欧洲和世界近代资产阶级军事思想体系的基本确立。近代资产阶级军事思想体系，在很大程度上是借助于当时自然科学中的机械唯物论和人文科学中的唯心史观形成的，夹杂着资产阶级的偏见。在这一时期，世界其他一些国家的军事思想也有较快的发展。如日本通过明治维新，大力引进欧洲的军事制度和军事理论，迅速实现了军事思想的现代化。

无产阶级军事思想，作为一种崭新的军事思想体系，也是在近代确立的。19世纪中后期，为适应当时工人运动发展的需要和迎接即将到来的无产阶级暴力革命，马克思和恩格斯运用辩证唯物主义和历史唯物主义，首次正确揭示了战争和军队同社会生产方式之间的内在联系，阐明了军事领域的若干基本规律，确立了军事问题认识论和方法论的科学原则，创立了关于城市工人武装起义、无产阶级军队和人民战争及其战略战术原则的学说。这些思想集中反映在马克思、恩格斯的《共产党宣言》《皮蒙特军队的失败》《共产主义者同盟中央委员会告同盟书》《德国农民战争》《1852年神圣同盟对法战争的可能性与展望》《德国的革命和反革命》《中国革命和欧洲革命》《对塞瓦斯托波尔的围攻》《革命的西班牙》《山地战的今昔》《波斯和中国》《步枪史》《国际工人协会总委员会关于普法战争的第二篇宣言》《法兰西内战》《反杜林论》《家庭、私有制和国家的起源》《欧洲能否裁军》等一系列著作中，也反映在马克思和恩格斯为《美国新百科全书》撰写的军事条目及关于军事问题的书信中。马克思主义军事理论的诞生，是人类军事思想发展史上一次划时代的伟大革命，为人们研究、解决军事领域的问题提供了科学的基本观点和基本方法，为无产阶级军事思想的发展奠定了坚实的理论基石。

在中国，1840年鸦片战争之后，传统兵学受到西方军事思想的严重冲击。林则徐、魏源等有识之士提出"师夷长技而制夷"的主张，标志着变革传统军事思想的开端。在"洋务运动"中，清政府在"器利兵精"和"自强以练兵为要，练兵又以制器为先"的思想指导下，开始兴办中国近代军事工业，引进、仿造西式的枪炮、战舰，编练军队。在中法战争和中日甲午战争中，清军虽最后归于失败，但国防建设思想、作战指导思想和作战方式却向近代化迈进了一步。以孙中山为代表的资产阶级革命党人，在共产国际和中国共产党的帮助下，提出以党治军、军队与国民相结合，进而成为群众的武力的建军方针，并在军队中建立党代表和政治工作制度，在建军思想上迈出了重大的一步。从1927年到1949年，蒋介石及国民党政府引进西方和日本的一些军事技术、体制编制和资产阶级军事思想，又按其所需承袭中国古代军事思想，并与法西斯的军事思想掺杂混用，从而形成其军事思想的政治特征。在此期间，蒋百里的《国防论》和杨杰的《国防新论》等著作，比较深入地探讨了国防问题，认为国防是政治、经济、文化、社会、军事等各种力量的结晶，经济是结晶体的基础等，在一定程度上反映了国防建设的客观规律。

三、现代军事思想

1917年俄国十月社会主义革命的成功，标志着人类文明跨入现代历史时期，而世界现代军事思想的孕育，则可推至 19 和 20 世纪之交。

19 世纪中叶以后，世界列强竞相利用产业革命所提供的崭新物质技术手段，在全球加剧争夺势力范围，相应的军事理论开始产生。德国首相卑斯麦宣称，德国的一切重大问题都只能通过"铁与血"的手段解决。日本首相山县有朋宣布，以朝鲜和中国等邻国国土为日本的"利益线"。世界资本主义体系在 19 世纪末至 20 世纪初，发展到帝国主义阶段，对外扩张的各种军事理论大量出现。英国斯宾塞的"社会达尔文主义""社会有机论"和德国拉采尔的"地理环境决定论"认为，"强存弱汰"是国际生活的"自然法则"，一个"健全的国家有机体"有权通过战争扩展自己的"生存空间"。美国马汉的海权论则认为，谁控制了海洋谁就能控制世界，为此必须大力发展海上力量。他的理论被美、英、日等国家奉为国防发展的主导原则。罗斯福执政时期，美国国家安全的指导原则由 19 世纪前期专注控制西半球，改变为追求全球扩张。随着垄断资本主义的进一步发展，帝国主义国家之间重新瓜分世界的斗争愈演愈烈，终于导致了第一次世界大战。这场大浩劫刚结束，帝国主义列强在签订各种和平条约和实行军备控制的同时，纷纷抢先发展坦克、飞机、潜水艇、航空母舰等机械化兵器并大量装备军队，种种新的战争理论也应运而生。英国麦金德提出"大陆心脏说"，认为谁控制了东欧和中亚，谁就能控制世界。德国纳粹地缘政治学家豪斯霍弗尔把这一学说加以利用和发展，为希特勒的侵略政策制造舆论。鲁登道夫提出"总体战"理论，强调动员国家一切力量，使用一切手段进行战争。意大利的杜黑、英国的特伦查德、美国的米切尔等人，认为空中力量在现代战争中有决定性作用，主张建立并优先发展独立的空军。英国的富乐和利德尔·哈特、法国的戴高乐和德国的古德里安等人，认为现代战争中的决定性制胜手段是高度装甲化机械化的机动突击力量，为此，古德里安提出"闪击战"理论，戴高乐主张把小型职业军队作为军队建设的发展方向。利德尔·哈特还提出"间接路线"战略，认为在战争指导上应尽量采取迂回打击的方式。上述理论在第二次世界大战中得到一定程度的应用，并有所发展。

在这一阶段，无产阶级军事思想在世界范围内蓬勃发展。列宁在领导俄国十月社会主义革命和反对帝国主义武装干涉及国内战争中，从帝国主义和无产阶级革命时代的特点与俄国的实际出发，创立了关于战争与革命、武装起义与建设工农红军、实行全民战争等学说，为马克思主义军事理论谱写了新篇章。其中代表性的军事著作有：《旅顺口的陷落》《革命军队和革命政府》《莫斯科起义的教训》《战争与革命》《大难临头，出路何在？》《沉痛的但是必要的教训》《无产阶级革命的叛徒考茨基》《大家都去同邓尼金作斗争！》和《为战胜高尔察克告工农书》等。列宁逝世后，斯大林等在领导苏联工农红军和国防现代化建设中，在领导和指挥反对法西斯侵略的卫国战争中，继承和发展了马克思列宁主义的军事理论，制定了苏维埃国家军队和国防建设的基本原则，作出了关于决定战争命运诸因素及其相互关系、战略与策略等问题的论述，全面建立起苏联军事思想体系。代表性的军事著作有：《在俄共（布）第八次代表大会上关于军事问题的演说摘要》《关于建立共和国的战斗预备队》《论俄国共产党人的战略和策略问题》《论中国革命的前途》《论红军的三特点》《广播演说》《最高统帅部大本营指示信》《国防人民委员会命令（第五十五号）》《伟大的十月社会主义革命二十七周年》和《在莫斯科市斯大林选区选举前的选民大会上的演说》等。与此同时，世界其他一些国家的无产阶级政党在领导本国人民的革命武装斗争中，把马克思列宁主义军事理论的原理与本国的实际结合起来，创立了各具特色的军事思想。其间，产生和形成于中国革命战争之中，并在中华人民共和国建立后继续发展的毛泽东军事思想，成为指导中国革命战争不断走向胜利、指导新中国军队和国防建设不断取得巨大成就的理论武器和行动指南。毛泽东军事思想中的人民战争思想、人民军队思想、人民战争的战略战术思想、国防建设思想和关于战争观、方法论的学说，既深刻揭示了中国革命战争、人民军队建设和国防建设的特殊规律，又反映了军事领域的一般规律，其丰富性和系统性达到了前无古人的程度，是无产阶级军事思想史上的一座丰碑。毛泽东军事思想，集中反映在毛泽东的《中国的红色政权为什么能够存在?》《井冈山的斗争》《中国共产党红军第四军第九次代表大会决议案》《星星之火，可以燎原》《中国革命战争的战略问题》《论持久战》《战争与战略问题》《论联合政府》《集中优势兵力，各个歼灭敌人》《解放战争第二年的战略方针》等一系列著作中。毛泽东军事思想以回答现实军事实践所面临的问题为出发点和落脚点，博采古今中外军事思想的优秀成果，尊重人民群众的实践经验，把个人才智与集体智慧融为一体，是一个求实的、开放的和不断创新的思想体系。

第二次世界大战结束到 20 世纪 70 年代后期，随着核武器的进一步发展和世界两极格局的形成，以美国和苏联为首的两大国际政治、军事集团之间进行了长期的冷战。双方都曾认为，核战争成为现代战争的主要形式，导弹（火箭）核武器决定现代战争的命运。有人还提出核战争已不再是政治的继续。在此期间，随着双方核力量由比较悬殊到相对均势的发展变化，军事思想也在相应调整。在战争指导原则方面，先是立足于打赢核大战，后相继提出冷战理论、有限战争理论及特种战争理论等。军队和国防建设的指导方针，由原来的优先发展核武器，调整为既注重发展核军备，同时不放松发展常规力量，以适应打赢核威慑条件下不同规模和强度的常规战争的需要。美、苏尽管对核武器作用等问题的认识有过一些变化，但都始终把核威慑作为推行国家政策的重要手段。在上述问题上，中国有明确的看法和态度：霸权主义是当代战争的根源，只有按照和平共处五项原则处理国际事务才能维护世界和平；反对超级大国称霸世界；中国奉行积极防御的战略方针，对外永远不称霸，绝不会侵略别人，对外来侵略则以人民战争坚决实行自卫；中国发展核武器完全是为了自卫，决不首先使用。这一时期，在广大第三世界国家和地区风起云涌的人民革命武装斗争中，游击战理论得到了一定的发展。

从 20 世纪 80 年代起，随着新科技革命在世界范围内蓬勃兴起，大量新技术用于军事目的，促使军事领域发生新的变革；和平与发展成为当今时代两大主题；苏联解体后，世界格局加快向多极化方向发展；武装冲突和局部战争频繁发生，尤其是海湾战争，参战国家和兵力多，使用高新技术武器装备种类、数量繁多，现代化程度高。这些都有力地推动了各国现代化军事思想的发展，集中体现为着重探索现代条件下，特别是高技术条件下局部战争的客观规律及指导原则，探索在这种新的战争形态下军队建设和国防建设的指导方针及原则。如美国提出了低强度冲突理论和空地一体战思想等；俄罗斯联邦的军事学说中，增加了"积极防御"的战略思想等。20 世纪 70 年代末期以来，中国军事思想发生了阶段性变化。邓小平从新的历史条件出发，继承和发展毛泽东军事思想，创立了新时期军事理论。他对当代战争与和平问题作出了新的科学论断，指出战争的危险仍然存在，但随着和平力量的增长，在今后一个较长时期内，争取和平的国际环境，避免新的世界大战是有可能的；霸权主义、强权政治始终是解决世界和平与发展问题的主要障碍，应当在和平共处五项原则的基础上建立国际新秩序，谁搞霸权主义就反对谁。根据邓小平的上述论断，中国的军队和国防建设实现了指导思想上的战略性转变，即由"早打、大打、打核战争"的临战状态，转到和平时期建设的轨道上。邓小平指出，国家的主权、国家的安全要始终放在第一位；重申中国仍然实行积极防御的战略方针，提出了在未来反侵略战争中实行现代条件下人民战争的指导思想；确立了军队建设服从和服务于国家建设大局、在增强综合国力的基础上实现国防现代化的原则；提出了建设一支强大的现代化正规化革命军队的军队建设总目标，并对军队各方面的建设和改革提出了一系列指导原则；强调中国人民解放军要始终不渝地坚持人民军队的性质，要永远忠于党、忠于国家、忠于人民、忠于社会主义；在新时期军队建设全局的谋划上，指导思想就是解决现代化的问题，全面提高军队战斗力等。这些思想，集中反映在邓小平的《军队整顿的任务》《军队要把教育训练提高到战略地位》《在中央军委全体会议上的讲话》《精简军队、提高战斗力》《建设强大的现代化正规化的革命军队》《在军委座谈会上的讲话》《军队要服从整个国家建设大局》《在军委扩大会议上的讲话》和《在接见首都戒严部队军以上干部时的讲话》等著作及其他有关军事问题的一系列重要讲话中。1989年以来，江泽民在加强军队质量建设，把思想政治建设摆在首位，实行科技强军战略，走有中国特色的跨越式发展的精兵之路，以改革创新精神迎接世界军事发展的挑战，提高部队遂行高技术条件下作战任务的能力，增强国防整体效能，以及新时期军事斗争准备的基点和指导原则，在高技术条件下仍要坚持人民战争思想等方面，作了一系列重要讲话，提出"政治合格、军事过硬、作风优良、纪律严明、保障有力"这一军队建设的总要求，形成了江泽民国防和军队建设思想。进入21世纪，国家改革发展进入重要战略机遇期、国防和军队处于重大转型时期，什么是国防和军队的科学发展、怎样实现科学发展，胡锦涛同志提出了一系列新思想、新观点、新论断，推进了党的军事指导理论的新发展。党的十八大以来，习近平总书记着眼坚持和发展中国特色社会主义、实现中华民族伟大复兴中国梦，对加强国防和军队建设作出一系列重要论述，鲜明回答了在世界形势发生深刻复杂变化、我国全面建成小康社会进入决定性阶段的新的历史条件下，建设一支听党指挥、能打胜仗、作风优良的人民军队的重大课题。毛泽东军事思想、邓小平新时期军事理论、江泽民国防和军队建设思想、胡锦涛国防和军队建设思想和习近平关于国防和军队建设的重要论述是一脉相承的，是继承和发展的关系，是当今中国军队建设、国防建设、和平时期军事斗争和未来反侵略战争的理论基础和指南。

第三节　毛泽东军事思想

毛泽东是伟大的马克思主义者，是伟大的无产阶级革命家、军事家和战略家。在长期领导中国革命战争过程中，以毛泽东为主要代表的中国共产党人继承和发展了马克思列宁主义的军事理论，批判地吸收了历史上军事思想的优秀成果，把中国长期革命战争和军队建设实践中的一系列独创性经验作了理论概括，从而形成了适合中国国情，具有中国特色的军事理论体系——毛泽东军事思想。

一、毛泽东军事思想的科学含义

毛泽东军事思想是以毛泽东同志为主要代表的中国共产党人，关于中国革命战争、人民军队和国防问题的科学理论体系。毛泽东军事思想是毛泽东思想的重要组成部分，是马克思列宁主义普遍原理与中国革命战争和国防建设实践相结合的产物，是对古今中外优秀军事文化遗产的批判继承，是中国革命战争和国防建设实践经验的科学总结，是全党全军集体智慧的结晶。毛泽东的军事著作和有关文电是毛泽东军事思想的集中反映。毛泽东军事思想不仅过去是指导我军战胜强大敌人的锐利武器，现在和将来仍然是指导我军作战和建设的指南。

1. 先进的科学性

为什么说毛泽东军事思想是一个具有先进的科学性的军事思想体系呢？首先，它以马克思主义世界观和方法论为指导思想。它是以马克思主义哲学，即辩证唯物主义和历史唯物主义为理论基础，同时又在这一科学的世界观和方法论指导下产生发展起来的，并贯穿于它的各个组成部分之中。其次，它科学地揭示了战争的客观规律。科学的任务在于揭示事物发展变化的特殊规律。毛泽东军事思想不仅揭示了中国革命战争的特殊规律，而且深刻地揭示了战争这一特殊的社会活动形态所具有的普遍发展规律。正因为如此，坚定地以毛泽东军事思想为指导，中国革命战争便能够取得胜利，如果违背了毛泽东军事思想，中国革命战争就会遭受严重的挫折，甚至失败，这已被长期的中国革命战争实践所证明。第三，毛泽东军事思想的科学性和阶级性是统一的。毛泽东军事思想是为无产阶级人民大众服务的理论，是无产阶级和广大劳动群众战胜一切困难和一切敌人的强大思想武器，而无产阶级在科学的世界观和方法论的指导下最能揭示和认识事物的发展规律。这种科学性和阶级性的统一，决定了尽管我们的敌人对毛泽东军事思想也了解、熟悉，并企图通过对它的认识以寻求对付它的办法，但却往往事与愿违，既不能运用它，更不可能战胜它。

2. 广泛的群众性、人民性

在无产阶级军事理论创立以前的一切其他军事思想都不可能具有广泛的群众性这一特征。《孙子兵法》产生于中国奴隶社会向封建社会过渡的时期，它主要反映了新兴的封建地主阶级的军事思想。克劳塞维茨的军事思想产生于封建社会向资本主义社会过渡的时期，它主要反映了新兴的资产阶级的军事思想。尽管他们在不同程度上也认识到人民群众在战争中的地位作用，但他们仅仅把人民群众看作是可以借用的工具，以实现其统治阶级的政治目的。因此，他们的军事思想可以说是完全不具备人民性的军事思想，这是由其反映的阶级利益所决定的。毛泽东军事思想同一切非无产阶级军事思想不同，它是建立在充分相信群众、广泛动员群众、坚决依靠群众的基础之上的，是广大人民群众谋求彻底解放的思想武器。正如刘伯承所说："毛泽东的军事科学则是解放人民的，是新兴的和发展的，是有远见的，是人民解放事业的武器。"因此，它把人民战争理论作为自己理论体系的核心内容。可以说，毛泽东军事思想离不开人民，人民也离不开毛泽东军事思想，二者是紧密联系在一起的。这就决定了广泛的人民性必然是毛泽东军事思想的突出特征。

3. 显著的实践性

众所周知，中国革命战争漫长而曲折。具体来讲，这场战争时间之长、规模之大、运筹之广、歼敌之多、经验之丰富，是中外军事史上少有的。毛泽东军事思想就是在这样的长期战争环境中不断发展和完善起来的。毛泽东军事思想之所以具有实践性的特征，从客观条件上说，是中国的特殊国情决定了中国革命战争有着特殊的发展规律，要取得胜利，就必须深入到革命战争的实践中去探索、去总结、去发现真理。从主观条件上说，对毛泽东军事思想做出主要贡献的毛泽东，是集军事统帅与军事理论家于一身而出现在战争舞台上的。他一直倡导和实行对国情和战争情况进行认真研究，始终坚持同脱离实际、一切从主观出发、从书本出发的教条主义倾向做斗争。毛泽东军事思想的实践性主要体现在：一是实践是毛泽东军事思想的源泉。毛泽东军事思想来源于实践，它不是纯学究式推究出来的空洞教条，而是中国革命战争实践经验的理论升华。二是毛泽东军事思想是为实践服务的。它不仅来源于实践，而且也是完全为中国革命战争实践服务的，成为指导中国革命战争实践的理论指南。三是实践是毛泽东军事思想发展的动力。毛泽东军事思想不是一个僵死的理论体系，它随着实践的发展而发展。毛泽东军事思想在指导实践的过程中又不断增添新的内容。战争实践是掌握战争基本规律的重要方法。离开战争实践，毛泽东军事思想就失去了强大的生命力和指导意义。

4. 极大的创造性

毛泽东善于独立的理论创造。毛泽东通晓古今中外军事理论，又非常了解我们中国的国情，毛泽东运用他的聪明才智，善于将马克思主义普遍原理以及古今中外的军事理论精华同中国的革命战争具体实践紧密结合，并进行卓越的军事理论创作，创造出了指导中国革命战争走向胜利的具有中国特色的军事理论。他是当之无愧的中国无产阶级军事科学理论的奠基者。创造性是科学理论产生的前提和发展的根本动力，也是科学理论的生命力。中国革命战争所处的特殊社会历史条件，决定了毛泽东军事思想具有极大的创造性。这种创造性突出表现在毛泽东军事思想的理论与实践的结合上，在实现这个结合的过程中毛泽东创造性地回答了中国革命战争中的一系列新问题。中国革命战争从一开始就长期处于敌强我弱、敌大我小、敌优我劣这种特定的客观条件之下，从这一客观条件出发，毛泽东以最大的精力从事于如何以弱小的军队战胜强敌的问题的研究，创造性地提出了如何以弱胜强、以劣胜优的一整套军事理论。这些充分说明毛泽东军事思想具有的创造性的特征。这一特征也决定了毛泽东军事思想并没有结束真理，而是开辟了一条认识真理和发展理论的道路。

5. 独特的民族性

独特的民族性主要是指毛泽东军事思想所具有的中华民族的特色。毛泽东指出："必须将马克思主义的普遍真理和中国革命的具体实践完全地恰当地统一起来，就是说，和民族的特点相结合，经过一定的民族形式，才有用处，决不能主观地公式地应用它。"毛泽东军事思想是马克思主义军事理论在中国的运用，无论其思想内容还是其表现形式都具有独特的民族性。从其思想内容来看，毛泽东军事思想用马克思主义军事理论改造了几千年中国历史上优秀的军事传统文化，从而使中国古代优秀的军事传统文化马克思主义化。从其表现形式上看，毛泽东军事思想善于运用中华民族的语言表达形式阐述其基本内容，使马克思主义军事理论的深刻道理在生动活泼的民族形式中得到体现，便于应用和群众化。具体表现：一是运用形象的比喻，使深奥的原理通俗化。二是借用历史故事，使复杂的军事理论简明化。三是善于归纳概括，用朴实语言使实践经验条理化。毛泽东还利用中国人民善于以口诀、条规记叙问题的传统习惯，把从战争实践中得到的成功经验加以提炼概括，作为条文规章。如"十六字诀"，三大纪律八项注意，战略上以一当十、战术上以十当一，伤其十指不如断其一指，等等，都具有独特的民族语言风格，而且容易使人们记忆、掌握和运用。

二、毛泽东军事思想形成与发展的历史过程

（一）毛泽东军事思想的产生时期（1927.8—1935.1）

1927 年第一次国内革命战争失败后，以"八一"南昌起义为开端，到土地革命战争中

期（遵义会议），是毛泽东军事思想的产生时期。其主要标志是：毛泽东成功解决了中国革命走什么路、如何建军、如何作战三个基本问题。

1. 关于人民军队思想的确立

1927 年 8 月 1 日，根据党的决定，周恩来、朱德、贺龙、叶挺、刘伯承等领导了南昌起义，打响了武装反对国民党反动派的第一枪。这标志着中国共产党独立领导武装斗争、创建革命军队的开始。南昌起义在中国共产党历史上开辟了一个新时期。1927 年 9 月 9 日，毛泽东领导了湘赣边界秋收起义，开始也是以夺取长沙为目标，由于敌我力量悬殊，各路起义军在进军途中就相继失利。面对严峻的形势，毛泽东毅然改变"取浏阳直攻长沙"的计划，改向敌人力量薄弱的井冈山进军。1927 年 9 月 29 日，部队到达三湾时，已由原来的8 000多人，减少到不足千人，而且组织不健全，开小差的很多。毛泽东对部队进行整顿和改编。他提出：支部建在连上，班、排建党小组，营、团建立党委，在连以上各级设置党代表；部队中的重大问题，在各级党组织讨论后，由军政首长分工负责，从而确立了党对军队的坚强领导。这就是著名的"三湾改编"。到古田会议时，会议决议明确规定了红军必须置于中国共产党绝对领导之下的原则，确立了党对军队绝对领导的原则。这标志着中国红军的马克思主义建军路线的产生。

1927 年 11 月，毛泽东在总结茶陵战斗经验时，就明确了工农红军必须执行三大任务：打仗消灭敌人；打土豪筹款子；组织武装群众，帮助群众建立革命政权。毛泽东在古田会议决议中明确指出："中国的红军是一个执行革命的政治任务的武装集团"，"红军决不是单纯地打仗的，它除了打仗消灭敌人军事力量之外，还要负担宣传群众、组织群众、武装群众、帮助群众建立革命政权以至于建立共产党的组织等项重大的任务。"把军队的发展同人民群众的命运直接联系起来，使自己永远立于不败之地，这是红军区别于一切旧式军队的根本标志，从而确立了红军执行三大任务的原则。1927 年 10 月，毛泽东为红军规定了三大纪律；1928 年 1 月，又规定了六项注意（后补充为八项注意）。古田会议决议强调了红军必须严格执行三大纪律八项注意，从而在红军中建立了严格的组织纪律。

2. 关于农村革命根据地思想的建立

早在大革命前夕 1927 年 7 月 4 日的中共中央常委扩大会议上，毛泽东就曾提出："上山可造成军事势力的基础"。但是，这个"上山"思想始终不能为人所理解。毛泽东站在无产阶级立场上，分析中国社会的特点，总结和吸取了历史上农民战争的经验，给起义部队指明了方向。他指出：井冈山处于湖南、江西、广东三省交界，敌人"三不管"，我们的一举一动，影响波及三省；地势险要，森林茂密，进可攻，退可守，有自给自足的自然环境，有较好的群众基础，历史上这个地区就有农民起义"占山为王"，统治阶级无可奈何。正是鉴于这种认识，毛泽东率领起义部队在井冈山创建了第一个农村革命根据地，点燃了工农武装割据的星星之火，为保存和发展革命力量找到了一条新的途径。

1928 年 4 月，朱德、陈毅率领南昌起义保留下来的部队及湖南农军到达井冈山，同毛泽东领导的队伍胜利会师，进一步巩固了井冈山革命根据地。其他各地起义保存下来的部队，也先后转入农村，开展游击战争。毛泽东从中国实际出发，创造性地提出了中国武装革命道路问题。在农村建立革命根据地，实行"工农武装割据"，从军事上看，就是毛泽东人民战争思想的最初表现形式。毛泽东这一思想主要体现在：一是选择有利的军事割据地势。工农武装暴动之后，应选择有党的工作基础和人民条件较好，敌人统治力量薄弱而地形险要的农村，特别是数省交界，既有便于作战的地势，又有足够给养和经济实力的地区，建立根据地，以求得生存和发展，并逐步把落后的农村建成先进的革命根据地。二是坚持武装斗争。以武装斗争为中心，不断加强红军和地方武装的建设，实施正确的指挥，采用灵活机动的战略战术，连续打破了敌人进行的"围剿"。三是深入进行土地革命。中国共产党领导的革命战争，其首要任务，就是领导农民反对土地的封建占有制度。只有正确地解决土地问题，才能使广大农民获得翻身和解放，革命战争的开展和革命政权的建立才有牢固的基础。毛泽东领导中国工农革命军在井冈山地区相继成立了茶陵、遂川两县苏维埃政权。到1928年1月，初步建成了以宁冈为中心的井冈山根据地，形成了土地革命、武装斗争和根据地建设紧密结合的工农武装割据，这是半殖民地半封建的中国在无产阶级领导之下的农民斗争的最高形式，是毛泽东人民战争思想产生的重要标志。

3. 关于游击战争基本原则的制定

土地革命战争时期，特别是红军初创阶段，人数少、装备差、物资补给困难，战斗力较弱。毛泽东、朱德领导工农红军依托井冈山根据地，利用敌人兵力薄弱的时机，广泛发动群众，运用围攻城镇、袭击小敌、敌进我退等多种作战形式，灵活地开展游击战，逐步扩大根据地，壮大发展自己，为十六字诀的产生，奠定了最早的实践基础。毛泽东在领导红军作战中，及时科学地总结了游击战争初期的作战经验，并把它概括为："敌进我退，敌驻我扰，敌疲我打，敌退我追"的十六字诀。"十六字诀"的提出，解决了红军进行革命战争在作战指导方面的一个重大问题。"十六字诀"是毛泽东对中国革命战争进行理论指导的第一个具体表现，也是我军战略战术体系的第一块基石。中国革命战争中敌强我弱的特点，决定了战争的长期性和艰巨性。土地革命战争时期，红军所面临的重要问题，是如何保存力量，打破敌人的进攻和"围剿"。"十六字诀"是我军最早的作战原则，为以后毛泽东战略战术思想的形成奠定了基础。

在这一时期，毛泽东的主要军事著作有：《关于红军的情况报告》《中国的红色政权为什么能够存在?》《井冈山的斗争》《关于纠正党内的错误思想》《星星之火，可以燎原》《反对本本主义》《兴国调查》等七篇著作。在这些军事著作中，毛泽东有关武装斗争思想、农村根据地思想、人民军队思想、人民战争思想和人民战争战略战术思想开始形成，它标志着毛泽东军事思想的产生。

✎ 知识拓展

遵义会议

遵义会议（如图2-1所示）是指1935年1月15日至17日，中共中央政治局在贵州遵义召开的独立自主地解决中国革命问题的一次极其重要的扩大会议，是在红军第五次反"围剿"失败和长征初期严重受挫的情况下，为了纠正王明"左"倾领导在军事指挥上的错误而召开的。这次会议是中国共产党第一次独立自主地运用马克思列宁主义基本原理解决自己的路线、方针政策问题的会议。在极端危险的时刻，挽救了党和红军。这次会议开始确立实际以毛泽东为代表的马克思主义的正确路线在中共中央的领导地位，是中国共产党历史上一个生死攸关的转折点，标志着中国共产党从幼年走向成熟。

图 2-1　遵义会议

（二）毛泽东军事思想的形成时期（1935.1—1945.8）

从 1935 年遵义会议至 1945 年 8 月抗日战争胜利，即延安时期、土地革命战争后期和抗日战争时期，是毛泽东军事思想的形成时期或成熟时期。所谓形成，就是说，毛泽东军事思想所涉及的内容已经不是关于革命战争的个别问题和个别论点，而是形成了具有科学形态的军事理论体系。在这一时期，毛泽东为了从理论上系统地回答中国革命战争的战略和策略问题，开始了他的理论创造工作：总结红军创建 10 年来在建军和作战两方面的极为丰富的实践经验，撰写和发表了一批著名的军事著作。其主要标志是：毛泽东系统论述了人民军队、人民战争、人民战争的战略战术的理论和原则。

1. 人民军队建军原则更加理论化

（1）进一步强调了共产党对人民军队的绝对领导。1935 年 9 月，当红军长征到达四川时，张国焘公然另立中央，企图分裂红军。毛泽东在总结这一事件的经验教训时，告诫全党："共产党员不争个人的兵权，但要争党的兵权，要争人民的兵权"，并深刻提出了"我们的原则是党指挥枪，而决不容许枪指挥党"的著名论断。

（2）从理论高度概括了人民军队的宗旨。军队作为阶级斗争的工具，它的宗旨不能不为其阶级性所制约。早在 1927 年，毛泽东就曾指出，我们是工农群众的武装，要为工农群众打仗。到了抗日战争时期，毛泽东在《纪念白求恩》《为人民服务》等著作中，从理论高度进一步论述了为人民服务的思想。他指出："我们的共产党和共产党所领导的八路军、新四军，是革命的队伍。我们这个队伍完全是为着解放人民的，是彻底地为人民的利益工作的。"以后，毛泽东在《论联合政府》中，明确规定了"紧紧地和中国人民站在一起，全心全意地为中国人民服务，就是这个军队的唯一的宗旨"。为人民服务的宗旨，是人民军队的本质表现，也是我军区别于一切旧军队的根本标志，也是我军一切行动的准则。

（3）丰富和发展了军队政治工作的理论。1937 年 10 月，毛泽东对我军政治工作的基本原则作了系统的概括，即官兵一致、军民一致、瓦解敌军和宽待俘虏三大原则。他在《论新阶段》《中国革命和中国共产党》等著作中，对政治工作三大原则，从各个方面进行了深刻的阐述，并对全军政治工作进行了有力的指导，使全军面貌发生了深刻变化。本着三大原则的精神，抗日民主根据地开展了"拥军优属"活动，军队内开展了"尊干爱兵"和"拥政爱民"的活动，这就极大地丰富和发展了政治工作的理论和实践。

2. 人民战争思想更加系统化

抗日战争时期，毛泽东对人民战争的内容和作用进一步作了系统的阐述，全面地解决了进行人民战争的理论和实践问题。毛泽东人民战争思想在这一时期趋向成熟和完善。具体表现在：

（1）提出了"兵民是胜利之本"的著名论断。这是马克思主义群众路线在战争中的具体运用。毛泽东遵照马克思主义历史唯物主义观点和中国人民进行人民战争的实践，发展了劳动群众是社会历史发展的决定力量的理论，深刻地揭示了"战争之伟力的最深厚根源存在于民众之中"的伟大真理，阐明了革命战争对人民群众的依赖关系。

（2）进一步总结了建设革命根据地的经验。以农村包围城市，长期在农村发展和积聚革命力量，要求正确解决农村根据地建设的全部理论和实践问题。毛泽东要求我军深入敌后，利用两省或数省交界敌统治薄弱的五台山、太行山、燕山和茅山等地建立抗日民主根据地。他指出，革命根据地是游击战争的战略基地，没有这种战略基地，游击战争就失掉了依托。这些论述，进一步完善了毛泽东关于巩固和发展根据地的思想。

（3）总结了进行人民战争的组织形式。即实行主力兵团、地方兵团和游击队、民兵相结合的武装力量体制。1945年，毛泽东在总结抗战经验时，明确提出了三结合的武装力量体制。这三种武装力量，发挥各自的特长，相互配合，协同作战，就会造成陷敌于灭顶之灾的、人民战争的汪洋大海。三结合的人民战争的组织形式的提出，是毛泽东在理论上的一大创造，极大地丰富和发展了马克思主义人民战争的理论。

（4）提出了把多种形式的斗争手段相互配合的思想。共产党领导的人民战争，要求在政治、军事、经济、文化、外交等各条战线上，开展广泛的全面斗争。1945年，毛泽东在《论联合政府》著作中指出：在中国解放区民主政府的领导下，号召一切抗日人民组织在工人的、农民的、青年的、妇女的、文化的和其他职业和工作的团体之中，热烈地从事支援军队的各项工作。这样，就使抗日民主根据地的军民，不但有组织地克服了各种困难，而且还能够长期支持战争。

3. 总结了符合中国革命战争特点的战略战术

毛泽东认为，战争不仅是敌对双方各种客观条件的比赛，也是主观指导能力的比赛。因此，他非常重视作战经验的总结和战略战术的研究。延安时期，这种研究和总结达到了前所未有的高度，在毛泽东军事思想发展史上具有划阶段的意义。这一时期，毛泽东军事思想从战争经验向系统理论上升。

（1）注重研究和运用战争规律。毛泽东依据辩证唯物主义的基本原理和中国革命战争的实践，在《中国革命战争的战略问题》《论持久战》等著作中，反复强调了不仅要研究和掌握战争的一般规律，更要研究和掌握它的特殊规律。中国革命战争是在中国的特殊环境中发生和发展起来的，它的主观和客观条件不同于一般战争，也不同于一般的革命战争，而有它自己的更加特殊的规律。

（2）提出了持久战的战略方针。毛泽东着眼战争的全局，从战略的高度深入考察抗日游击战争；从分析战争的特点入手，找出规律，提出了持久战的战略方针。根据敌我双方存在的相互矛盾的各种因素，毛泽东科学地预见到持久抗战必将经历三个阶段：战略防御、战略相持、战略反攻。抗日战争的发展完全证实了毛泽东的科学预见。

（3）提出了军事战略转变的思想。毛泽东善于依据敌我力量的消长和战争形势的演变，适时指导我军实施军事战略转变。在我军力量得到发展的条件下，把游击战争转变为正规战争；相反，当我军力量受到削弱或敌人过于强大时，则从正规战争转变为游击战争。这是我军军事战略转变的基本规律。

（4）提出把游击战争提到战略的高度。在抗日战争前期，由于敌强我弱的客观形势，我军的作战形式主要是以游击战争为主。把游击战争提到战略地位，这是毛泽东的一个伟大创举。

（5）系统地论述了贯彻积极防御战略方针的一系列具体的作战原则。毛泽东提出，在战略上是内线的持久防御战，在战役战斗上必须实行外线的速决进攻战，变战略上的劣势为战役战斗上的优势，以争取主动权；在作战形式上，善于根据战争发展的不同阶段，正确地运用运动战、游击战和阵地战三种不同形式；进一步明确提出了我军的作战方针"基本的是游击战，但不放松有利条件下的运动战"。

在这一时期，毛泽东的主要军事著作有：《中国革命战争的战略问题》《实践论》《矛盾论》《关于坚持华北独立自主山地游击战争的战略方针和部署》《论抗日战争的基本战术——袭击》《论持久战》《论新阶段》《战争和战略问题》《抗日游击战争的战略问题》等。这些标志着毛泽东军事思想的科学体系已经形成。

📝 **知识拓展**

论持久战

《论持久战》（如图2－2所示）是毛泽东于1938年5月26日至6月3日，在延安抗日战争研究会上的演讲稿，是关于中国抗日战争方针的军事政治著作。毛泽东在总结抗日战争初期经验的基础上，针对中国国民党内部分人的"中国必亡论"和"中国速胜论"，以及中国共产党内部分人轻视游击战的倾向，系统地阐述了中国实行持久战以获得对日胜利的战略。

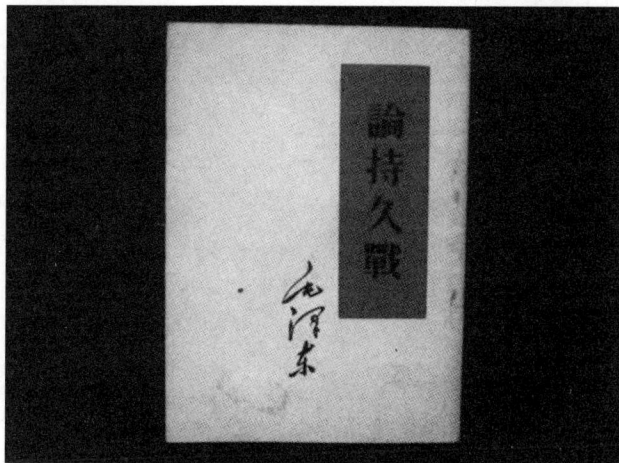

图2－2 论持久战

（三）毛泽东军事思想的发展时期（1945.8—1978.12）

1945年8月抗日战争胜利后至1978年12月党的十一届三中全会是毛泽东军事思想的发展时期。抗日战争胜利后又经历了解放战争时期、抗美援朝战争时期、中华人民共和国成立后和平建设时期。

1. 在解放战争时期的发展

解放战争是中国人民近百年来与反动势力的总决战。在这个彻底推翻帝国主义、封建主义和官僚资本主义的伟大革命战争中，毛泽东和老一辈无产阶级军事家发挥了高超的指挥艺术，战略战术的运用得心应手，达到炉火纯青的地步。他们在组织实施的许多战役中，极大地丰富和发展了毛泽东军事思想。其主要标志是：

（1）丰富和发展了人民军队思想。首先，把夺取政权作为我军宗旨的集中体现，这是对我军全心全意为人民服务的宗旨的重要发展。其次，政治工作有了创造性的发展，进一步发展了军队内部的政治、经济、军事三大民主，并根据西北野战军的经验，提出了开展诉苦、三查和新式整军运动，从根本上提高部队战斗力。第三，强调加强部队建设。毛泽东和中央军委极为重视部队训练，明确提出要把练兵看成决定战争胜负的关键之一。

（2）丰富和发展了人民战争思想。解放战争时期，毛泽东总结土地革命战争、抗日战争的经验，系统地提出了人民战争的理论，其最集中的表现是："为着粉碎蒋介石的进攻，必须和人民群众亲密合作。必须争取一切可能争取的人"，即开展最广泛的、最深入的人民战争。

（3）丰富和发展了战略战术原则。创立了关于转入战略进攻和实施战略决战与战略追击的具有中国特色的战略战术的方针原则，使毛泽东军事思想发展到一个崭新的阶段。具体表现在：第一，提出了"集中优势兵力，各个歼灭敌人"的原则。它是毛泽东军事战略的基本思想和作战方法，又是毛泽东依据解放战争两个多月的作战经验，并作了全面系统的论述而总结出来的军事理论。第二，提出了"十大军事原则"。1947年12月25日，党中央在陕北米脂县杨家沟村举行了党的十二月会议，毛泽东在《目前形势和我们的任务》的报告中，提出了著名的"十大军事原则"。这些原则的核心是歼灭战。它是对"十六字诀"的极大丰富和重要发展，是积极防御战略思想的具体化。第三，提出了独特的战略进攻思想。这是毛泽东在解放战争中的一大贡献，使我军战略战术思想达到了完善的地步。

2. 在抗美援朝战争时期的发展

抗美援朝战争是20世纪50年代中朝人民军队同帝国主义现代化军队进行的一场现代化战争。这场战争出现了许多不同于过去战争的新特点，毛泽东军事思想在这场战争中有了新的发展。其主要标志是：

（1）从全局利益出发，决定组成志愿军入朝参战。1949年中国革命的伟大胜利，突破了美国的东方防线。美国在继续把欧洲作为战略重点的同时，也把中国当作其"遏制战略"的重要对象。1950年2月，美国公开声明建立太平洋防线，把防线推到了我国的海域边沿。6月25日朝鲜内战爆发，27日美国就宣布派兵入侵朝鲜，派兵侵占我国台湾。10月1日，又越过"三八线"北侵，并直接威胁我国的安全。在这种形势下，毛泽东和党中央从全球战略的高度分析了形势，认为美帝国主义侵朝，不仅与我国有利害关系，并且涉及一个兄弟国家存亡的问题，而且是国际斗争的焦点。当时，是否出兵参战是毛泽东和党中央经过慎重考虑决定的。党中央于1950年10月13日作出了出兵参战的决策。实践证明，这一战略思想和出兵参战决策是完全正确的。

（2）广泛动员群众，支持长期战争。抗美援朝战争为毛泽东人民战争思想提供了新的实践经验，增添了新的理论内容。一是正确处理中朝两国、两党、两军的关系。毛泽东指示中国人民志愿军要"爱护朝鲜的一山一水一草一木，不拿朝鲜人民的一针一线，如同我们在国内的看法和做法一样，这就是胜利的政治基础"。二是在国内进行普遍深入的国防教育。人民的国防要靠人民来保卫。抗美援朝战争开始后，在全国开展了一场轰轰烈烈的"保家卫国"的教育和国际主义思想教育。三是动员广大人民群众，采取各种措施支援战争。成千上万的铁路员工，汽车司机、医务工作者奔赴朝鲜前线，担任各种战地勤务；工人和农民努力增加生产，厉行节约，为战争提供大量物资。四是建立巩固的战略后方。美国进行侵略战争后，国内的阶级敌人猖狂活动，向党和人民进攻，以"配合韩战"。毛泽东和党中央及时发出号召，并依靠广大人民群众，在全国范围内开展了声势浩大的镇压反革命运动，基本上摧毁了大陆上的反革命势力，出现了一个空前的安定局面，使抗美援朝战争有了更加巩固的战略后方。

（3）实行正确的战争指导，灵活运用战略战术。毛泽东战略战术思想得到空前的发展。具体表现在：

第一，隐蔽战略企图，达成出国作战的突然性。毛泽东运用高超的斗争艺术，迷惑敌人，造成并扩大了敌人的错误判断。在军事行动上，他命令部队调动、集结、训练等均严守秘密；取消了原定的参观团访朝等活动；入朝时进行了严密伪装；命令部队避免与敌过早接触等。在外交方面，公开大张旗鼓地在全国范围内开展声援朝鲜人民的活动，我国政府多次声明，如果美军越过"三八"线，我国就要出兵。这些活动除了争取世界舆论外，也使敌人出现了错误判断，认为中国是"虚张声势"。美军直到第一、第二两次战役都遭到失败后，才对志愿军入朝情况有个初步了解，因此，志愿军在战略战役上均取得了出敌不意攻其不备的效果。

第二，针对美军的优势，提出打小歼灭战的思想。毛泽东在总结志愿军五次运动战经验的基础上，于1951年5月下旬，提出了对现代化优势装备之敌实行战术小包围，"零敲牛皮糖"和打小歼灭战的理论。即每军每次只精心选择敌军一个营或略多一点为对象而全部地包围歼灭之。经过小歼灭战阶段，再进到打大歼灭战阶段。

第三，在战略防御阶段，积极创造新的作战方法。一是创造了以坑道为骨干的支撑点式的防御体系。由于美军具有优势炮兵和航空兵，志愿军在防御作战中，将原来的防炮洞逐渐挖掘成坑道工事，形成了以坑道为骨干结合野战工事的防御体系。它的出现，使志愿军守能抗击敌人优势兵力兵器的进攻；攻可利用坑道屯兵，缩短冲击距离，突然向敌发起攻击。实践证明，它是当时以劣势装备进行现代化山地防御作战最好的一种防御体系。二是实行战术反击作战。在若干个被选定的战术要点上，集中我军优势兵力火力，采取突然动作，对成排成连成营的敌军，给以全部和大部歼灭性的打击。三是重视防空和反坦克作战。抗美援朝战争中，毛泽东针对敌人飞机、坦克活动猖獗的新情况，指导我军把传统战法与现代条件相结合，成功地解决了防空、打坦克等问题。四是军事打击和停战谈判密切结合。1950年12月4日毛泽东指出：美帝和蒋介石一样，诺言、协定都是不可靠的，故应从最坏方面着想。彭德怀同志一开始就要求，打的坚决打，谈的耐心谈。积极增强我军的作战能力，以强大的军事做谈判的后盾，以打促谈，打谈结合，既争取战场上的主动，又争取了谈判桌上的主动，这是毛泽东军事思想在抗美援朝战争中的重大发展。

知识拓展

抗美援朝战争

抗美援朝战争为朝鲜战争之一部分，仅指中国人民志愿军参战的阶段。朝鲜战争原是朝鲜半岛上的朝韩之间的民族内战，后来分别支持朝韩双方的美国、苏联、中国等多个国家不同程度地卷入这场战争。在经历了长期矛盾和冲突积累后，1950年6月25日朝鲜不宣而战进攻韩国，历时三年的朝鲜战争爆发。8月中旬，朝鲜人民军将韩国军队驱至釜山一隅，攻占了韩国90%的领土。9月15日，以美军为主的联合国军（美国、英国、加拿大、澳大利亚、新西兰、荷兰、法国、土耳其、泰国、菲律宾、希腊、比利时、哥伦比亚、埃塞俄比亚、南非、卢森堡）在仁川登陆，直接介入朝鲜战争，并将战火扩大至中国鸭绿江边。1951年7月10日，中华人民共和国和朝鲜方面与联合国军代表开始停战谈判，经过多次谈判，1953年7月27日签署《朝鲜停战协定》。

3. 在中华人民共和国成立后和平建设时期的发展

朝鲜战争结束以后，我国进入了一个相对稳定的和平发展时期，重点是进行社会主义革命和社会主义建设。在这个时期，毛泽东对我军建设和今后反侵略战争准备的战略问题，作了一系列重要的、正确的指示，使毛泽东军事思想的科学体系继续得到发展。其主要标志是：

（1）建设一支现代化的军队。毛泽东非常重视我军的现代化建设，曾经作过许多有关这方面的指示，早在新中国成立前夕，毛泽东就指出："我们的国防将获得巩固。不允许任何帝国主义者再来侵略我们的国土。在英勇的经过了考验的人民解放军的基础上，我们的人民武装力量必须保存和发展起来。我们将不但有一个强大的陆军，而且有一个强大的空军和一个强大的海军。"毛泽东的这一指示，规定了我军的根本任务和发展方向，明确提出了在中华人民共和国成立后，要把我军建设成为一支由陆海空三军组成的合成军队。这是毛泽东军事思想在新的历史条件下发展的重要标志之一。

（2）加强现代化的国防建设。抗美援朝战争结束后，毛泽东和中央军委根据当时的国际形势，分别召开了全国系统高级干部会议和军委扩大会议，制定了"积极防御"的战略方针，讨论了实现我国国防现代化的重大措施。其中包括：精简常备军，节省军费开支，发展工业，为国防现代化打基础；大办军事院校，调整全国大军区，成立海军舰队，加强军事科学研究；在沿海、边防和纵深要地建设基本防御体系；建立各级动员机构和动员制度等。这些措施的实行，促进了我国国防现代化建设的全面发展，初步形成了具有中国特色的国防体系。

（3）加强武器装备和尖端技术的科学研究。1956年4月，毛泽东在中共中央政治局扩大会议上的讲话中还提出了："我们不但要有更多的飞机和大炮，而且还要有原子弹。在今天的世界上，我们要不受人家欺负，就不能没有这个东西。"根据党中央和毛泽东的指示，有关部门在当年就建立了导弹试验基地和核试验基地。1960年2月，中央军委召开扩大会议，把大力加强国防工业建设，特别是尖端技术的科学研究和基本建设规定为我国国防建设的第一项任务。

（4）制定了积极防御的战略方针。1951年，毛泽东在总结志愿军作战经验时，提出了"持久作战，积极防御"的战略思想。1956年3月，在党中央和毛泽东领导下，彭德怀同志主持召开军委扩大会议，确定以"积极防御"作为我军的战略方针，批准了中央军委提出的阵地战结合运动战为未来反侵略战争的主要作战形式，并正确回答了我国反侵略战争战略指导的基本问题。此后几十年，随着国际形势及战略格局的变化，我军始终坚持了积极防御的战略方针。

（5）做好国家反侵略战争的准备。1949年9月21日，毛泽东在中国人民政治协商会议第一届全体会议开幕词中庄严宣布："我们的国防将获得巩固，不允许任何帝国主义者再来侵略我们的国土。"在保卫祖国、抵御外敌入侵的问题上，毛泽东一直告诫全党全军和全国人民决不能放松警惕。在帝国主义和战争危险依然存在的情况下，毛泽东提出了"备战、备荒、为人民"和"深挖洞、广积粮、不称霸"两句战略口号，集中地体现了做好国家反侵略战争准备的重要战略思想。

三、毛泽东军事思想的主要内容

毛泽东军事思想是一个内容丰富的科学体系。它主要包括战争观和方法论、人民军队思想、人民战争思想、人民战争战略战术思想、国防建设思想等五个部分。

（一）战争观和方法论

战争观和方法论是毛泽东军事思想的理论基础。战争观是人们对战争根本问题的根本观点，或者说是人们在战争本质问题上的基本看法。它是人们的世界观在战争问题上的反映。在阶级社会里，由于人们所处的社会地位不同，世界观不同，因而对战争的看法也不同，这就产生了不同的战争观。无产阶级战争观，是毛泽东军事思想体系中最高层次的内容，是其他部分的理论基础，其中心点在于说明无产阶级如何看待战争这一特殊的社会历史现象。战争观主要包括关于战争的起源和本质、战争的性质和对待战争的态度，以及战争与政治、经济、军事、地理的相互关系等内容。方法论是研究和指导战争的基本方法，主要包括：研究和指导战争必须着眼特点、着眼发展；必须关照全局、把握关节；必须充分发挥人的主观能动性。在领导中国革命战争的实践中，为教育全党全国人民自觉地投入战争，毛泽东根据马克思主义的战争观和方法论，结合中外战争的历史和现状，系统论述了中国共产党人对待战争的根本观点，成为我党制定政治、军事战略的重要理论依据。

1. 关于战争起源的问题

战争是怎样产生的，是不是从来就有的？关于这一问题，马克思主义认为：战争不是从来就有的，也不是永恒存在的，它是人类历史发展到一定阶段的社会现象。毛泽东在继承和发展马克思列宁主义这一系列科学论断的同时又作了精辟概括："战争——从有私有财产和有阶级以来就开始了的，用以解决阶级和阶级、民族和民族、国家和国家、政治集团和政治集团之间、在一定发展阶段上的矛盾的一种最高的斗争形式"。这一概括说明了战争起源于私有财产和阶级。在原始社会，由于是公有制，没有阶级和压迫，因而不可能发生战争。随着社会生产力的不断发展，产品有了剩余，出现了私有财产，并随之产生了阶级，也使最初的那种复仇式的暴力有了阶级的性质，或在阶级内部打，或在阶级之间打，其目的都是阶级剥削和压迫。同时，毛泽东从进行战争的社会力量不同上，把战争划为四种类型：阶级和阶级之间战争、民族和民族之间战争、国家和国家之间战争、政治集团和政治集团之间战争；并进一步阐明了战争是历史的范畴，战争既不是从来就有的，也不会永远存在下去，它只是人类阶级社会一定发展阶段上的暂时现象，到了人类社会消灭了阶级的时代，战争就会自动退出历史舞台。毛泽东指出："人类社会进步到消灭了阶级，消灭了国家，到了那时，什么战争也没有了，反革命战争没有了，革命战争也没有了，非正义战争没有了，正义战争也没有了，这就是人类的永久和平时代。"

2. 关于战争的本质

战争的本质有政治本质和军事本质之分。战争的政治本质就是战争与政治的内在联系，军事本质是"保存自己，消灭敌人"。政治本质决定军事本质。关于战争的政治本质，毛泽东指出："'战争是政治的继续'，在这点上说，战争就是政治，战争本身就是政治性质的行动，从古以来没有不带政治性的战争。"一方面，战争从属于政治。既然政治是目的，战争是手段，那么政治与战争的关系必然是主从关系。政治决定战争，战争从属于政治、服从政治，战略必须服从于政略，战争的各个方面必然受到政治的制约和影响。在战争的具体目标、战争的规模、强度和时间上，必须服从政治需要；在军队行为的制约上，不同的政治对军队行为的准则有不同的要求；在战争胜败的结局上，政治往往起着决定作用。另一方面，战争对政治具有反作用。其主要表现在战争结局对政治产生的正负作用上。胜利一方可以按照自己的意志改造国家、改造社会，以适合本阶级的利益。失败一方则相反，往往部分地或全部地丧失原来的利益。

3. 关于战争的性质

战争的性质就是战争的政治属性，或者说是战争的正义性和非正义性。毛泽东指出："历史上的战争，只有正义的和非正义的两类。"一切进步的、革命的战争都是正义的，一切阻碍进步的、反革命的战争都是非正义的。弄清战争的性质，其根本目的是确定无产阶级对待战争的态度并采取相应的战略与策略。我们对待战争的态度，从根本上说是为了消灭战争，实现人类的永久和平，具体地说，是拥护正义战争反对非正义战争。而要弄清战争的性质，就必须把握"一站三看"这个基本的标准。一站，就是必须站在无产阶级的立场上，而不能站在其他的立场上，这是区分战争性质的前提。三看，一看战争的政治目的，看它是为了什么而进行战争的，一般说来，凡是为了反侵略、反压迫、反霸权的战争，都是正义的，反之是非正义的，这是区分战争性质的关键和首要问题；二看进行战争的阶级，看战争是谁发动和进行的，反动阶级、退步阶级、霸权主义和强权政治国家进行的战争一般都是非正义的；三看战争的历史作用，凡是推动社会发展、有利于和平与发展的都是正义的，反之是非正义的。至于谁先发动进攻、在谁的国土进行战争、打着什么旗号进行战争等表面现象，不是区分其性质的标准。

4. 关于战争与经济的关系

第一，经济利益是战争的基本动因。战争是政治的继续，而政治又是经济的集中体现，是阶级的、国家的和民族的经济利益的集中表现。它反映了不同阶级、不同民族和不同国家之间的相互关系。由于不同阶级之间、民族之间和国家之间有着不同的经济利益，因此，这些不同的阶级、民族和国家的政治，必然要自觉地、充分地反映和维护不同阶级、不同民族和不同国家的根本利益和长远利益。就是说，战争根源于阶级之间、民族之间和国家之间的经济利益的矛盾。第二，经济力量是进行战争的物质基础，是国力、军力强弱的重要标志，是决定战争进程和结局的重要因素之一。正如毛泽东指出："战争不但是军事的和政治的竞赛，还是经济的竞赛。如果不进行经济建设，革命战争的物质条件就不能保障。"可见，战争离不开经济，经济力量是进行战争的物质基础。第三，战争对经济的反作用。战争对经济具有巨大的破坏作用，战争极大地消耗着社会物质财富，造成生产力的严重破坏，往往造成经济停滞不前向后倒退。第四，战争对经济也有促进作用。战争可以破坏旧的生产关系，建立新的生产关系，缓和社会政治矛盾，对生产力发展起刺激作用。为了满足战争需要，各国还会加大投入发展军用技术，从而促进科学的发展。

5. 研究和指导战争必须从研究战争规律入手

毛泽东说，无论做什么事，不懂得那件事的情形，它的性质，它和它以外事情的关联，就不知道那件事的规律，就不知道如何去做，就不能做好那件事；并强调，战争的规律，这是任何指导战争的人不能不研究和不能不解决的问题。我们不但要研究一般的战争规律，而且要研究特殊的战争规律，还要研究更加特殊的中国革命战争的规律。毛泽东把战争的规律形象地比喻为战争大海中的游泳术。战争规律的基本特征：一是发生在敌我双方武装斗争活动中各种现象之间的必然联系。如进攻和防御、前进与后退、内线与外线、持久与速决、优势与劣势、主动与被动、集中与分散，等等。二是独立于指挥员主观意识之外的必然联系。战争规律不是靠指挥员主观臆造的，而是战争本身所固有的。如进攻是消灭敌人的主要手段，防御是辅助进攻或准备进攻的手段。这种地位是战争本身所规定的，指挥员只能顺应它而不能违背它。三是有鲜明的层次性。研究全局性的规律是战略学的任务，研究局部性的规律是战役学的任务。

6. 研究和指导战争必须着眼其特点、着眼其发展

毛泽东指出："战争的情况不同，决定着不同的战争指导规律，有时间、地域和性质的差别。我们研究在各个不同历史阶段、各个不同性质、不同地域和民族的战争的指导规律，应该着眼其特点和着眼其发展，反对战争问题上的机械论。"所谓着眼其特点，就是要具体分析不同条件下战争的矛盾特殊性，从而揭示战争的特殊规律。这一方法是建立在战争特殊规律这一基础之上的。所谓着眼其发展，就是要从战争的发展变化中来认识战争。这一方法是建立在战争具有较大变动性和不确实性基础之上的，要求我们研究战争要随着历史的发展而发展，随着战争的发展而发展。①从时间的条件看，时间条件发生变化，战争规律和战争指导规律也就随之而发展变化。如冷兵器时代，武器装备只能是刀、剑等，作战方法也只能是短兵相接、列阵格斗。随着科学技术大量应用于军事领域，出现了导弹等，使战争出现了许多前所未有的新特点，其战略战术也必须随之发展。②从地域的条件看，国家和民族不同，其社会制度、经济基础、自然地理条件、民族文化和历史传统也不同，因而战争规律和战争指导规律也不同，不能将战争指导相互移用，必须结合本国的实际情况。③从性质的条件看，正义战争能得到人民群众的广泛支持，可以动员武装人民群众进行人民战争，最后必将取得胜利。我军的战略战术尽管敌人也知道，却无法运用，这正是战争性质对战争指导规律发生影响的一种表现。

7. 研究和指导战争必须关照全局、把握关节

战争的全局是由各方面构成的整体和由各阶段构成的全过程。战争的局部是构成战争全局的一个方面、一个部分、一个阶段。全局统率局部，局部服从全局。战争的胜败，主要的和首先的问题是对全局关照得好或不好。如果对全局关照得好，战略指导正确，战争就可能

取得胜利，反之就一定失败。当战争的全局和局部之间发生矛盾时，都应该自觉牺牲局部的利益，无条件服从全局的需要。俗话说"一着不慎，满盘皆输"。战争指导者还要关照好各个局部，特别要注意把握好影响战争全局的重要关节，把自己注意的重心，放在那些对全局来说最重要最有决定意义的问题和动作上。如辽沈战役中的首取锦州，由于抓住了这个有关全局的重要关节，牵一发而动全身，很快便取得了就地歼灭东北之敌的重大胜利。

8. 客观条件许可的范围内，充分发挥人的自觉能动性

战争的实践表明，要取得战争的胜利，不仅要具备一定的客观条件，而且要发挥人的自觉能动性。毛泽东指出：战争是力量的竞赛，但力量在战争过程中会变化原来的形态。主观的努力，多打胜仗，少犯错误，是决定的因素。客观因素也具备着这种变化的可能性，要实现这种可能性，就需要正确的方针和主观的努力。这就告诉我们：第一，战争的胜败主要取决于双方的客观条件；第二，人的自觉能动性是战争胜负的决定性因素之一。在客观条件具备时，正确指导和主观努力，可以取得战争胜利；指导错误，也会打败仗。第三，虽然客观条件有胜利的可能，但要把可能变为现实，就不仅需要指挥战争的人有高超的指挥艺术，而且参加作战的军队要有高昂的战斗情绪和勇敢精神。

（二）人民军队思想

人民军队是人民群众自发地或在先进阶级领导下建立的并为人民群众利益而战斗的军队，人民军队是一个历史的范畴。建设一支无产阶级性质的人民军队，是中国共产党领导进行的武装战争的首要问题。以毛泽东为主要代表的老一辈无产阶级革命家，把马克思主义的建军学说同我军的实际相结合，深刻阐明了一系列军队建设的理论、方针和原则，成功地解决了如何把以农民为主体的起义军，改造成为一支无产阶级性质的、具有严格组织纪律和特别能战斗的新型人民军队的理论和实践问题。

1. 人民军队的性质

毛泽东从"军队是国家政权的主要成分""是阶级压迫的工具"的原理出发，指明我军是中国共产党领导下的执行无产阶级革命政治任务的武装集团。坚持党对军队的绝对领导，是确保人民军队的无产阶级性质的根本原则，是毛泽东人民军队建设思想的核心内容，是中国共产党领导军事工作的特色和优势。从我军建军伊始，毛泽东就高度重视党对军队的领导。1927年9月底，毛泽东领导秋收起义部队进行了著名的"三湾改编"，根据斗争的实际情况设立了党代表制度，规定了班有党员，排有党小组，连有党支部，营团有党委，使起义军从一开始就置于中国共产党的绝对领导之下。1929年，毛泽东起草的《古田会议决议》就明确指出"红军是一个执行革命的政治任务的武装集团"，军事只是完成政治任务的工具之一，党委要成为部队的"领导中枢"，各级党组织要"厉行集中指导下的民主生活"，并从政治上、思想上、组织上确立了一系列制度和措施，从而确立了中国共产党对军队的绝对领导地位。

2. 人民军队的宗旨

要建设一支革命的军队，首要的是明确建军的宗旨。1944年，毛泽东在《为人民服务》著作中指出："我们的共产党和共产党所领导的八路军、新四军，是革命的队伍。我们这个队伍完全是为着解放人民的，是彻底地为人民的利益工作的。"1945年，毛泽东在《论联合政府》著作中指出："紧紧地和中国人民站在一起，全心全意地为中国人民服务，就是这个军队的唯一的宗旨。"全心全意为人民服务的宗旨，体现了中国共产党创建人民军队的根本

目的，体现了人民军队的本质属性，是我军区别于一切军队的根本标志，是建军中必须遵循的根本指导思想，也是全军团结战斗的思想基础和行动准则，保证了我军建设的正确方向。

3. 人民军队必须实行坚强有力的政治工作

1944 年，毛泽东在《关于军队政治工作问题的报告》中指出："政治工作是我们军队的生命线，无此则不是真的革命军队。"毛泽东强调政治工作的"生命线"地位，将其作为保持人民军队无产阶级性质、保证我军生存和发展的根本因素。毛泽东为我军规定了战斗队、工作队和生产队的三大任务。一支军队担负三项任务，这在世界军队发展历史上是罕见的。坚持军民一致、官兵一致、瓦解敌军和宽待俘虏的政治工作三大原则，建立强有力的政治工作；实行政治、军事、经济三大民主是提高人民军队战斗力的重要因素，这些都是毛泽东军队政治工作思想和实践的重要内容。

4. 实行在自觉基础上的严格纪律

纪律是军队集中统一和战斗力生成的决定因素。因此，毛泽东从建军伊始就十分重视人民军队的纪律建设，提出了"三大纪律，八项注意"。它是毛泽东亲自为我军制定的基本纪律。它通俗易懂，言简意赅，融各种纪律为一体，体现了我军性质，是人民军队建设原则的具体化。人民军队的纪律，是围绕党对军队的绝对领导而制定的军队中一系列方针原则、条令、条例和规章制度的总称。我军的纪律代表了人民的利益，也体现了广大指战员的自身利益，从而奠定了自觉执行的基础。我军的纪律还反映着人民利益的根本要求，松懈的纪律是违反人民意志的，必须进行严格的规范，否则就无法从根本上实现人民的利益。

（三）人民战争思想

人民战争思想是中国共产党的群众路线在革命战争中的具体运用和发展，是人民军队建设、我军战略战术的形成和国防建设的理论基础；是中国人民以劣势装备战胜优势装备之敌的法宝。人民战争思想是毛泽东军事思想的核心。

1. 人民战争思想的含义

人民战争就是广大人民群众为了反抗阶级压迫或民族压迫而组织和武装起来进行的战争。人民战争必须具备两个条件：一是战争的正义性。在毛泽东看来，战争的性质取决于它的政治目的，就是能否促进历史进步，根本标志在于是否符合广大人民群众的根本利益。二是广泛的群众性，就是指必须有广大人民群众支持和参加，这是人民战争的重要标志。历史上凡具备两个条件的称之为人民战争，否则不能称之为人民战争。毛泽东人民战争思想的基本精神概括起来就是：在辩证唯物主义和历史唯物主义基本原理的指导下，在中国共产党的正确领导下，以人民军队为骨干，一切为了人民，坚决依靠人民，彻底动员组织人民，充分武装人民，实行全面彻底的群众战争。

2. 人民战争思想的理论基础

（1）人民群众是战争胜负的决定力量。首先，人民群众是战争人力的源泉。战争历史表明，交战双方在质量相当的情况下，谁在数量上占优势，谁取胜的可能性就大。我军在历次革命战争中之所以能够取得胜利，主要是由于人民群众能够为部队源源不断地输送新生力量。例如：在淮海战役中，我党动员了 16.8 万人民子弟参军，保证了决战的胜利。其次，人民群众是战争物力的源泉。战争是物质力量的竞赛，人民群众是战争物资的生产者。我军进行的辽沈、淮海、平津三大战役，支前民工就达 500 多万人，担架 10 多万副，大车 38 万辆，牲口 100 万头，粮食 95 亿斤，人民群众用落后的运输工具，克服种种困难，将大量的作战物资运往前线，满足了战争的需要。再次，人民群众是战争财力的源泉。进行战争需要大量的财力。战争要求各交战国必须最大限度地发挥各自的经济实力，使整个国民经济为战争的物质技术保障服务。国民财富是由民众创造的。民众对战争经济的保障具有特别重要的作用。失去了民众，也就在很大程度上失去了能够支持战争的国民经济实力。

（2）战争胜负的决定因素是人不是物。毛泽东指出："武器是战争的重要的因素，但不是决定的因素，决定的因素是人不是物。"力量对比不但是军力和经济力的对比，而且是人力和人心的对比。军力和经济力是要人去掌握的。之所以人在战争中起着主导的能动的作用，这是因为：人是战争的筹划者和指导者；人是武器的制造者和使用者；人可以改变武器装备的优劣形势。武器装备在战争中的作用主要表现在：武器装备能帮助人们实现自身所不能达到的各种战争目的。人和武器作为统一体的两个方面，有主有从，不可偏废。只有二者有机结合，才能构成完整意义上的战斗力。

（3）战争的正义性是实行人民战争的政治基础。人心的得失是战争中经常起作用的因素。正义的革命战争，符合广大人民群众的根本利益，得道多助，人心所向，即使在武器装备较差的条件下，也能取得战争的最后胜利。非正义的反革命战争，违背了广大人民群众的利益，失道寡助，不得人心，武器装备虽优，但最终难免失败，中国革命战争的实践完全证明了这一点。

（4）马克思主义政党是实行人民战争的必要条件。人民战争领导者必须具备两个条件：一是真正代表人民群众利益，反映人民群众的根本愿望，全心全意为人民群众谋取利益。二是懂得和掌握群众路线的指导方法，善于制定有利于调动群众积极性的方针和政策。这两个条件，唯有马克思主义政党中国共产党才能具备。所以，中国共产党的正确领导是实行人民战争的必要条件。

3. 人民战争思想的主要内容

在长达20多年的中国革命战争实践中，积累了极为丰富的人民战争经验。概括起来有以下主要内容：

（1）坚持中国共产党对革命战争的统一领导。统一领导包括政治领导、组织领导和思想领导。政治领导就是用党的路线、方针、政策，统一全党全军全体人民的思想和行动。组织领导就是建立党对军队和地方组织的各级党的工作机构。思想领导就是用无产阶级革命理论教育人民、武装人民。

（2）组织最广泛的人民统一战线。必须依据各个不同时期革命的性质、任务、对象和目的，正确规定和划分人民的范围。团结一切可以团结的力量，最大限度地孤立和打击敌人。

（3）实行以人民军队为骨干的三结合的武装力量体制。三结合就是主力兵团与地方兵团相结合；正规军与游击队、民兵相结合；武装群众与非武装群众相结合。如果敌人胆敢进犯，将陷入人民战争的汪洋大海之中，难逃灭顶之灾。

（4）以武装斗争为主，与其他斗争形式密切配合。就是团结调动从事政治、经济、文化、卫生、科技等各条战线的团体与人民群众直接或间接的参加战争。

（5）建立巩固的革命根据地。在政治上，根据地是团结人民的中心，吸引中国人民大众；在军事上，根据地是战争的依托，使军队能及时得到补充，安心休养生息；在经济上，根据地是后勤基地，保证军队的生存和发展。

（6）创造一整套适应人民战争的战略战术。"适应"二字，就是说，这些作战方针、战略原则和作战方法，只适合进行人民战争的人民军队，敌人是运用不了的。因为，我军几十年来的战争实践，从防御到进攻，从游击战到正规战，之所以取得一个又一个的胜利，无一不与人民群众的积极参加和配合军队作战有关。无人民群众的有力配合，我军就将成为一个独臂将军，是不可能取胜的。

（四）人民战争战略战术思想

人民战争的战略战术是指毛泽东指导战争和指挥作战的原则和方法。它是毛泽东高超战争指导艺术的总结，它揭示了中国革命战争的指导规律，是毛泽东军事思想科学体系中最活跃、最精彩的部分。

1. 保存自己，消灭敌人

毛泽东指出："一切军事行动的指导原则，都根据于一个基本的原则，就是尽可能地保存自己的力量，消灭敌人的力量。"保存自己、消灭敌人是军事行动的直接目的和基本原则，这是两军作战过程中生死存亡的目的，但不是政治目的。正如毛泽东指出：战争的目的，在军事方面就是"保存自己，消灭敌人"。这是"军事上的第一要义"，是一切军事原则的根据。一切技术、战术、战役、战略的原理原则和行动，都必须遵循这个战争的目的。消灭敌人是主要的，保存自己是第二位的，只有大量消灭敌人，才能有效地保存自己。这是古今中外兵家公认的原则。这一原则在具体运用中要注意三种情况：第一种是在绝大多数情况下，消灭敌人是第一位的，保存自己是第二位的。第二种是在敌强我弱的情况下，保存自己是第一位的，消灭敌人是第二位的。第三种是在特殊情况下，为了整体或全局的利益，必须牺牲局部或部分利益的时候，消灭敌人是第一位的，保存自己是第二位的。

2. 战略上要藐视敌人，战术上要重视敌人

这是毛泽东指导人民战争的一个基本的战略和策略原则。他指出：从本质上、长期上、战略上看，必须把帝国主义和一切反动派都看成纸老虎，以此建立我们的战略思想，指导我们树立敢打、必胜的信念，采用"以一当十"的法则，同敌人作长期、坚决的斗争。另一方面，又要把敌人看成是铁的、真的、会吃人的老虎，从这点上建立我们的策略思想和战术思想，采用"以十当一"的法则和各个击破的政策，一口一口地吃掉敌人，最终战胜敌人。这一法则指导我们打败了国内外的强敌，夺取了一个又一个胜利，创造了中国革命战争史上的奇观。这一作战指导原则，从军事哲学的高度，把"两视"即把革命胆略与科学精神辩证地统一起来。

3. 实行积极防御，反对消极防御

实行积极防御，反对消极防御是毛泽东战略防御思想的基本原则。所谓积极防御：就是为了进攻和反攻，将防御与进攻结合起来，实行防中有攻的方法。所谓消极防御：就是为了单纯阻挡敌人进攻的专守防御。克劳塞维茨从理论上首次提出了"积极防御"的概念。他认为："迅速而猛烈地转入进攻是防御的最精彩的部分，谁要是在防御时不考虑这一部分，或者更确切地说，不把它看作是防御的一个基本组成部分，也就永远不会理解防御的优越性。"我国古代军事家孙武提出："不可胜者，守也，可胜者，攻也""避其锐气，击其惰归"，就体现了弱守强攻和积极防御的思想。毛泽东在此基础上进一步地指出："任何一本有价值的军事书，任何一个比较聪明的军事家，而且无论古今中外，无论战略战术，没有不反对消极防御的。"

积极防御既可作为战略指导思想，亦可作为战役、战斗作战原则。具体地说，毛泽东积极防御战略思想的基本精神是这样的：

（1）坚持自卫立场，后发制人。毛泽东有句名言："人不犯我，我不犯人，人若犯我，我必犯人。"这就是坚持自卫立场，一旦爆发战争，我们调动一切积极因素，有理、有据、有节，一步一步地制服敌人。即努力创造有利条件和形势，待机反攻，后发制人。

（2）攻防结合。战略上防御与战役战斗上进攻相结合。全局上防御，但局部上进攻之必要，即把战略上的防御变为战役战斗上的进攻，经过多次战役战斗上的进攻，积小胜为大胜，逐步改变敌强我弱的形势。

（3）把战略防御适时导向战略进攻和战略反攻。随着战争的进程，防要导向攻，一旦时机成熟，就坚决地将战略防御导向战略进攻。在战略上摆脱被动地位，从根本上解决战争的胜负问题。

4. 集中优势兵力，各个歼灭敌人

古今中外一切高明军事活动家和军事理论家都十分强调集中兵力这一原则。在敌强我弱的中国革命战争中，这条原则尤为重要，毛泽东把它视为是战胜敌人的根本法宝。实行集中兵力各个歼敌的原则，必须从战争的实际出发。一是把主要的兵力集中于主要作战方向，反对军事平均主义。兵力是指军队的实力，主要包括人员和武器装备。它是构成战斗力的基本因素。二是拣弱的打，先弱后强，由小到大。特别是首战更应如此。三是采取围攻部署。集中兵力是为了打歼灭战。歼灭战和集中优势兵力，采取迂回包围战术具有同一意义。没有优势兵力难以达成歼灭战，离开了包围迂回，即使兵力占绝对优势，仍然打不成歼灭战。这一原则的运用还牵涉到许多方面，如积极创造和捕捉战机，周密地进行组织准备，进攻方式的灵活运用，以及军队顽强的战斗作风等，都对这一原则的运用有着重要作用，决不可忽视。

毛泽东战略战术的内容除上述四项外，还有运动战、阵地战、游击战三种作战形式必须紧密结合，灵活运用，并适时实行以转换主要作战形式为主要内容的军事战略转变；慎重初战，走一步看三步，首战必胜；不打无准备之战，不打无把握之仗；每战都要尽可能有周密的计划，充分的准备，把战斗的胜利建立在稳妥可靠的基础上，以确保有把握地歼灭敌人等重要内容。这些充分体现了毛泽东在军事指挥上的伟大智慧和创新精神。

（五）国防建设思想

毛泽东国防建设思想是毛泽东军事思想的重要组成部分，毛泽东关于中国国防建设的理论开拓，是中国特色国防建设思想的理论基石。国防建设要以现代化为中心，必须建立强大的国防军和国防后备力量，必须建立独立、完整的国防科技和国防工业体系。

1. 国防科技工业建设

新中国成立初期，在我军装备还比较落后的情况下，毛泽东指出："为了建设现代化的国防，我们的陆军、空军和海军都必须有充分的机械化的装备和设备。"毛泽东在这里所强调的"充分的机械化"，一是与世界强国的军队相比，技术含量要跟上；二是高技术含量的装备数量不能太少，要形成规模。为了打破核垄断，1956年毛泽东在《论十大关系》中指出："我们现在已经比过去强，以后还要比现在强，不但要有更多的飞机和大炮，而且还要有原子弹。在今天的世界上，我们要不受人家欺负，就不能没有这个东西。"在国家经济实力刚有提升和人民生活还比较贫困的条件下，毛泽东以其战略家的胆识，提出国防建设着眼点应放在核威慑上。正如邓小平指出的："如果六十年代以来中国没有原子弹、氢弹，没有

发射卫星，中国就不能叫有重要影响的大国之一，就没有现在这样的国际地位。这些东西是反映一个民族的能力的，也是一个民族、一个国家兴旺发达的标志。"

2. 武装力量建设

毛泽东在中国人民政治协商会议第一届全体会议上强调："我们的国防将得到巩固，不允许任何帝国主义者再来侵略我们的国土。在英勇的经过了考验的人民解放军的基础上，我们的人民武装力量必须保存和发展起来。我们将不但有一个强大的陆军，而且有一个强大的空军和一个强大的海军。"遵照毛泽东的指示，我们的空军与海军先后成立，如今人民解放军已由单一军种发展成为诸军兵种合成的强大军队，高技术军兵种已成为我国主要的国防力量。

3. 战争动员与国防教育

毛泽东战争动员思想的基本精神：一是以人民战争为指导，二是把政治动员放在首位。正如毛泽东指出："政治上动员军民的问题，实在太重要了。"三是实行全党全军抓动员，完善国防动员体制。

毛泽东的国防教育思想主要表现在：一是居安思危、增强国防观念。二是树立正确的战争观。三是要敢于斗争、敢于胜利。四是要善于斗争、善于胜利。五是把国防教育作为提高国民素质，弘扬爱国主义和革命英雄主义精神的重要手段。

4. 国防工程建设

国防工程建设是国防建设的重要内容，通常主要包括边、海防的国防工程建设，预设战场的设防工程建设、各军兵种的国防工程建设和民防工程建设等。它对战争的胜负起着重要的作用，既是保存国力军力的有力设施，又是反侵略战争的重要依托。毛泽东国防工程建设的主要原则：一是重点设防。由于我国地域辽阔，边、海防线都很长，所以国防工程建设不可能面面俱到。二是平战结合。国防工程建设中的许多项目都具有军地通用的性质，因此，既是战争准备的物质基础，又是和平时期经济建设可以利用的条件，要使这些设施充分发挥它们的双重功能。三是统筹兼顾。正确处理应付大战和局部战争的关系、长远目标和短期目标的关系。

四、毛泽东军事思想的历史地位

中国革命战争是中国历史和世界历史上最宏伟的人民战争。伟大的革命战争实践，必然产生伟大的军事理论。毛泽东军事思想的产生，是历史发展的必然结果，也是中国革命战争的必然产物，它的历史地位是客观存在的。

（一）毛泽东军事思想对马列主义军事理论做出了重大而独特的贡献

毛泽东军事思想不仅指导中国革命战争取得了胜利，而且在一系列重大问题上发展和丰富了马克思列宁主义军事理论，为无产阶级军事科学增添了新的光彩，做出了卓越的重要贡献。

1. 开创了一条农村包围城市，武装夺取政权的道路

列宁通过十月革命的伟大实践，开创了在资本主义国家，无产阶级首先发动城市起义以夺取全国政权的道路。但是，在像中国这样一个半殖民地半封建的大国，无产阶级夺取政权要走什么道路，这是前人没有解决的问题。以毛泽东为代表的中国共产党人，结合中国实际，摸索出在农村建立根据地，实行武装割据，走农村包围城市，最后夺取政权的道路，这

是毛泽东的独创，从而创造性地继承和发展了马克思列宁主义关于武装夺取政权的理论。

2. 创建了一支新型的人民军队

毛泽东开创了把以农民为主要成分的军队建设成为无产阶级军队的先例。马克思和恩格斯提出了武装工人阶级，建设无产阶级军队的思想。列宁在苏联十月社会主义革命胜利后，建立了第一支以工人阶级为主体的军队。至于在工人数量很少，农民占总人口80%以上的大国，怎样建立一支无产阶级性质的人民军队，在国际共产主义运动中还没有先例。毛泽东从中国的实际出发，系统地解决了怎样把以农民为主要成分的革命军队建设成为一支无产阶级性质的人民军队的问题，不仅有建军理论，而且又付诸实践。

3. 丰富和发展了马列主义的人民战争思想

马克思和恩格斯科学地论证了人民群众在战争中的地位和作用，第一次提出了人民战争的思想。毛泽东等老一辈无产阶级革命家在领导中国革命战争的实践中，把人民战争作为根本指导路线，广泛动员、组织和武装群众，以人民军队为骨干，实行主力兵团与地方兵团，正规军与游击队、民兵，武装群众与非武装群众相结合，各种斗争形式相配合，实行了全面的人民战争，从而丰富和发展了马克思列宁主义人民战争的学说。

4. 创造了适合中国特点的战略战术

以毛泽东为代表的中国共产党人，根据中国革命战争的特点，为我军系统地制定了在敌强我弱形势下，实行战略的持久战和战役战斗的速决战，把战略上的劣势转变为战役、战斗上的优势，集中优势兵力，各个歼灭敌人等人民战争的战略战术，为马克思主义作战理论增添了新的内容，极大地丰富和发展了马克思主义的战略战术理论。

5. 科学地阐明了无产阶级的战争观和方法论

毛泽东把马克思主义的辩证唯物主义和历史唯物主义创造性地引入军事领域，深刻地揭示了战争的本质，系统地阐明了战争与政治、经济和地理的关系，科学地提出了军事辩证法的若干范畴，揭示了战争指导者认识战争运动的辩证过程；着重发展了马克思列宁主义军事科学的理论基础和方法论，即军事辩证法。

（二）毛泽东思想是我军克敌制胜的法宝

自从有了毛泽东军事思想，中国革命战争就别开生机，克服了前所未有的艰难险阻，战胜了国内外强大的敌人，取得了历史性的胜利。正如邓小平指出的："没有毛主席，至少我们中国人民还要在黑暗中摸索更长的时间。毛主席最伟大的功绩是把马列主义的原理同中国革命的实际结合起来，指出了中国夺取革命胜利的道路。"毛泽东军事思想是中国革命战争和我军建设的强大思想武器。

1983年10月，全军毛泽东军事思想学术讨论会在北京召开，与会人员一致认为：毛泽东军事思想不仅过去是，现在是，而且将来仍然是人民解放军取得胜利的指南。因为，毛泽东军事思想是最科学、最先进、最完整的军事理论。既揭示中国革命战争的特殊规律，又反映了现代战争和国防建设的一般规律，是经过战争实践检验过的科学真理。所以无论过去、现在和将来，毛泽东军事思想都是我军克敌制胜的法宝。

（三）毛泽东军事思想在世界的影响

根据有关资料记载，毛泽东军事思想从它产生的那天起，就引起国外的注意。特别是20世纪30年代欧美记者对毛泽东军事活动及军事思想进行了大量报道与介绍。斯诺先生是我们大家熟悉的人物，是美国著名的进步作家、记者。他写了一本书，中译版本叫《西行漫记》，这本书是 1937 年 10 月由英国伦敦兰茨公司第一次出版的，当时英译本叫《红星照耀中国》。当时这本书非常畅销，引起轰动，拥有数百万读者。从这个意义上来说是斯诺先生真正打开了向世界人民介绍中国革命战争和毛泽东军事思想的窗口。

随着中国革命战争的胜利，毛泽东军事思想日益引起世界的瞩目。日、美、英、法、德等国的学者，曾在 20 世纪 60 年代和 70 年代掀起过两次研究毛泽东军事思想的热潮。现在，世界上不少国家纷纷成立了研究毛泽东军事思想的机构，在欧、美、日等国家里先后出版了许多研究毛泽东军事思想的专著。在英、美不少军校里还开设了毛泽东军事思想课程。许多国外的学者和军校的学员还把毛泽东军事思想作为自己的科研项目和毕业论文来做。从以上实例上看，毛泽东军事思想的影响，已超过国界和产生它的年代，在世界军事思想史上占有重要地位，成为全世界革命人民的共同财富，并将永远载入人类进步事业的史册。

第四节　邓小平军队建设思想

作为中国共产党第二代领导集体的核心，为了适应新时期军队建设和军事斗争的客观需要，邓小平运用马列主义和毛泽东军事思想的立场、观点和方法，提出了一系列新时期军队建设和军事斗争的理论、原则、方针和政策，揭示了新时期军队建设和军事斗争的基本规律，形成了具有中国特色的新时期军队建设的指导思想。

一、邓小平新时期军队建设思想的科学含义

邓小平新时期军队建设思想，是以邓小平为代表的党中央、中央军委制定的新时期军队建设和国防建设的一系列方针、政策、原则和措施的理论概括。

1. 着眼于解决新的历史时期所出现的新情况、新问题

军事思想发展史告诉我们，任何军事思想均有时代性，不同历史时期的军事思想各有自己的特征，这种特征往往最能反映当时的物质生产水平，都是在一定社会历史条件下军事实践的产物，都必然要受社会历史条件和实践水平的制约。马克思主义认为，任何理论体系包括军事理论体系，都有其自身的发展规律，这就是继承前人的优秀成果，运用这些成果于实践，并随着实践的发展和人们认识的积累，上升为适应新的情况的理论，从而使这一理论体系发展到新的境界。正如马克思、恩格斯不可能为社会主义实践中纷繁复杂的问题提供现成答案一样，企图在以往的马克思主义军事学说和毛泽东军事思想中寻找现代战争，特别是高技术条件下局部战争和我军现代化建设的全部现成答案，是不可能的。解决现实实践中的新问题，只能依靠从事现实实践的人们，从实际出发，进行探索、提出新理论、新办法。邓小平新时期军事思想正是着眼于解决在新的历史条件下所出现的各种新情况、新问题，以指导国防和军队建设的实践，把我军的现代化建设提高到一个新水平。

2. 与马克思主义军事理论和毛泽东军事思想一脉相承

邓小平新时期军事思想产生的指导思想和理论基础是毛泽东军事思想。邓小平新时期军事思想是毛泽东军事思想与当前我军现代化建设实践的统一。邓小平以"我军正在经历着具有伟大历史意义的战略性转变，走上了以现代化建设为中心的发展轨道"的现状出发，把毛泽东军事思想同当前我军现代化建设实践统一起来，提出了新时期"必须把我军建设

成为一支强大的现代化、正规化的革命军队"的总任务，并提出一整套军队建设理论，成为邓小平军事思想的重要组成部分。

3. 邓小平新时期军队建设思想的理论体系是建设有中国特色社会主义理论的重要组成部分，是新时期我军建设和军事斗争的根本依据和指导思想，是毛泽东军事思想的组成部分

邓小平同志指出："我们坚持的和要当作行动指南的是马克思主义和毛泽东思想的基本原理，或者说是由这些基本原理构成的科学体系。"毛泽东军事思想是我党我军宝贵的精神财富。毛泽东军事思想的基本原理，仍是我们现实行动的指南。邓小平新时期军事思想正是建立在毛泽东军事思想这一基础之上的，是对毛泽东军事思想的继承和发展，它的具体内容都是与毛泽东军事思想紧密联系在一起的，成为毛泽东军事思想的不可分割的组成部分。邓小平的军事思想就在毛泽东军事思想体系之中，它不可能脱离毛泽东军事思想而建立一个独立的思想体系。因此，我们不能把毛泽东军事思想同邓小平的军事思想割裂开来，邓小平新时期军事思想正是在新的历史条件下对毛泽东军事思想的基本原理同当代国际、国内各种实际问题的具体结合和运用。从这点出发，我们可以清楚地看到，邓小平新时期军事思想正是毛泽东军事思想的继续，是邓小平同志在新时期对毛泽东军事思想不断发展的科学理论总结。

二、邓小平新时期军队建设思想的主要内容

邓小平新时期军队建设理论的主要内容包括：战争与和平理论、建设有中国特色的现代化国防、建设现代和正规化革命军队、军队建设理论、军事战略理论。

（一）战争与和平理论

战争与和平问题，是军事领域的一个基本问题，是影响国际社会安全与稳定的重大问题。邓小平在对世界形势及其发展趋势做了科学的观察和分析后，提出了世界范围内仍然存在着战争危险，霸权主义是现代战争的主要根源，但是要求和平与发展的力量已超过了战争的力量，和平与发展已成为当今世界的主题。

1. 和平与发展是当今世界的主题

对时代主题的判断是战争与和平理论的一个重要内容，是制定国家大政方针和政策的理论基础。时代主题是世界发展过程中不同阶段带有战略性和关系全局的核心问题，它是一个时代特征的反映。

进入了 20 世纪 80 年代，国际形势和国际社会基本矛盾发生了巨大变化，邓小平同志以政治家、战略家的敏锐眼光，洞察国际战略格局的发展变化，提出了和平与发展是当代世界两大战略问题的科学论断。他的"现代世界上真正大的问题，带全球性的战略问题，一个是和平问题，一个是经济问题或者说发展问题"这一论断，揭示了当今世界的主要矛盾，指明了维护世界和平是当代世界的主流，促进发展是当代各国的根本任务。要发展，必须维护和创造稳定的国际环境，要实现和平又离不开各国的共同发展，和平与发展相互影响、相互作用。

邓小平对国际战略形势的发展，特别是对时代主题、战争与和平形势以及我国安全环境进行科学分析，并作出正确的判断后，果断地决定军队和国防建设指导思想实行战略性转变，充分利用今后一个较长时间里大仗打不起来的和平环境，在服从国家经济建设大局的前提下，有计划、有步骤地加强以现代化为中心的国防建设。

2. 霸权主义是当代战争的主要根源

所谓霸权主义，就是凭借本国的政治、经济、军事实力，以强权政治和集团政治为手段，把本国统治集团的意志、政治方法和价值观念强加于被践踏国，干涉别国的主权独立和内政，侵犯别国领土，需要时直接派兵颠覆别国合法政府，扶植傀儡上台，达到划分势力范围、主宰世界、攫取别国利益的目的。

邓小平提出：当今世界的不安宁来源于霸权主义的争夺，霸权主义是战争的根源。经过多年的冷静观察与审慎思考，邓小平又进一步完善为：无论是世界性霸权主义，还是地区性霸权主义，都是当代战争的根源。邓小平这一新的论断，丰富了马克思主义的战争观。

邓小平关于"霸权主义是当代世界战争主要根源"的思想，具有丰富的内涵，是对马克思主义战争根源理论的重大发展。第一，提出了现代战争的引发机制虽然仍取决于社会制度或阶级属性，但更多的是直接取决于各国的对外政策。任何社会制度的国家只要推行霸权主义，都可以成为战争的根源。第二，社会主义只是社会主义社会发展中的一个阶段，不是完善的阶段；它在某些国家中尚残留着大国沙文主义、民族利己主义等思想；它的民主与法制尚不健全，在一定程度上形成了上层集团的权势地位和特殊利益。这些因素容易造成某些社会主义国家在对外政策上推行霸权主义，走上为牟取本国的私利而控制别国，甚至发动侵略战争的道路。第三，霸权主义，既有世界霸权主义，又有地区性霸权主义，两者侵略扩张的本质相同，只是前者实力强，后者实力弱；前者在世界上称霸，后者在地区内称霸。地区霸权主义也是引发现代战争的重要根源。第四，两霸相争的局面消失，但决不意味着霸权主义消失，霸权主义的温床没有铲除，仍然可以产生新的霸权主义国家或国家集团，突出表现为国际事务中的"强权政治"。因此，老的霸权主义国家以及新的或将要产生的霸权主义国家或国家集团，都是当代世界战争的主要根源。

3. 世界大战是可以避免的

邓小平研究了军事活动的历史和现状，在世界大战问题上得出了一个新的结论："如果工作做得好，世界大战是可以避免的。"第一，有资格打世界大战的只有美苏两个超级大国，别人没有资格。进入 20 世纪 90 年代后，随着苏联的解体，两个超级大国争夺与对抗结束，酿成世界大战的主要因素不存在了，世界向多极化格局发展，一时还形不成新的打世界大战的对立面。第二，世界和平力量的增长超过了战争力量的增长。和平力量主要是第三世界国家。第三世界国家大都贫穷落后，要和平不要战争，迫切希望有个和平环境来发展经济。第三，国际竞争的重点已由军事竞争转向以经济科技为基础的综合国力的竞争。世界多极化力量格局的发展，几乎所有国家都在制定新的经济发展战略，推行新的科技发展计划，致力于提高综合国力，以求在未来世界中占有一席之地。邓小平关于世界大战是可以避免的论断向我们指明：大战可以避免不是无条件的，而是有条件的，主要条件就是要使和平力量不断发展，阻止霸权主义全球战略部署的完成。在群雄四起的多极格局形成之后，国际关系更加错综复杂。邓小平讲战争可以避免，主要指的是世界大战可以避免。同时，他也强调了局部战争的不可避免性。因此，不能笼统地说战争已转化为和平，从而放松对一切战争的警惕性。大战可以避免，并不是说战争根源已不复存在，不要把战争根源与战争现实等同，但也不要忽视"世界战争的危险依然存在"。

4. 以和平手段解决国际争端

邓小平针对新的现实指出：维护世界和平，应当放弃用暴力解决国家间冲突和争端的方式，而代之以政治解决。冲突双方应互相克制，求同存异，灵活地通过协商、对话等一系列政治方式，加以和平解决。邓小平认为，国家间的利益冲突、领土争端和历史遗留的许多问题，都应当本着双方受益、合情合理的原则化解"热点"，同时还主张加强联合国调解和仲裁国际争端的功能。邓小平还成功地运用了"一国两制"的和平方式，解决了香港、澳门回归祖国的问题，为国际争端的和平解决做出了典范。

总之，邓小平运用马克思主义、毛泽东军事思想的战争观和方法论，分析当今世界的政治、经济、军事形势，对当代战争与和平问题提出了一系列的新理论和新方法。主要有三大论断、一个方式。三大论断：一是指出新的世界大战可以推迟或避免，和平与发展是当今时代的主题；二是指出战争的危险依然存在，局部战争是主要形式；三是指出现代战争的根源是霸权主义，反对霸权主义和强权政治是维护和平的基本任务。一个方式：指出了用和平方式解决争端的新思路，倡导在和平共处原则上建立国际社会新秩序。

（二）国防建设理论

邓小平以他战略家的眼光和胆略，对战争与和平进行分析后，明确指出，战争的危险仍然存在，但和平力量的发展超过了战争力量的发展，世界大战至少在 20 世纪末打不起来，我们有可能争取到一个较长时期的和平环境。我们要充分利用大仗一时打不起来的这段和平时期，放心大胆地一心一意搞现代化建设。为此，邓小平多次号召全军要服从国家经济建设这个大局。他要求全军和从事国防事业的各个部门，正确认识和处理国家经济建设与国防建设的关系，指出国防建设的规模、质量和速度，总要受国家经济实力的制约和影响。

1. 国防和军队建设的指导思想实行战略性转变

国防和军队建设指导思想实行战略性转变，是邓小平同志的英明决策，又是我国国防建设新的里程碑，对于促进我国经济建设，全面加强国防实力和战争潜力，提高我国的国际地位和威望均具有现实意义和深远的历史意义。一是国防和军队建设与国家经济建设关系的转变。即把国防和军队建设调整到国力所能承受的程度，转到服从和服务于国家经济建设大局、以国家经济发展为依托、促进国防和军队的发展上来。二是国防和军队建设工作中心的转变。即着眼未来战争需要，进一步突出现代化在国防和军队建设中的中心地位，着重抓好国防科研和现代化武器装备的发展以及现代化军事人才的培养，大力解决国防和军队现代化水平与现代战争不相适应的矛盾。三是军队和后备力量建设中数量与质量关系的转变。即从偏重于常备军和后备力量的数量规模，转到压缩规模、减少数量、提高质量上来。四是军事斗争准备的基点的转变。即把按全面反侵略战争设计的军事战略指导，转到应付可能发生的高技术条件下局部战争为军事斗争准备的基点上来。五是国防科技和国防工业功能与体制的转变。即打破国防科技和国防工业在国民经济中自我体系、自我封闭的状况，使其纳入国家经济建设的大系统之中，建立起军民兼容的国防科技和国防工业新体制。

2. 正确处理国防建设和经济建设的关系

在新的历史时期，邓小平同志把国防建设同经济建设的关系提到局部和全局的高度来认识。一是要求军队自觉地服从国家经济建设的大局。这一思想，就是要用政治观点、军事观点、经济观点综合指导国防建设，是要充分利用国际形势的相对和平环境，在服从国家经济建设的前提下，以经济建设的发展促进国防建设的进步，这是富国强兵，提高综合国力的战略性的重大决策。军队装备真正现代化，只有在国民经济有了比较好的基础才有可能。军队现代化、国防现代化的真正实现，依赖于经济基础。只有国家富强了，才能拿出更多的资金和物资用于国防建设。二是国防建设要服务于国家经济建设的大局。国防建设的实质是国家安全问题，同时，要尽可能利用国防资源、国防设施为经济建设服务，国防建设不仅可以为经济建设提供顺利发展的安全环境，而且可成为推动社会经济发展和科学技术进步的强大动力。只有在国家经济发展的同时，集中可能的力量，有重点、有计划、有步骤地大力加强国防建设，才能使国防建设真正担负起保卫社会主义现代化建设的责任。三是国防建设要与国家经济建设协调发展，保证国防建设水平能随着国民经济实力的不断增长而逐步提高。经济建设与国防和军队建设是相互依存和协调发展的关系，而不是彼此取代的关系。因此，国家经济建设也应从国家的长远利益出发，保证国防建设的发展；否则，就会影响国防的巩固和综合国力的提高，会使经济建设失去安全环境的保证。

（三）新时期人民军队建设理论

邓小平新时期军队建设思想，是邓小平新时期军事思想的核心和重点内容。它总结了党的十一届三中全会以来军队建设的新经验，创造性地回答了新形势下军队建设亟待解决的重大问题，成为和平时期我军现代化建设的纲领。邓小平新时期军队建设思想内容十分丰富，主要包括：关于以革命化为前提、现代化为中心、正规化为重点，全面建设军队的思想；关于适应国力、加速实现武器装备现代化的思想；关于把教育训练摆到战略地位，努力提高部队战斗力的思想；关于搞好体制改革和精简整编，建立科学的体制编制的思想；关于实现军队正规化，以法治军，科学化管理的思想；关于实现干部的革命化、年轻化、知识化、专业化的思想；关于加强和改进新时期政治工作，保证党对军队的绝对领导，保证军队的高度稳定和集中统一的思想等。邓小平新时期军队建设思想，是建设有中国特色的现代化正规化革命军队的理论。它以我军建设的丰富经验为基础，综合了世界发达国家军队建设的积极成果，系统地阐述了军队现代化建设的目标、道路和方针原则，揭示了和平时期军队建设的基本规律，成为我军现代化建设的指南。建设一支强大的现代化、正规化、革命化的军队，是新时期我军建设的纲领和实际工作的指南。

1. 进行以现代化为中心的军队建设

1981 年 9 月，邓小平明确提出"必须把我军建设成为一支强大的现代化、正规化的革命军队"的伟大目标。现代化、正规化、革命化是互相联系、互相促进，缺一不可的。革命化体现人民军队的本质、军队的政治素质和传统作风；正规化体现军队组织、管理和军制水平；现代化体现军队的武器装备、指挥、作战和协同等方面适应现代高技术战争的能力。"三化"不是并列的，而是以现代化为中心。邓小平深刻指出："要承认我们军队打现代化战争的能力不够。要承认我们军队的人数虽然多，但是素质比较差。"以现代化为中心，就是要建设一支现代化的合成军队。这支合成军队不仅需要按照正规的编制、体制将各类人员和武器装备加以科学组合和配备，而且需要在正规的教育训练中提高协调行动的能力，建立有序、高效的组织指挥系统。显然，正规化保证着现代化，现代化离不开正规化。革命化是现代化、正规化建设的灵魂和方向，是人民军队的革命性质和正确方向的根本保证。

邓小平依据我军在新时期的根本职能和历史使命提出："必须把我军建设成为一支强大的现代化、正规化的革命军队"，从而为我军在新时期的建设确定了总任务和总目标。其中主要有三层含义：一是明确了"三化"建设的地位和相互关系，以革命化为根本，确保在政治上永远合格；以现代化为中心，努力适应现代战争的要求；以正规化为保障，促进革命化、现代化的顺利进行。二是抓住新时期我军建设中现代化水平低与现代战争要求不相适应这一主要矛盾，确立了现代化建设的中心地位。三是明确了我军现代化建设的基本内容：武器装备现代化，官兵素质现代化，指挥管理现代化，军事学术现代化。

革命化是灵魂。军队的性质，就是指军队的阶级属性，通俗地讲就是军队归哪个阶级领导，为哪个阶级服务。我军是中国共产党领导下的一支无产阶级性质的人民军队。军队革命化，从根本上讲反映的正是我军这一性质。革命化是现代化、正规化建设的灵魂。

现代化是中心。新时期我军建设面临的主要矛盾是现代化水平与现代战争不相适应的矛盾。邓小平指出："要承认我们军队打现代化战争的能力不够。要承认我们军队的人数虽多，但素质比较差。"以现代化为中心是解决我军建设主要矛盾的根本途径。邓小平提出军队现代化建设的主要精神是：

（1）实现武器装备的现代化。武器装备是军队战斗力的物质基础，装备现代化是军队战斗力的重要标志。因此，加强武器装备的建设是新时期我军现代化建设的重要内容之一，武器装备现代化的总原则，是继续遵循"敌人有的，我们要有，敌人没有的，我们也要有"，但不搞军备竞赛；装备现代化，既要参照世界军事强国的水准，缩小同军事大国的差距，尽量减少我们的损失和代价，又不脱离我军的战略性质，但必须"科研要走在前面"，多研制、多搞技术储备，少生产、有重点地装备部队，进行全军梯次更新，走适合中国国情的发展道路。

（2）建立科学的军队体制编制。兵贵精不贵多，新时期许多国家的军队都把减少数量、提高质量作为军队建设的方针。军队的体制编制包括军队领导机关、指挥机关、作战部队系统、院校和科研系统、后勤系统的设置、编组、任务区分和相互关系等制度。它是保证军队各级各类组织有机地编成、人和武器有效结合、对整体的战斗效能有重大影响的科学合理的体制编制。百万裁军就是"搞好军队的编制整顿、体制整顿，可以适当解决军队的其他问题"。"精兵、合成、平战结合、提高效能"不仅顺应当代军队发展的基本规律，也符合我国的客观实际。我国疆域广大，呈现出不同的地理特点，预定作战对象和任务也千差万别，需要因地制宜进行科学编组，建立既相对统一，又有独立组织作战和后勤保障的多个战区，这就要求必须走适合我国国情的具有中国特色的精兵之路。

（3）大力培养现代化的军事人才。美国前国防部长切尼在总结海湾战争时讲过：灵巧的武器需要灵巧的人按照正确的理论操作，才能发挥最大的战斗效能。美军《作战纲要》中也指出，人的因素在未来战役战斗中起决定作用。

邓小平强调，人是现代化建设的关键，是建军之本。如果不造就一大批驾驭现代战争的军事人才，就谈不上军队现代化。

（4）发展现代军事理论。先进的军事理论，能够揭示战争的特点和规律，从而使我们正确认识和运用军事规律，把握军队发展的趋势，正确选择军队建设的目标和途径。因此，现代军事科学理论，是军队现代化建设的先导。现代化为革命化和正规化规定了具体的任务和落脚点，是军队建设的中心。正规化是条件。加强正规化建设，是邓小平关于建设强大的现代化、正规化革命军队总目标的一个重要内容。正规化是军队发展到一定阶段的客观要求，也是军队由低级阶段向高级阶段发展的一个重要标志。正规化建设在军队建设中具有重要的地位。没有正规化，军队就不能形成一个整体，聚合成强大的战斗力。军队的正规化，就是要实现"五统四性"的目标。即统一的指挥，统一的制度，统一的编制，统一的纪律，统一的训练；增强组织性、计划性、准确性和纪律性。正规化是革命化和现代化建设的重要条件。

2. 注重质量建设，走精兵之路

邓小平为我军质量建设提出了一系列带有战略性的重大举措：一是"消肿"整编，走精兵之路；二是改进武器装备，行利器之举；三是实行干部队伍的革命化、年轻化、知识化、专业化；四是坚持战斗力标准，把教育训练提高到战略地位；五是加强部队管理，从严治军。

（1）走精兵之路是我军建设的根本方针。军队战斗力的生成与发展，包括数量与质量两个方面。数量与质量之间，存在着对立统一的辩证的关系。现代局部战争的实践表明，在高技术战争中，以军队数量优势弥补质量差距变得越来越困难，而质量占优势的军队可以比较容易地以少胜多。因此，邓小平同志强调：质量问题是关系和影响战争胜负的问题。只讲数量不讲质量，会耽误大问题，要把质量建设作为我军建设的根本方针。

（2）实现精兵之路有两条途径。

① 注重质量建设。第一，"兵贵于精，不贵于多"。"精兵"是古今中外的治军之道。精简机构，使军队指挥系统日益精干、日益小型化，是战争日益现代化的必然要求。

现在，世界已进入信息时代。应当承认，我军建设有许多成功的经验，有许多外军无法与我们比拟的东西，但也有许多不如人家的地方。如运用新武器装备、军兵种联合作战、文化科学水平等。"他山之石，可以攻玉。"我们要借鉴外军的经验，走出有自己特色的路子来。我国地域辽阔，需要保持一支规模适度的常备军。但科技水平从总体上讲与发达国家还有较大的差距，必须适应世界军事革命的潮流，注重质量建设。适当减少数量，把省下来的钱集中起来办大事。要坚持科技强军，努力提高战斗力诸要素的科技含量，使我军由人力密集型向技术密集型转变，由数量规模型向质量效能型转变，在精兵、利器、合成、高效等总体实力上下功夫。

第二，坚持合成原则，调整军队编组，组建陆军集团军。现代战争已由过去单一兵种作战或小规模、小范围的协同作战，发展到了诸兵种大规模范围的合成作战，是高技术的、立体的、综合性的对抗。合成，是编组现代化军队的重要原则。在邓小平合成思想的指导下，通过1985年的精简整编，组编了兵种基本齐全的陆军合成集团军，并从战略上提高了陆、海、空三军与战略导弹部队之间的协同作战能力，使我军在建设现代化的合成军队的道路上迈出了具有历史意义的一步。

第三，坚持平战结合的原则，区别情况，组建不同类型的常备军。军队是为了应付可能发生的战争的，军队的编制体制首要的是要适应战争的需要。但必须看到，一个国家不可能长期处于战争状态。因此，军队的编制体制就不可能只顾战时而不顾平时，否则，会加重国家的经济负担。所以，制定军队的编制体制时必须坚持平战结合的原则：要坚持经济建设与战时作战相结合、常备军与后备力量相结合、正规部队与半正规的预备役相结合，以形成精干的常备军，对敌产生威慑作用，应付随时可能发生的局部战争。

第四，坚持有利于人才成长的原则，建立干部退休制度，提拔新生力量。编制体制改革的目的在于增强军队的活力。为了使这一改革获得成功，邓小平把人才问题与编制体制问题紧密结合起来，强调建立健全军队干部退休制度、大胆提拔新生力量。邓小平指出："现在的庙很多，每个庙的菩萨也很多，老同志盖住了，年轻人上不来。所以，我们要改革现行的干部工作制度，建立有利于提拔年轻干部的制度。"军人职业与其他职业不同，作为军队干部是要带兵打仗的，不仅要求具有良好的军政素质，而且要有强健的体魄。至于年轻干部的经验问题，邓小平强调经验靠积累，若年轻干部不上来，就永远没有经验。而对于指挥现代战争，可以说谁都没有经验，都是全新课题。质量建军，具体地说，就是要提高部队的协同作战能力、快速反应能力、电子对抗能力、野战生存能力和综合保障能力。

② 把教育训练提高到战略地位。提高军队的素质是实现精兵的决定因素。提高军队的素质靠什么？邓小平指出：在没有战争的条件下，提高部队的素质，提高军队战斗力，主要靠教育训练。中国有句俗话："仗可以一天不打，兵不可一日不练。"

邓小平把教育训练提高到战略地位来考虑。道理很简单：和平时期军队既要能打仗，又无仗可打，提高军队的素质和提高军队的战斗力主要靠院校、靠训练。

邓小平指出："战略要研究的问题，不仅是作战问题，还包括训练。要把训练放在战略问题的一个重要位置上。"军队的战斗力是人和武器的结合力。人对科学技术的创造和运用，使得人的作用在更广阔的领域和更高的层次上得到发展。战争年代是靠"从战争中学习战争"来提高人的能力，和平时期则主要通过教育训练来实现。邓小平指出："现在不打仗，你根据什么来考验干部，用什么来提高干部，提高军队的素质，提高军队的战斗力？还不是要从教育训练着手？"通过教育训练，可提高干部、考验干部；继承和培养我军的优良传统和作风；提高军队的作战本领；强化部队的战备意识；发现并加强部队工作的薄弱环节；考核军队的编制、体制等。总之，要通过教育训练全面提高军队的素质。邓小平把教育训练视为军队在和平时期的基本军事实践活动，视为军队所有活动中最基本、最基础的活动，视为根本的、起决定作用的、具有战略意义的活动。

3. 加强和改进新时期军队政治工作，保证我军政治上永远合格

邓小平指出："对军队来说，由长期的战争环境转入和平环境，这是最大的不同。我们政治工作的根本的任务、根本的内容没有变，我们的优良传统也还是那一些，但是，时间不同了，条件不同了，对象不同了，因此解决问题的方法也不同"，"要研究和解决在新的历史条件下，怎样恢复和发扬政治工作的优良传统，提高我军战斗力的问题。"邓小平同志对我军政治上是否合格非常重视，为使我军永远忠于党、忠于国家、忠于人民，他对新时期如何加强我军政治工作做了一系列阐述。

一是指出在新的历史时期，必须研究新情况、新问题，加强并改进政治工作。

二是确定了新时期我军政治工作"两个服务""四个保证"的指导思想。"新时期我军的政治工作，必须服务于国家的社会主义现代化建设，服务于军队的现代化建设，从政治上、思想上、组织上，保证党对军队的绝对领导和人民军队的性质，保证军队的精神文明建设，保证军队内部的团结和军政军民团结，保证军队战斗力的提高和各项任务的完成，动员和团结全体官兵把我军建设成为具有中国特色的现代化正规化的革命军队。"

三是明确了新时期军队政治工作的根本任务，就是坚持"四项基本原则"（坚持社会主义道路、坚持人民民主专政、坚持中国共产党的领导、坚持马克思列宁主义毛泽东思想），保证军队永远是"党的军队、人民的军队、社会主义国家的军队"的根本性质。

📝 知识拓展

四项基本原则

粉碎"四人帮"后，社会上和党内出现一些思想动向，造成了一部分人思想混乱。针

对这种情况，1979 年 3 月 30 日，邓小平代表中共中央在北京召开的理论工作务虚会上作了题为《坚持四项基本原则》的讲话。邓小平在讲话中提出必须坚持的"四项基本原则"。即"第一，必须坚持社会主义道路；第二，必须坚持无产阶级专政（1982 年华国锋同志辞去中共中央主席后，邓小平同志将《中华人民共和国宪法》中的无产阶级专政改为人民民主专政）；第三，必须坚持共产党的领导；第四，必须坚持马列主义、毛泽东思想。"

1987 年 10 月，中国共产党第十三次全国代表大会把"四项基本原则"作为重要内容写进了党在社会主义初级阶段的基本路线中。1992 年 10 月 18 日，中国共产党第十四次全国代表大会通过的新党章，把建设有中国特色社会主义的理论确立为党的指导思想。1997 年邓小平逝世后，把它作为指导思想写进党章。

四是强调军队要经得起反"和平演变"斗争，经得起改革开放和和平环境的考验。坚持用马列主义毛泽东思想和新时期"一个中心和两个基本点"（以经济建设为中心、坚持四项基本原则、坚持改革开放）教育和统一全军的思想，把忠实维护国家建设和改革开放，反对资产阶级自由化和"和平演变"作为政治工作的重点。

五是提出要把培养"四有、三讲、两不怕（有理想、有道德、有文化、有纪律；讲文明、讲礼貌、讲卫生；不怕艰难困苦、不怕流血牺牲）"的合格军人作为政治工作的目标。

六是坚持党对军队的绝对领导，发挥军队内各级党组织的核心堡垒作用和党员的先锋模范作用，保证枪杆子永远掌握在政治上可靠的人手里，将其作为政治工作的核心内容。

七是树立永远是战斗队的观念，加强精神文明建设，把发扬"五种革命精神"（发扬革命和拼命精神；严守纪律和自我牺牲精神；大公无私和先人后己精神；压倒一切敌人、压倒一切困难精神；坚持革命乐观主义、排除万难去争取胜利的精神）作为政治工作的着眼点。

八是在实践中继承和创新，充分发挥政治工作的优势，将其作为政治工作的动力。

要使我军政治合格，还必须在军队中坚决贯彻全心全意为人民服务的根本宗旨，紧紧地抓住了这个核心，一切问题也就迎刃而解了。

（四）新时期军事战略理论

在军事战略的理论和实践上，邓小平根据国际战略格局的变化和对战争与和平新形势的判断，在继承毛泽东军事思想的基础上，提出了关于现代条件下人民战争的理论和新时期积极防御的军事战略方针，为我国新时期军队建设和军事斗争指明了方向。

1. 现代条件下的人民战争

现代条件下，由于高科技的发展特别是高新技术武器装备的大量问世，战争呈现出许多新的历史性的变化。这些变化也使得产生于革命战争年代的人民战争思想面临着许多新情况和新问题。为此，有人对现代条件下坚持人民战争提出怀疑。邓小平同志以战略家的胆识和洞察力明确指出："只要我们坚持人民战争，敌人就是现在来，我们以现有武器也可以打，最后也可以打胜。"因此，他号召我军要"在继承毛泽东军事思想的基础上，研究现代条件下的人民战争"。

人民战争，是我们过去在历次革命战争中战胜国内外强大敌人的法宝，也是我们与任何强敌相比的最大优势。邓小平在继承毛泽东人民战争思想的同时，又结合新的历史条件，强调要坚持"现代条件下的人民战争"，丰富和发展了毛泽东人民战争的思想。

2. 实行积极防御的军事战略方针

党中央确立积极防御的战略方针的基点。一是我国国家性质和对外政策。不同的国家，由于社会制度和国家奉行的对外政策不同，所确立的军事战略方针也有本质的区别。作为社会主义国家，中国永远不会欺负别人，永远不会称霸，永远不会向全球伸手。因此，我国的军事战略始终是防御性的，就是将来现代化了也还是战略防御。二是国家的发展情况。中国是一个发展中国家，考虑军事战略问题，要同国家的发展利益和实际发展状况联系起来。三是国家利益。中国是个独立主权国家，考虑军事战略问题，要以国家安全利益作为最高准则。我们必须坚持"人不犯我，我不犯人，人若犯我，我必犯人"的立场，坚持依靠自己拥有的军事力量来遏制战争和抵御侵略。四是新时期军事斗争准备的客观需要。坚持积极防御的军事战略方针，能更加突出军事斗争的正义性、积极性和防御性，进而取得和保持战略上的主动地位。因为只要我们的军事行动完全是自卫的，就能够在国际国内得到广泛的理解和支持，收到得道多助的效果。采取有效的防御性措施，积极地做好战争准备，就能够防患于未然，始终立于不败之地。因此，新时期，我们仍然要实行积极防御的军事战略方针。

三、邓小平新时期军事思想的历史地位和现实意义

（一）邓小平新时期军事思想的历史地位

1. 邓小平新时期军队建设思想是当代的马列主义军事理论

邓小平新时期军队建设思想，是在和平与发展作为时代的主题，在建设有中国特色社会主义的过程中形成的。它的形成和发展既是邓小平对当今国际形势冷静观察和正确判断的结果，又是他对新时期我国国情、军情进行实事求是的科学分析的产物。它具有鲜明的时代特征，是马列主义军事理论、毛泽东军事思想在新的历史条件下的创造性运用和发展。

2. 邓小平新时期军队建设思想是我军建设的科学指南

邓小平新时期军队建设思想符合我军的实际，具有鲜明的中国特色。它紧紧地抓住我军建设的主要矛盾，创造性地回答和解决了新时期我军建设亟待解决的一系列重大理论和实际问题，是新时期军队建设的科学指南。

3. 邓小平新时期军队建设思想是我军克敌制胜的锐利思想武器

邓小平的理论贡献主要体现在：一是对战争与和平问题提出了新的论断；二是确定了国防建设的总目标是实现现代化；三是提出并实行国防与军队建设指导思想的战略性转变，使国防与军队建设真正走上和平时期建设的轨道；四是确定了国防建设、军队建设要服从国家建设大局的基本原则；五是提出了军队建设的一系列新观点、新原则；六是提出军事改革是国防现代化的根本出路，是社会主义国家制度自我完善的重要方面；七是重新明确了我军在新的历史时期要继续坚持积极防御的战略方针。

（二）邓小平新时期军事思想的现实意义

邓小平新时期军事思想代表了我军军事思想发展的一个新阶段，是先进军事思想的具体体现。因此，研究邓小平新时期军事思想不仅具有重大的现实意义，而且具有深远的历史意义。

1. 研究邓小平新时期军事思想以指导新的军事实践

现代军事科学理论是军队现代化的先导。我们所以要研究邓小平新时期军事思想，目的就在于指导现代军事领域中的各个实践问题。一是指导国家和武装力量的国防发展战略和军事战略。邓小平新时期军事思想根据国际形势的发展趋势和特点、世界军事战略态势和军事战略格局，以及我国在国际军事战略格局中的地位和奉行的对外政策，科学地分析和论证了

敌我双方的政治、经济和军事实力，可能面临的主要威胁，以及未来战争可能出现的新情况、新特点，作出了正确的判断和预测。这是我们认清国际形势，制定我国国防发展战略和军事战略的基本依据。研究邓小平新时期军事思想，就是为了科学预测国际形势的发展趋势，把握时代的基本特征，正确制定我国国防发展战略和军事战略，并对实施过程中可能出现的新情况、新问题，进行滚动跟踪研究和论证，以跟上时代的步伐，掌握战略上的主动权。二是指导国家军队建设。邓小平新时期军事思想是我军在新的历史时期进行现代化建设的指南。研究邓小平新时期军事思想就是根据国家战略方针，针对敌对国家武装力量和武器装备的发展以及建军方向、规模、编成、军事训练、诸军兵种发展比重等，进行科学论证和科学预测，提出适合我国军队建设特点的理论和原则，用以指导我军建设，使我军在新的历史条件下朝着正确的方向发展。三是指导我军武器技术装备的发展。研究邓小平新时期军事思想，就是要在其指导下，根据已经制定的国防发展战略、经济实力和科学技术水平，对敌国武器技术装备的现状和发展趋势进行研究、论证和预测；提出我国武器技术装备的发展方向和改进措施，发展适合于不同地形、不同天候条件下作战的武器技术装备，缩短与世界发达国家军队武器技术装备现代化水平的差距。四是指导我军的战争准备和战争实施。研究邓小平新时期军事思想，就是要以此为依据不断研究总结以往历次战争经验，尤其是研究总结现代高技术条件下局部战争的经验教训，揭示战争规律和战争指导规律，从中得到启迪，以正确预测未来战争可能出现的形式和样式，提出相适应的对策，我们要根据邓小平新时期军事思想，及时掌握国际形势发展特点和军事战略动向，进行科学分析，作出正确的战略判断，为国家和军队做好战争准备，包括战争动员体制、民兵和预备役建设、战略物资储备、军事训练、武器装备的生产、战略后方建设等，提出一套行之有效的措施，以正确指导战争准备与实施，有把握地取得战争的胜利。

2. 研究邓小平新时期军事思想以指导我国武装力量的发展

研究新时期邓小平军事思想的立足点是要全面发展我国的武装力量。国际形势趋于缓和，世界和平力量增长超过了战争力量的增长；在一个较长的时间内，至少在 20 世纪内不发生世界战争是可能的，是邓小平同志对未来战争所作的科学预测。正是在这一科学预测的基础上，中央军委对我军的发展提出了总体构想，不失时机地实现我军建设指导思想的战略性转变，卓有成效地改变我军的规模、结构、素质以及我军建设的途径和方式。另一方面，由于局部战争一直在打，我们必须拥有一支精悍的、能够应变的，并在军事、经济、外交等方面获得最佳效益的军队。为此，必须按照邓小平新时期军事思想加强我国武装力量建设，按具体问题具体对待的要求，不同规模、不同强度、不同对象、不同地区的战争，应该由不同装备、不同编制的部队去对付，才能收到事半功倍的效果。而这些问题的解决，都是以邓小平新时期军事思想为理论依据的。

3. 研究邓小平新时期军事思想以解放思想，发展我国的军事科学

现代化，说到底是科学化。只有具备科学观念、科学精神，才会克服唯书、唯上等弊端。科学文化知识是新观念的催化剂，现代化观念的确立，只有在提高科学文化水平，更新知识结构、开阔知识视野、改善思维方式的基础上才有可能。研究邓小平新时期军事思想，就是为了解放思想，按照新的思维方式，打破传统的僵化的旧观念，发展我国的军事科学。在新的历史条件下，我国的国防现代化建设和军队改革的实践均是以邓小平新时期军事思想为先导的。当前，随着整个社会改革步伐的加快，特别需要我们发展军事理论，努力开拓创

新，以敏锐的眼光、科学的态度，认真研究国防现代化建设和军队现代化建设中出现的新情况、新问题，从理论上作出科学的回答。邓小平同志在新的历史时期，对军队建设作出了一系列战略决策，把建设的重点重新转到现代化上来，从而使我军建设回到了马克思主义、毛泽东思想的正确轨道。认真研究和贯彻执行邓小平新时期军事思想，是加快我军现代化建设进程的关键，这一点，已经被军队建设的实践所证明。邓小平新时期军事思想，是现代化的军事思想，它对我国国防建设和军队建设的指导作用，越来越重要和突出。因此，我们必须深入研究邓小平新时期军事思想，掌握它的基本理论，并用其来指导我军面临的新的实践，这是时代的要求，也是历史的必然。

第五节　江泽民国防和军队建设思想

江泽民国防和军队建设思想是对毛泽东军事思想、邓小平新时期军队建设思想的继承和发展，是全党、全军、全国各族人民适应新的历史转型和继续推进社会主义现代化建设的伟大历史实践的时代产物，是党的军事指导理论第三次历史性飞跃。

江泽民国防和军队建设思想，是以江泽民同志为核心的党的第三代领导集体，按照"三个代表"重要思想所体现的时代性和先进性要求，在领导国防和军队现代化建设的实践中，围绕解决"打得赢、不变质"两个历史性课题而创立的军事指导理论。

一、江泽民国防和军队建设思想的形成过程

1. 酝酿和萌生阶段（1989 年 11 月至 1993 年年初）

20 世纪 80 年代末，国际上，社会主义国家纷纷发生政治巨变；国内，"文革"刚过，改革的春风刚刚吹起，全党全国把工作重心转移到了经济建设上来，要搞经济建设，必须要有良好的内外环境。中共十三届四中全会选举江泽民为中央军委主席并主持中央军委工作后，当时加强国内稳定是头等大事，江泽民同志就明确指出，经济建设、国防建设两头都要兼顾，军队应该吃"皇粮"，应该由国家养起来，人民军队靠自我发展是不行的，全党和各级政府都要积极关心和支持军队建设。

20 世纪 90 年代初，苏联解体和东欧剧变，冷战后形成的两极对峙格局分化瓦解，社会主义运动陷入低潮，国际战略格局发生了重大而深刻的变化，中国继续坚定地走社会主义道路的压力空前。根据这种大变化，江泽民及时指出，我国的战略要随着国际形势的变化而变化，要与国家的政治、经济、外交密切协调。1990 年年底，他审时度势，提出军队建设必须按照"政治合格、军事过硬、作风优良、纪律严明、保障有力"的总要求进行。这"五句话"的总要求，最具创新意义。

1991 年海湾战争的爆发，标志着现代技术特别是高技术条件下局部战争的挑战已经成为不可避免的、需要直接面对的历史性课题。江泽民多次出席部队关于海湾战争的研讨会，并严肃指出，要注意从海湾战争研究现代战争的特点，军队现代化建设要重视和依靠科学技术进步；要清醒地看到我们的差距，要大力发展国防科技，要有迎头赶上去的紧迫感和信心。并且还指出，国家在加强军队建设的同时，必须重视国防后备力量的建设。

在这一阶段，江泽民组织和参与了 90 多次军事理论和军事实践活动，发表了一系列重

要的军事论断，使得新形势下中国国防和军队建设实践获得了许多重要的观点上的指导。特别是江泽民在 1992 年 10 月党的十四大报告，以及 1990 年 12 月和 1993 年 1 月这两次重要会议上所做的重要讲话，强调了一系列国防和军队建设的重要指导思想，制定了新时期的军事战略方针，这标志着江泽民国防和军队建设思想已经酝酿萌生。

2. 基本形成阶段（1993 年年初至 1999 年年底）

这一时期，江泽民的国防和军队建设思想围绕"两个关注"，提出了"两个根本性转变""两个武装"和探索新形势下"三种特点和规律"，标志着江泽民特色的国防和军队建设思想初步形成。这是为了应对我国改革开放和社会主义现代化建设面临的来自政治、经济和其他方面的种种风险，在经历了社会主义市场经济体制建立、香港回归、党的十五大召开等重大事件带来的更为严峻的考验中形成的。

1993 年，在江泽民亲自主持下，中央军委制定了新时期军事战略方针，同时要求总部和国家机关有关部门，结合国家政治经济体制改革，进一步完善国防动员机制，重点解决未来高技术条件下局部战争中的快速动员问题。

1994 年，江泽民指出，我国正处于历史性变革中，应更加深刻认识和把握国际国内形势，增强搞好我军现代化建设的责任感。重点强调指出，中国军队在当今形势下能否经受住各种考验，将以什么样的面貌进入 21 世纪，每个高级干部都要认真想一想。

1995 年，在党的十四届五中全会上，江泽民指出，要正确处理国防建设和经济建设的关系。在这次会议上，中央军委制定了军队建设计划纲要，明确地提出了要科技强军，实现军队建设由数量规模型向质量效能型、由人力密集型向科技密集型转变。

1996 年，根据新军事变革需要，江泽民提出军队要用新时期军事战略方针指导和统揽全局，大力推进军队的质量建设，以回应世界军事领域发生着的一系列革命性变化，适应以军队的高质量建设为主要标志的竞争态势。

1997 年，江泽民明确提出了国防和军队现代化建设"三步走"的战略，即第一步打好基础，第二步加快发展，第三步实现目标。并且他还指出，面对新形势，全军要积极探索治军新特点和规律，以及军事战争准备的特点和新规律、国防建设特点和新规律。在 1997 年党的十五次代表大会上，他郑重向全世界宣布在之后三年内再裁军 50 万人。

1998 年，江泽民进一步加强对军队的指导，先后对军队的体制编制进行调整改革，更进一步坚持党对军队的绝对领导，要求对军队加强政治教育和传统教育。尤其对军队内部的走私和腐败进行制度上的治理，对全军和武警部队停止一切经商活动和吃"皇粮"等一系列方向性、根本性的重大问题都做出了重要指示，采取了一系列重大决策。

1999 年 11 月 24 日，江泽民又在军委"三讲"会上对国防和军队建设做了"十四个方面"的总结。

上述讲话和论述，强调了加强国防和军队建设是国家安全和现代化建设的基本保证，也论述了战争与和平的关系，国防建设和经济建设的关系，革命化、现代化、正规化建设的关系，等等，标志着江泽民国防和军队建设思想基本形成。

3. 成熟和进一步发展阶段（1999 年年底以后）

这一阶段，国际上出现了许多新动向，归结起来主要有四个方面：一是世界多极化在曲折中发展，称霸与反称霸的斗争长期存在，这是影响国际和平与安全的一个基本因素；二是经济全球化不断加快，虽然推动了生产力发展，但也加剧了世界发展的不平衡；三是世界新的军事变革和新的全球性军事战略调整正深入进行，西方新军事干涉主义抬头，冷战后围绕政治、经济和军事利益的影响安全的因素又在上升；四是很多国家和地区的民族宗教矛盾和冲突此起彼伏。这就需要我们紧紧把握好国防和军队建设的具体环节，以有效应对。

在这期间，以江泽民为核心的第三代领导集体相继出访，开展积极的外交活动，尽量为中国争取一个较长的和平环境，为国内的经济发展和国防军队建设做了大量工作。

2001年"9·11"事件后，全世界面临如何联合起来共同打击恐怖主义的任务。江泽民站在国家和民族的高度来看待国防和军队建设，制定了新时期军事科学的发展战略，对邓小平新时期军队建设思想做了深化和发展。

在这期间，江泽民提出的重要论述，都集中地见于党的十六大报告、军委扩大会议上的讲话和全国人大十届一次会议解放军代表团的讲话中。他提出了中国特色军事变革的思想，使其国防和军队建设思想体系进一步得到了完善和发展。尤其是在党的十六大报告中，江泽民第一次把国防和军队建设单独作为一个部分，明确了国防和军队建设的地位作用、国防和经济建设的方针、国防和军队的任务和使命。

二、江泽民国防和军队建设思想的主要内容

江泽民国防和军队建设思想是"三个代表"重要思想在国防和军队建设领域的运用和体现，是新时期中国国防和军队建设的理论指南。

（一）军事战略理论

军事战略，指的是指导军事斗争和军事力量建设的根本方针。作为社会主义国家，以及作为第三世界的发展中国家，中国必须制定正确的军事战略，才有可能在复杂多变的国际环境中站稳脚跟，才有可能争取掌握战略主动，有效应对内外军事安全的潜在威胁。

中国的军事战略是积极防御，在军事上严守自卫立场，坚持进攻与防御的辩证统一。江泽民曾指出，积极防御的军事战略是我们的传家宝，要全面系统地学习，要完整准确地理解，要坚定不移地贯彻。在瞬息万变的现代国际背景下，更要未雨绸缪，本着实事求是的原则，及时概括最新军事世情，正确把握最新军事国情，正确解决军事斗争准备的基点、主要战略方向等重大战略问题，以增强国防和军队建设的实效性。

20世纪90年代以来，根据世界形势新变化而发展了的江泽民国防军队建设思想，坚持了毛泽东和邓小平所提出的积极防御的战略思想，并结合国际军事斗争新形势和国内安全形势，回答了一系列国防和军队建设的实际问题，使我国今天的国防和军队建设能够抵御各种风险，沿着正确的轨道前进，从而创造性地丰富和发展了马克思列宁主义军事思想的理论。可以将其国防和军队建设思想中的军事战略思想概括为以下三方面内容。

1. 和平与发展仍然是世界的主流，战争威胁依然存在

一个国家的国防和军队发展战略的制定，必须受制于领导团队对于整个国际形势的科学判断。这是一个现代国家得以存在和发展必须要首先解决的重大理论问题，是一个国家谋划国防和军队建设的基本依据。20世纪90年代，世界政治和军事格局发生了重大变化，冷战体系逐渐解体，冷战思维逐步淡化，国际局势日益趋向缓和，世界大战可以在较长时期内通过国际经济、政治等方面的国际合作来有效化解。然而，由于旧的国际经济、政治秩序依然存在，冷战思维尚未全部消失，使得各国在经济、政治交往中，围绕利益争夺的矛盾依然存

在，甚至在某些时候会异常突出表现出来。一些国家尚未放弃霸权主义的政策，争霸和军备竞赛的潜在危机始终存在，世界上局部战争和地区冲突也接连不断，整个世界并不太平。特别是在美国"9·11"事件后，整个世界笼罩在恐怖主义的阴影下，人类在今天仍处于动荡不安中，战争的危险依然存在。"总体和平、局部战乱，总体缓和、局部紧张，总体稳定、局部动荡，将是今后一个时期国际局势发展的基本态势"。这是以江泽民为核心的第三代中央领导集体对当时世界局势的科学把握。

和平与发展仍然是当今世界的主流，世界政治多极化趋势在曲折中发展，称霸与反称霸的斗争将长期存在。那么在总体平稳的和平环境下，必须做好两手准备，一方面要不断本着维护国家主权、维护世界和平的宗旨进行我国的国防和军队建设，另一方面就是要不断通过经济的、政治的、外交的国际沟通与协调，积极争取和不断切实促成世界的真正和平，不断发展壮大和平与发展的因素。正是在这样的大背景下，国防和军队建设准确定位于：为了打赢高技术条件下的局部战争，不断提升国防动员能力和军队的正规化、现代化水平，使中国军队成为维护世界和平的坚定力量。

以江泽民为核心的党的第三代领导集体，在对世界形势做出正确判断和科学分析后，承接邓小平"和平与发展是当今世界的两大主题"的科学论断，在新时期真正制定了正确的军事战略方针。这个战略方针的提出是对马克思列宁主义军事思想、毛泽东军事思想、邓小平新时期军队建设理论的运用和创造性发展。

2. 坚持高技术条件下的人民战争思想

人民战争思想是毛泽东军事思想的核心，也是邓小平新时期军队建设思想的核心内容。马克思主义政党领导的军事力量，必须体现无产阶级革命的本质特征，要体现社会主义制度的属性和政治优势，也是我国军事力量具有合法性和军事活动具有正义性的根本保证。一切依靠人民，一切为了人民，中国的军事力量之所以能够不可战胜，根本地取决于这是一支为人民利益而战斗的力量。人民战争思想，是无产阶级政党和社会主义国家在军事斗争中必须始终坚持的基本原则和光荣传统。在现代社会条件下，在科技强军的现代战争中，能够达到高速的动员和战争准备，以及战争中的人心向背，最终还是取决于广大人民的支持和配合。国防和军队建设，也是全党全国人民共同的事业。江泽民特别强调，人民战争是我们真正力量所在。他深刻指出："紧紧依靠最广大的人民群众，是我军最深厚的力量源泉。无论武器装备如何发展，战争形态如何变化，人民战争都是我们克敌制胜的法宝。我们要结合新的历史条件和新的实践，坚持和创造性地发展人民战争的思想。按照人民战争的战略思想，必须实行精干的常备军与强大的国防后备力量相结合，在加强军队建设的同时高度重视后备建设，做到平时少养兵，战时多出兵。新形势下的国防后备力量建设，要适应未来军事战争的特点和发展社会主义市场经济的要求，注重提高质量，完善组织体制以及相关的政策制度。预备役部队和民兵要保持适度规模，优化结构，提高快速动员能力和训练水平，真正做到召之即来，来之能战。进一步调整和完善国防动员体制，提高国防动员能力。"

3. 立足打赢一场高技术条件下的局部战争

如果工作做得好，世界性的大战是可以避免的，所以，全球性的以战争为主旨的状态正在逐步被扼制，取而代之的是围绕利益争夺和意识形态、宗教分歧而展开的局部战争。另外，从我国实际看，西方分裂图谋依然存在，"台独"意识时而兴风作浪，围绕边界领土的纠纷也时而发生。这就要求我国国防和军队建设，应立足于打赢高技术条件下的局部战争。

尤其是 20 世纪 90 年代以来的海湾战争、波黑战争等，都反复印证这一判断的正确性。江泽民指出："世界军事发展的强劲势头，对我军的质量建设和军事战争准备提出了严峻挑战。海湾战争以后，经过几年酝酿，我们制定了新时期军事战略方针，把军事斗争准备的基点放在打赢现代技术，特别是高技术条件下的局部战争上。在这个战略方针的指导下，又提出实现我军由数量规模型向质量效能型、由人力密集型向科技密集型的转变。全军的各项建设和一切工作，包括军事训练、政治工作、后勤保障、国防科研等，都要在新时期军事战略方针的指导和统揽下，立足于打赢现代技术、特别是高技术条件下的局部战争，周密规划、全面部署和深入展开。"正如江泽民所深刻指出的，我军建设面临的主要矛盾，是现代化水平与现代战争的要求不相适应的矛盾，其中包括装备相对落后、编制体制不尽合理、军队人员素质有待提高等方面。这些不足和矛盾如果不能得到解决，我军现代化的进程就会受制约。如果我军不能紧密跟踪世界军事发展的前沿，有效地加强质量建设，提高威慑力和实战能力，就很难打赢未来可能发生的高技术局部战争。

现代战争、高技术战争是大量运用信息化技术打造出来的信息化合成作战。前沿的信息化科学技术已经被运用到战场侦察监视、武器和指挥，战争越来越向智能化方向发展，信息优势是决定战争胜败的关键因素。近些年来的几次高技术战争，引领了现代世界军事的发展趋势。未来信息化落后的军队在战争中必定陷入被动挨打的境地。这种信息化加速推进的趋势，不得不使中国军队进行信息化建设，争取实现机械化和信息化同步进行。因此，要打赢高技术条件下的局部战争，根本的是要快速推进国防和军队信息化建设的进程。

（二）人民军队建设思想

1. 新时期人民军队建设的指导思想

"打得赢""不变质"，是新时期我国军队必须着力解决的两大历史性课题。"打得赢"，是对世界新军事变革的回应，也即如何靠自身的能力来有效提升军队的信息化水平，占领当代军事科学技术的制高点，从而在未来可能的战争中占据优势地位。"不变质"，是军队立身国内社会主义市场经济迅猛发展，对外开放不断扩大，社会经济成分、组织形式、就业方式和分配方式多样化，各种思想文化相互激荡的实际，如何不使军队受各种腐朽思想文化影响和侵蚀，不受各种不良生活方式侵袭，从而保持军队优良作风，保持人民军队的性质、本色和作风不变。

因此，遵循邓小平的"建设一支强大的现代化、正规化革命军队"的这个新时期军队建设的总目标和指导方针，江泽民立足于解决打得赢、不变质的两个历史性课题，在 1990 年 12 月的全军军事工作会议上提出了对人民军队建设的新要求（"五句话"总要求），即"政治合格、军事过硬、作风优良、纪律严明、保障有力"。这"五句话"也是今天人民军队建设的奋斗目标。

政治合格，就是始终坚持党对军队的绝对领导，使人民军队忠于人民、忠于党、忠于社会主义。全心全意为人民服务，始终听从党的指挥。政治合格，其核心就是保持人民军队的本色不动摇，始终成为捍卫社会主义国家整体利益的钢铁长城，始终保持军队的社会职能和人民军队的性质和宗旨，切实履行党和人民赋予的神圣使命。

军事过硬，就是要不断提高军队自身的军事能力的持续发展，解决我军"打得赢"的历史课题。军队是国家的武装力量，它的根本任务就是保卫最广大人民的根本利益，捍卫代表人民利益的国家机器的主权和领土完整。面对高技术条件下的局部战争的挑战，我国军队必须坚定不移地走中国特色的科技强军之路，大力构建军队自主研究高新科技的体制机制，不断提高现代军人的科学技术素质，实现人的素质的现代化和武器装备现代化的有机统一。

作风优良，要求军队要实现正规化建设，不断提高当代军人的综合素质，即是要解决"不变质"的历史课题。人民军队为人民，每个军人在人民群众中的形象如何，关涉到军队精神面貌和在民众中的整体形象问题。其主要内容包括：实事求是、言行一致、公道正派、廉洁奉公、艰苦奋斗、勤俭节约、尊干爱兵、拥政爱民、雷厉风行、英勇顽强等。要真正着眼于未来，必须站在时代的高度和战略的位置去看待军队的优良作风的形成问题，坚持不懈地抓下去，在大力传承革命战争年代形成的艰苦朴素等优良作风的同时，还要在新时期新使命的履行和捍卫中形成新时代的优良作风。

纪律严明，就是军队必须严守纪律。首先要严守政治纪律，思想和行动始终保持和党中央、中央军委的一致。这是保障我国军队革命化本色的需要。正如江泽民所指出的："加强纪律，首先要加强政治纪律。"纪律严明，还要求必须从严治军，因为严格的纪律，是军队战斗力的可靠保证和直接体现。纪律是军队的生命，军队如果没有纪律，就不可能称之为军队。因此，江泽民强调指出："治军要严，不仅是我们一个重要的建军原则，也是我们全面加强军队建设的必然途径。严，才能保证有纪律、有秩序、有团结、有战斗力。"

保障有力，这是决定现代战争胜负的极其重要的因素。"现代技术条件下的作战，消耗大，技术保障复杂，实效性要求高，对后勤和技术保障依赖更大，我们要充分认识后勤保障的地位和作用，不断加强后勤建设"，"没有后勤，仗就不能打"，这是突出了物质技术基础在战争中所具有的决定性作用。现代战争，由于使用大量的高技术武器装备，物质消耗巨大，对技术服务要求也比从前复杂得多。因此，在今后的军队建设中，必须高度重视提高军队的后勤保障能力，以达到现代军事革命和未来高技术局部战争对后勤装备保障的要求。这也是能够完成"打得赢"这个神圣历史使命，实现中国军队现代化的重要物质、技术基础。

2. 走科技强军和精兵之路

坚持质量建军、科技强军是新时期军队建设的重要指导方针。江泽民指出，当今科学技术迅猛发展，国家实施"科教兴国"战略，军队贯彻科技强国思想，是适应时代要求的正确抉择。江泽民曾指出，我军现代化建设相对落后，质量建军对我们具有特殊的意义，因此，必须把加强质量建军放在更加突出的位置，切实走出一条科技强军的道路。

走科技强军，就是要实现我军由数量规模型向质量效能型、由人力密集型向科技密集型的转变，不断增强军队适应现代战争的作战能力。近几十年来发生的高技术战争，实质上是科学技术水平的较量，例如在海湾战争、科索沃战争、阿富汗战争、伊拉克战争中，电子战装备、精确制导武器、先进的 CI 系统被大量使用，全新的指挥方式和战术被广泛采用，这些都要求我们改进传统作战样式，实现武器装备和作战模式的现代化。

坚持科技强军，还要相应走出一条中国特色的精兵之路。江泽民指出："在现代战争中，兵仍然不在多而在精。"武器装备现代化水平的提升，使我们的国防不能在增加军队数量上打主意。应该使军队更精干，政治质量更高，军事素质更高；要从严治军，走精兵之路。一是要加强思想政治建设，注重思想政治工作的效果，真正提高全军官兵的思想道德素质和科学文化素质，真正调动广大官兵积极投身国防事业的积极性；二是按现代战争的要求优化部队的编制结构，用科学的编制实现精兵，提高效率，增强战斗力；三是突出重点来改善部队的武器装备，促进人与武器的有效结合；四是要加强军队的训练教育，强化管理。通过提高部队质量来提高部队战斗力，应严格训练，严格管理，加强教育，把质量建设的方针落实到各项工作中去，不断提高部队的战斗力和作战指挥能力，使军队逐步形成"威武之师、文明之师"获得切实的体制机制的保障。

3. 加强和改进新时期思想政治工作，始终把思想政治工作摆在军队各项建设的首位

江泽民指出："思想政治建设必须摆在全军各项建设的首位，这是从党、国家和军队工作全局的战略高度提出的要求。"担负国防重任的军队，必须通过加强思想政治工作来保持人民军队的性质、本色和作风，才能为打赢未来高技术战争提供强大的精神动力。在国际国内环境发生重大变动的今天，在高技术对军事领域的影响越来越大的环境下，军队的思想政治建设只能加强不能削弱，只能抓紧不能放松。

思想政治工作，是立足于统一思想，形成凝聚力和战斗力的一种宣传教育，是党的革命和建设的一条"生命线"。江泽民要求，各级党委和领导干部都要把抓思想政治工作摆在首要位置。要加强思想政治领导，善于从政治上观察问题、思考问题，指导部队全盘工作。他创造性地提出了"思想政治建设"这一新的概念，提出把思想政治建设贯穿于军队建设的一切工作，落实到军事训练、后勤保障、装备建设等各个方面，围绕军队的中心任务切实发挥服务保证作用。做政治工作要着眼于加强思想政治建设这个总的要求，用科学理论特别是党的理论创新成果来武装全军。

新时期思想政治建设，就是必须坚持马克思列宁主义、毛泽东思想、邓小平理论和"三个代表"重要思想在军队建设中的指导地位。邓小平理论是毛泽东思想的继承和发展，是马克思主义基本原理与当代中国实际和时代特征相结合的产物，是马克思主义在中国发展的新阶段，是当代中国的马克思主义，是指引中国走改革开放和社会主义现代化道路的科学理论。"三个代表"重要思想是对邓小平理论的继承和发展，必须把全军官兵凝聚在邓小平理论和"三个代表"重要思想的伟大旗帜之下。

第一，要用先进文化教育官兵。

第二，思想政治教育必须与时俱进。江泽民说："军队的思想教育一定要适应改革开放和军队革命化、现代化、正规化建设的新形势，紧密联系干部和战士的思想实际，加强针对性、系统性和创造性。"

第三，要抓好共产主义的理想信念教育。把共产主义的远大理想和现阶段社会主义现代化建设的现实理想结合起来。避免空谈理想或极端的丢弃共产主义信仰这两种错误倾向。

第四，要抓好优良传统的教育并继承和发扬光大。江泽民指出："我们军队在长期革命和建设中，形成和发展了一套优良传统和优良作风。这是我们的传家宝，是我们的政治优势，是我们治党治军的锐利武器，任何时候都丢不得，丢了就要吃大亏。"

4. 坚持和加强党对军队的绝对领导

江泽民指出，一个军队要有军魂，我们的军魂就是党的绝对领导。这一我军建军的根本原则，经由毛泽东、邓小平的确立和坚持，到了党的第三代领导集体核心江泽民这里，又提到了"军魂"的高度来把握。这就进一步证明了这个原则的科学性、重要性和必要性，是对毛泽东、邓小平建军思想的继承、丰富和发展。他还指出，坚持党对军队的绝对领导，是我们建军的根本原则，是我军特有的政治优势，也是我军保持人民军队性质和全心全意为人民服务宗旨的根本保证。新时期坚持党对军队的绝对领导，是我军战斗力的源泉，更是我军战无不胜的根本保证。

不管是在过去战争年代还是在新时期，都要始终坚持党对军队的绝对领导。为此，江泽民曾深刻指出，我们现在强调党对军队的绝对领导，是根据国际国内形势的发展和我们几十年革命的实践提出来的，这一点在任何时候都不能动摇。在新的历史时期，我军要建设一支强大的现代化、正规化革命军队，面临着严峻的考验，集中表现在三个方面：一是世界社会主义运动处于低潮，西方敌对势力加紧对我国推行和平演变和"西化""分化"的战略，并把我军视为实现他们图谋的和需要攻克的最后一道阵地。二是国内否定改革开放的思潮将长期存在，其影响不可低估。三是市场经济"商潮"的负面影响，在经济全球化大潮和中国市场经济大潮中拜金主义、享乐主义、个人主义等腐朽思想意识的渗透，会深刻影响广大官兵的理想信念和道德情操，甚至蔓延消极情绪。如果不防患于未然，就会从隐微处改变人民军队的性质，就会逐步削弱甚至瓦解军心。所以在新形势下，更需要加强党对军队的思想和组织领导，这是实现"政治合格"和"不变质"的焦点和保障。只是，在新军事条件下，党的绝对领导要探索出行之有效的思想建设的方法和手段，营造既有纪律又能使广大官兵各得其所、心情舒畅的良好的政治和心理环境。

（三）国防建设思想

1. 加强全民国防教育，增强全民国防观念

新时期新国际军事形势要求国防现代化，就要求大力推进全民国防教育，形成全民族联动的国防安全体系，切实提高整个国家的国防安全意识和国防动员能力。通过国防教育，来提高全体公民的思想道德素质和组织纪律素质，使公民的综合素质能够适应现代战争和国防现代化的需要，切实增强我们的国防实力。江泽民非常明确地指出，越是和平时期，越要宣传国防建设的意义，克服和平麻痹思想，增强人们的国防观念。

要教育人民居安思危，正确认识国际国内形势，正确认识我国国防现代化水平和世界军事强国的差距，正确认识身为中国公民的国防义务，增强爱国精神，自觉投身国防现代化建设。江泽民要求各级党校、大专院校、干部学校和各类成人学校，应开设国防教育课程，把国防教育作为学员、学生的一门必修课。

2. 实现国防建设与经济建设的协调发展

江泽民指出："国防建设和军队建设必须以经济建设为依托，服从国家经济建设的大局，国民经济发展了，才能为国防现代化提供必要的物质技术基础。"

中国不能走国防军队建设和经济社会发展相冲突的发展道路。江泽民指出，搞好经济建设和建立强大国防，这两大战略任务是统一的，相辅相成的。因此，关键在于如何形成国防建设和经济建设相互促进、协调发展的机制。从总体上，应该努力实现"两个建设相协调，两个战略相配套，两个进程相一致"，即国防和军队建设必须与国家经济建设相协调，国防和军队发展战略必须与国家经济发展战略相配套，国防和军队现代化发展进程必须与国家现代化建设发展进程相一致。同时，还要始终保持我国国防建设与世界军事的发展相同步。如果只是经济建设搞上去了，但国防建设却处于落后状态，那么社会主义现代化建设就是不完整的。

3. 走中国特色社会主义国防现代化建设道路

江泽民指出："当前和今后一个时期，主要抓好两大课题的研究。一是研究现代技术，特别是高技术条件下仗怎么打的问题。二是研究在对外开放和发展社会主义市场经济条件下军怎么治的问题。"

中国特色社会主义国防现代化建设道路，就是既要看到我国国防与世界军事强国存在的

差距，通过投入与经济发展相符合的国防经费来换取较高国防效益，又要不失时机地切实推进国防和军队现代化建设进程，走出一条符合中国国情和政治诉求的道路，坚定地走和平发展和维护世界和平的国防、军事发展道路。以江泽民为核心的党的第三代领导集体提出了军队建设跨越式发展的思想，这是继军队建设思想实现战略性转变后的又一重大的理论与实践创新。该思想的提出，解决了我军在机械化建设尚未完成而又面临信息化战争挑战的情况下，怎样实现国防和军队现代化建设"级跳"式发展，迎头赶上世界军事强国的重大课题。只要我国方针正确、措施得力，就可以实现国防和军队现代化建设的跨越式发展，这对我们来说，是必要的、紧迫的，也是可能的，是中国军队建设发展的必由之路。

知识拓展

"三个代表"重要思想

江泽民同志2000年2月25日在广东省考察工作时，从全面总结党的历史经验和如何适应新形势新任务的要求出发，首次对"三个代表"重要思想进行了比较全面的阐述。具体内容为中国共产党始终代表中国先进生产力的发展要求、中国先进文化的前进方向、中国最广大人民的根本利益，是我们党的立党之本、执政之基、力量之源。"三个代表"重要思想，集中概括了党和国家全部理论活动、实践活动，包括一切工作的根本方向、根本准则、根本依据，成为指引党和国家新世纪伟大进军的行动指南。

三、江泽民国防和军队建设思想的作用

江泽民国防和军队建设思想是以江泽民为核心的党的第三代领导集体在治国治军的总体事业中形成的，是"三个代表"重要思想在军事领域的集中体现，是对时代变化的与时俱进的回应，为我军打赢高科技战争、捍卫国家主权和安全、维护世界和平提供了强大的理论指导，是新世纪国防和军队建设的理论指南。

1. 江泽民国防和军队建设思想深化了我军现代化建设的基本理论

这个理论是江泽民从分析和把握国际关系新情况新动向和国际关系全局入手，逐步形成的国防和军队建设的适应性和建设性的理论。他提出了我军现代化建设的方针和原则，指出了我军建设的主要矛盾是现代化水平和现代化战争之间的矛盾，从而明确了我军现代化建设的主要任务，构建出了我军现代化建设的理论体系，极大地丰富了我军现代化建设理论。

2. 江泽民国防和军队建设思想是打赢未来战争的指南

江泽民在密切关注科技发展对军队建设和军事斗争准备的深刻影响后，立足于打赢高技术条件下的局部战争，深刻分析了高技术装备之于局部战争的重要性，提出了发展高技术武器装备的必要性、紧迫性，辩证地阐述了打赢高技术条件下局部战争的信心问题。所以，这一国防和军队建设理论对未来高技术战争的准备工作具有重要的指导意义。

3. 江泽民国防和军队建设思想丰富和深化了马克思主义军事理论

无产阶级武装斗争理论在中国发展为人民战争理论，而人民战争理论在改革开放和社会

主义现代化建设的时期发展为邓小平的新时期国防和军队建设思想，逐步形成日趋科学和完善的国防和军队建设的理论体系。江泽民国防和军队建设思想，不仅全面系统地探索了和平时期建设现代国防和职业化军队的特点及规律，还具体而比较完整地解决了新形势下中国国防和军队建设的基本理论和基本实践问题，划时代地开创了中国国防和军队建设的新局面。

4. 江泽民国防和军队建设思想深刻揭示了和平时期建军治军的特点和规律

20 世纪 80 年代以来，"和平与发展"的时代主题依然保持基本稳定，国际战略格局发生了深刻的变化，我国确立了社会主义市场经济体制的改革目标，对外开放的深度和广度不断发展，中国社会不断成长，但仍旧面临旧的国际秩序和旧的冷战思维带来的、以高技术条件下的局部战争为特征的现实威胁。对我国国防和军队建设而言，这既是机遇，又是挑战。这些机遇和挑战互相影响、互相制约，使军队建设呈现许多新特点、新规律。江泽民国防和军队建设思想正是建构于这些特点和规律之上，是对这些规律和特点的科学反映。他提出了继续深入贯彻军队建设指导思想实行战略转变的思想，在服从国家建设大局的前提下，国防和军队现代化建设要以新时期战略方针统揽全局，坚持走有中国特色的精兵之路，贯彻科技强军战略，努力实现"两个根本性转变"，真正把"五句话"的总要求落到实处。

第六节　胡锦涛国防和军队建设思想

2004 年 9 月，胡锦涛当选为中央军委主席，他以政治家和战略家的远见卓识与战略智慧，科学判断了新世纪、新阶段国家发展和军队建设所处的历史地位，着眼实现党的"三大历史任务"，维护国家和民族的根本利益，对新世纪、新阶段军队历史使命做了重要的论述，向全军郑重提出：军队要为党巩固执政地位提供重要的力量保证，为维护国家发展的重要战略机遇期提供坚强的安全保障，为维护国家利益提供有力的战略支撑，为维护世界和平、共同发展发挥重要作用。

一、胡锦涛国防和军队建设思想的历史背景

1. 世界多极化和经济全球化的趋势日益凸显，影响国家可持续发展的外部制约因素增加

新世纪新阶段，国际形势呈现总体和平、缓和、稳定的基本态势，和平、发展、合作是时代的主流；世界多极化和经济全球化的趋势进一步凸显；各国利益相互依存、相互交织，对话合作意愿不断增强。但是随着国际形势的发展变化，我国可持续发展面临的外部制约因素也在增加。表现在：西方敌对势力加紧对中国实施西化、分化和遏制政策，千方百计对中国加以牵制；我国周边安全环境存在诸多隐患，围绕海洋权益的斗争加剧；随着国家利益的拓展，保护海外利益的任务更加艰巨。

2. 影响国家安全和稳定的不确定因素增多

进入新世纪新阶段，我国内政总体进入到政治安定、民族团结、经济发展、社会和谐的良好发展状态中。我国对世界的影响力在增长，社会和经济发展形势总体良好。但影响国家安全的不稳定、不确定因素也在增加。表现在："台独"等民族分裂势力日趋猖獗；恐怖势力、宗教极端势力等邪恶势力加紧勾联聚合，不断组织策划渗透、瓦解和破坏活动；我国人口、就业和"三农"等问题凸显，社会矛盾和犯罪问题增多；国内安全与国际安全的互动

性增强，一些国内问题如果处理不当，可能会演变为国际问题，一些国际问题也可能影响我国，诱发社会稳定问题；国家传统安全和非传统安全威胁因素相互交织。

3. 军队所处环境和面临的任务发生了重大变化，国防和军队建设面临时代性挑战

由于我军所处环境和面临的任务发生了重大变化，国防和军队建设需要解决诸多具有时代性的课题。如何在国际形势复杂多变、我国改革发展进入关键时刻，特别是在"台独"分裂势力严重威胁祖国和平统一大业的背景下，更好地履行党和人民赋予军队的神圣使命，有效维护国家主权、统一和稳定；如何在世界新军事变革加速推进，争夺国际军事竞争战略主动权日趋激烈的形势下，大力推进国防和军队现代化建设，不断增强应对危机、维护和平、遏制战争、打赢战争的能力；如何在我国经济实力、科技实力、国防实力和民族凝聚力不断增强，国防和军队建设取得巨大成就的基础上，继续抓住机遇、乘势而上，推动国防和军队建设迈上新的台阶，这些都给我国国防和军队现代化建设带来了时代性的挑战。

二、胡锦涛国防和军队建设思想的主要内容

（一）坚持科学发展观，加强国防和军队建设

2003 年 10 月召开的党的十六届三中全会上，胡锦涛明确提出了科学发展观。2004 年 9 月党的十六届四中全会上，科学发展观已成为全党全国公认的指导性思想。2007 年 10 月 15 日召开党的第十七次全国代表大会上，胡锦涛在报告中提出"要深入贯彻落实科学发展观"，并指出"科学发展观，第一要义是发展，核心是以人为本，基本要求是全面协调可持续，根本方法是统筹兼顾"。这四个方面相互联系、有机统一，其实质是实现国民经济又快又好发展，让社会发展更和谐。

针对国防和军队建设中如何落实科学发展观，胡锦涛指出，首要问题是坚持国防和军队建设全面协调可持续的方针，坚持"五个统筹"，即"统筹中国特色军事变革与军事斗争准备，统筹机械化建设与信息化建设，统筹诸军兵种作战能力建设，统筹当前建设与长远发展，统筹主要战略方向与其他战略方向"。进一步实施科技强军战略，着力推动军事创新，加快转变战斗力生成模式，充分发挥广大官兵的主体作用，推进军队革命化、现代化、正规化的整体发展和全面进步，实现国防和军队建设可持续发展。

统筹中国特色军事变革与军事斗争准备，是我军新世纪、新阶段面临的两大战略任务，就是要为打得赢未来信息化战争而做好物质、组织和精神上的准备，切实推进以信息化带动机械化，以机械化促进信息化的跨越式发展道路。一是要以军事斗争准备来促进中国特色军事变革，以中国特色军事变革来带动军事斗争准备；二是要紧紧围绕军事斗争准备的现实需要推进中国特色军事变革；三是要把军事斗争准备纳入中国特色军事变革的全局之中；四是要以变革的精神指导军事斗争准备。

军队信息化的特征包括：一是大力发展以精确制导武器为代表的信息化武器装备，隐形武器装备和新概念武器装备；二是军队规模缩减，军种界限模糊，海、空军比例扩大，部队编制向小型化、一体化、智能化方向发展，军队人员与武器装备系统的组合进一步优化；三是指挥体制"网络化"，指挥手段"自动化"；四是军事理论主要是信息化战争的作战理论，主要表现为以夺取信息权为核心的信息战，非接触战以及陆、海、空、天、电一体化作战理论等。目前我军武器装备仍处在机械化半机械化状态，信息化装备建设刚刚开始；体制编制仍是计划时代状态；具有我军特色的机械化作战理论体系尚不完善，信息化作战理论还处于

探索阶段；人才队伍建设亟待加强。那么，统筹机械化建设与信息化建设，一是要以机械化为基础，加快信息化建设步伐；二是要以信息化为牵引，提高机械化建设水平；三是要把二者有机结合、融为一体；四是要突出建设重点，既要始终把信息化建设放在首位，又要用信息化建设来牵引带动机械化建设。

统筹诸军兵种作战能力建设，就是必须进一步优化军兵种总体结构，理顺关系，加强体系建设，形成一体化作战力量体系，提高整体效能。建立顺畅、可靠、协调运行的转型机制以凝聚各方面力量，确保人力、物力、财力向有益于结构转型的方向流动。

统筹当前建设与长远发展，就是要把国防和军队建设的当前任务和长远发展目标，通过制定当前和长远的目标体系得以有效衔接，相互促进。立足于动态的发展和现实保卫国家主权和领土完整的任务，有步骤有计划地向前推进。

统筹主要战略方向与其他战略方向，就是认清事关国家安全和战争全局的主要斗争焦点，并在此基础上，把握好整体国家事业的基调，使国防和军队建设和经济、政治、文化、社会发展战略齐头并进。单从国防军队建设系统看，就是必须下功夫解决军队内部存在的各种问题，进一步优化结构，使军队建设与发展在系统筹划、协调发展中前进。

知识拓展

科学发展观

科学发展观，就是坚持以人为本，全面、协调、可持续的发展观，第一要义是发展，核心是以人为本，基本要求是全面协调可持续，根本方法是统筹兼顾。科学发展观是中共中央总书记胡锦涛在 2003 年 7 月 28 日的讲话中提出的中国共产党的重大战略思想。在中共十七大上，科学发展观被写入党章；在中共十八大报告中，正式将科学发展观列入党的指导思想。2012 年 11 月 14 日，中共十八大通过《中国共产党章程（修正案）》：把科学发展观同马克思列宁主义、毛泽东思想、邓小平理论、"三个代表"重要思想一道确立为党的行动指南。

（二）建设听党指挥、服务人民、英勇善战的人民军队，以忠实履行新世纪、新阶段我军的历史使命

2006 年 10 月 8 日，胡锦涛在接见军事科学院第六次党代会代表时强调，我军应始终坚持听党指挥、服务人民、英勇善战的优良传统，为有效履行新世纪、新阶段的历史使命做出新贡献。

听党指挥、服务人民、英勇善战，能体现人民军队的性质、宗旨、本色，凝聚着党和人民对军队的重托，是我们总结人民解放军 80 年建军治军经验的基本结论，胡锦涛以政治家的深邃眼光，为军队建设总结和制定出了重要要求。

新时期、新阶段人民军队的历史使命是："三个提供、一个发挥"。即，为中国共产党巩固执政地位提供重要的力量保证；为维护国家发展的重要战略机遇期提供坚强的安全保障；为维护国家利益提供有力的战略支撑；为维护世界和平和促进共同发展发挥重要作用。

（三）加强军队思想政治工作，繁荣发展先进军事文化，为建设社会主义文化强国做出积极贡献

1. 军队要大力加强思想政治建设

胡锦涛强调，坚持把思想政治建设摆在全军各项建设的首位，始终不渝地坚持党对军队绝对领导的根本原则和制度。

要深入开展我军历史使命教育、理想信念教育、战斗精神教育和社会主义荣辱观教育，始终保持部队正确的政治方向。要在全军大力开展"八荣八耻"教育，引导官兵树立社会主义荣辱观，坚定理想信念，树立正确的世界观、人生观和价值观，做到听党指挥、服务人民、英勇善战。

2. 增强军队思想政治工作的针对性和时效性

这是确保"打得赢"和"不变质"的必然要求。要着眼于时代发展和任务变化，根据部队官兵的成分变化和思想实际，有针对性地探索出思想政治工作的新方法、新途径，不断推进思想政治工作的时效性。要扎实开展"讲政治、顾大局、守纪律"学习教育活动，严肃政治纪律和组织纪律，确保政令军令畅通。

3. 立足于以人为本的部队建设思想，大力推进先进军事文化建设

要坚持以人为本，把培育当代革命军人核心价值观融入文化建设全过程，深入开展新形势下学雷锋活动，着力提高官兵思想道德和科学文化素质。要继承和发扬我军优良传统，进一步树立坚定的理想信念、大无畏的革命英雄主义精神、紧密团结的集体主义精神。要重视加强军营文化建设，不断丰富、活跃部队文化生活，满足官兵日益增长的精神文化需求。

（四）不断提高部队各级党委加强自身能力建设水平

抓国防和军队建设工作，关键在军队的领导核心是否有能力真正贯彻落实科学发展观。部队建设的领导核心是各级党委，他们是贯彻落实科学发展观的组织者、领导者。各级党委的组织能力和领导水平与艺术能否达到新军事革命的要求，是否具有科学的工作方法和高超的驾驭能力，是推动国防和军队建设科学发展的坚强的组织保证。

1. 学理论、学科技、学管理，把学习放在首位

结合学习型党组织建设，不断提高各级党委的学习意识，进一步增强学习现代科学技术的紧迫感，更新知识储备，优化知识结构，深入学习以信息技术为主要内容的高新科技知识，加强现代管理知识学习，掌握现代管理科学的基本理论和方法，更新管理理念，提高管理能力，积极探索具有我军特色的科学管理模式，向科学管理要效益，向科学管理要战斗力。

2. 提高依法决策的能力和水平

树立现代决策理念，建立健全科学决策机制，重视决策前的专家咨询机制，实行领导决策和专家辅助决策相结合，建立决策监督机制和纠错机制，防止决策失误并降低决策失误带来的损失。

3. 坚持依法治军

要求各级党委主抓军队工作时一定要遵照相关法律法规和《军队基层建设纲要》和其他条例进行。在部队内部的管理中，贯彻以人为本理念，把以人为本作为重要的建军、治军理念。尊重官兵的主体地位，关心官兵的切身利益，维护官兵正当的民主权益，进一步巩固和发展我军团结、友爱、和谐、纯洁的内部关系。

4. 加强部队作风建设

贯彻落实科学发展观，要求在国防和军队建设中大力弘扬求真务实之风。克服一切形式主义和官僚主义习气，坚持立党为公、执政为民；在国防和军队建设事业中，树立正确的政绩观，完善政绩评价体系；注重部队建设的协调发展，全面推进、整体提高，使各项工作真正落到实处；要始终把工作重心放在基层，建立健全抓基层建设工作的科学机制，把主要精力用在抓基层、打基础上。根据基层单位的实际情况和特点，有区别地做好分类指导，进一步增强基层工作的针对性和时效性。任何工作都本着科学精神去进行，能经得起实践和历史的检验。

（五）统筹军队全面建设，打赢信息化战争

随着信息化时代的到来，世界各国都在建设各自国家的信息化军队。胡锦涛首先要解决的一个重要问题，就是正确处理革命化、现代化和正规化的关系问题。

1. 革命化是军队信息化建设的根本方向

要坚定不移地坚持党对军队的绝对领导这一"军魂"，确保党从思想上、政治上、组织上牢牢掌握军队。

2. 现代化是军队信息化建设的本质要求

现代化是军队建设的中心任务，是建设信息化军队的本质要求。要从我国国情和军情出发，坚持以机械化为基础，以信息化为主导，推进信息化和机械化的复合发展，增强我军信息化条件下的威慑力和实战能力。

3. 正规化是军队信息化建设的重要保证

正规化，就是要求从严治军和依法治军相结合，加强军事法制建设，完善军事法规体系，依照条令条例和规章制度规范军队各项建设和工作，使军队建设步入法制化轨道。

4. 加强军事训练，提高部队应对危机和处置突发事件的能力

抓好军事训练，是解决当前军队建设矛盾和问题的重要切入点。在2006年的全军军事训练工作会议上，胡锦涛明确要求，推进机械化条件下军事训练向信息化条件下军事训练的转变。要坚持从严、从难，从实战需要出发，坚持高标准、严要求，改进和创新训练的内容和方式方法。要把培养战斗精神贯穿于训练的全过程，养成英勇顽强的战斗作风和铁的纪律。同时还强调"要紧贴部队的各项工作，全面提高部队应对危机和处置突发事件的能力"。

此外，胡锦涛还格外重视中国特色军事变革，力促加快军事创新。他要求军队在当前应重点实施"四大创新"，即创新军事理论，不断深化军事理论的科学性；创新军事组织体系，重点抓好结构调整和指挥体制改革；创新军事技术，集中力量发展对提高我军作战能力产生重大作用的关键技术和武器装备，研究出克敌制胜的"杀手锏"；创新军事管理，加强军事管理思维、军事管理模式和军事管理理论的创新，为军队的科学发展提供可靠的管理保障。

实践证明，胡锦涛统筹军队建设的思想，真正在切实推进我军信息化建设的创新步伐，在有效应对国家领土和主权的挑战中，不断提升着中国军队的实战能力和动员管理能力，从而正切实推进着中国国防和军队现代化建设的发展。

（六）坚持国防建设与经济建设协调发展

这是科学发展观的必然要求。胡锦涛在中共十七大报告中指出，国防和军队建设，在中

国特色社会主义事业总体布局中占有重要地位。必须站在国家安全和发展战略全局的高度，统筹经济建设和国防建设，在全面建设小康社会进程中实现富国和强军的统一。相对于江泽民的相关理论，胡锦涛在重申国防、军队建设和经济建设相协调思想的同时，从执政党执政理念的高度再次指出："坚持国防建设与经济建设协调发展，建设一支现代化、正规化的革命军队，确保国防安全，是执政党的一项重大战略任务。"因此，要下大力气，解决现实的军事、政治冲突和压力与军费开支很低的矛盾。我们不可能走穷兵黩武式的国防军队发展之路，但也不能不主动防御来自各方面的旨在破坏改革开放和社会主义现代化建设事业的敌对行为。因此，中国的国防建设，从战略角度考虑，必须韬光养晦，一切从大局出发，而又脚踏实地稳步推进，时刻保持与经济建设相协调共促进。

人类社会进入 21 世纪以来，各国借助新科技革命带来的新技术和新理念，放弃了简单的军事上的"战争与革命"的旧思维和旧行为，转而纷纷开始依靠自身发展，以综合国力的提升进入到了"竞争和淘汰"的生存和互动规则中来。世界各国，无不把抓住战略机遇期、发展壮大自己作为首要的战略选择。"机之不至，不可以先；机之已至，不可以后。"历史经验反复告诫我们，战略机遇期，是整体事业齐头并进发展的机遇，而非整体系统中的某个子系统的机遇。胡锦涛指出："本世纪头 20 年，既是国家经济社会加快发展的重要时机，也是国防和军队现代化建设加快发展的重要时机。我们应该也有可能把国防和军队现代化建设搞得更好。要依托国家经济社会发展，把国防建设融入现代化建设全局之中，统筹国防资源与经济资源，注重国防经济与社会经济、军用技术和民用技术、军队人才和地方人才的兼容发展，进一步形成国防建设和经济建设相互促进、协调发展的良好局面。"

三、胡锦涛国防和军队建设思想的地位和作用

胡锦涛国防和军队建设思想，是以科学发展观为指导，运用系统论的思维方式来宏观思维和科学思维的。伴随着中国社会的长足发展，在进入 21 世纪之后，执政党的宏观把握的理论框架也实现了重大突破，由江泽民领导时期的"经济、政治、文化"的三位一体，发展为胡锦涛领导时期的"经济、政治、文化、社会"的四位一体。这是一个重大进步，是当今中国社会发展壮大的真实体现。在胡锦涛国防和军队建设思想中，无不体现着这一整体事业框架转变的精髓见解。我们只有完整理解了这一方法框架上的重大转变，才能很好地理解和把握胡锦涛国防和军队建设思想的创新点，才能更好地领会新军事变革条件下中央军委出台的一系列应对挑战的政策措施。

1. 胡锦涛国防和军队建设思想是适应国家安全形势发展的迫切要求

科学发展观，就是要切实建成一个和谐社会，这个现实而美好的价值诉求，要求我们做好两手准备。一方面，要积极参与到国际分工与合作的大体系中，追求国际社会的共同繁荣和发展。另一方面，还要积极防御不公正、不合理、不和谐的国际旧秩序导致的无序竞争、野蛮干涉的国家行为。因此，在确定了新时期新阶段我军历史使命的前提下，就必须按照科学发展观的要求，通过科学筹划、科学组织、科学实施军队建设，来自觉推动我国国防和军队现代化进程，使我国军队坚定地成为维护现代中国主权和领土完整、为经济社会持续、快速、稳定、健康发展提供军事保障、捍卫地区乃至世界和平、稳定与和谐的武装力量。胡锦涛国防和军队建设思想在转变发展观念、创新发展模式、提高发展质量、加快发展步伐的科学原则、具体措施等方面都提出了系统的实践理念，操作性强。随着其不断贯彻执行，真正

能确保我军在各种复杂形势下有效应对危机、维护和平、遏制战争、打赢战争。

2. 胡锦涛国防和军队建设思想是对传统的马克思主义军队建设理论的丰富和发展

传统的马克思主义军队建设理论，往往过多的采取阶级斗争方式，以直接的武装斗争为行为模式取向。在以国家为生存方式的现代社会大潮中，现实的社会主义国家要不断发展壮大，就必须正确认识时代主题和现实的国情，在此基础上定位国家武装力量的职责和使命，形成立足于现实国家结构基础上的、切实可行的国防和军队建设发展战略和策略。胡锦涛国防和军队建设思想，无疑是新时期、新阶段我国国防和军队建设的操作性很强的实践理念，是中国共产党将无产阶级执政的历史唯物主义原理同当前中国发展实际结合起来开创出的崭新理论，是对马克思主义军队建设理论的丰富和发展。

3. 胡锦涛国防和军队建设思想为解决中国国防和军队建设发展的现实问题和矛盾开辟了途径，形成了国防和军队现代化建设的体制和机制

从微观的国防和军队建设的具体措施，到宏观的世界范围的新军事发展态势，都在胡锦涛国防和军队建设思想中得以体现。一方面，面对外部不断发展的军事形势，我们要不断去适应，另一方面，还要通过自身建设，来逐步形成中国特色的新军事变革的态势。就如何焕发军队内部的创新热情与能力，胡锦涛在其国防和军队建设思想中，从军队内部的管理体制和机制的高度去建构，无疑是最具有建设性的。同时，由于用国家整体事业的战略步骤、战略重点以及系统的有机结构的框架去重新定位国防和军队建设的地位和功能，就使得当代中国国防和军队建设的指导理念、指导原则都得以被清晰界定，并获得了崭新的科学内涵，这都是胡锦涛国防和军队建设思想所达到的创新。因此说，胡锦涛国防和军队建设思想，是党中央、中央军委解放思想、实事求是、与时俱进、求真务实的国防和军队建设的理论创造。

第七节　习近平关于国防和军队建设的重要论述

党的十八大以来，习近平主席着眼坚持和发展中国特色社会主义、实现中华民族伟大复兴中国梦，在建军治军实践中作出一系列重要论述，深刻阐明了国防和军队建设带根本性、方向性、全局性的重大问题，鲜明回答了新形势下建设一支听党指挥、能打胜仗、作风优良的人民军队的重大课题。这些重要论述是习主席系列重要讲话精神的"军事篇"，开辟了党的军事指导理论的新境界，为在新的历史起点上加快推进国防和军队现代化提供了根本指导。我军政治工作肩负着确保党从思想上、政治上建设和掌握军队的根本职责，必须自觉用习主席国防和军队建设重要论述引领其发展进步，在实现强军目标中更好地发挥生命线作用。

一、习近平国防和军队建设重要论述的历史背景

形势决定任务，安全需求引领军事力量建设。加快推进国防和军队现代化，必须对国际战略形势和国家安全环境作出清醒认识和准确判断。习近平指出，世界形势正在发生冷战结束以来最为深刻复杂的变化，我国安全和发展形势更趋复杂，各种可以预料和难以预料的风险挑战将会增多。这是我们党对国际战略形势和我国安全环境的科学判断，是新形势下筹划和推进国防和军队建设的基本依据。

1. 世界依然面临着现实和潜在的战争威胁

当今世界正面临着前所未有之大变局，突出的特点是乱象纷呈。霸权主义、强权政治和新干涉主义有所上升，地区冲突和动荡此起彼伏，恐怖主义、海盗活动层出不穷，核安全、能源资源安全、网络安全形势严峻，贸易战、汇率战轮番出现。各种国际力量都想在乱中求变、乱中谋利，围绕权力和利益再分配的斗争十分激烈。

对这个大变局怎么看？首先要看到机遇。尽管国际形势急剧变化，但和平与发展的时代主题没有变，世界多极化和经济全球化深入发展的大趋势没有变，国际力量对比有利于保持世界形势总体稳定的大环境没有变，和平、发展、合作、共赢的时代潮流更加强劲。在经济全球化背景下，各经济体一荣俱荣、一损俱损，各国的相互联系、相互依存达到前所未有的程度；文化多样化、社会信息化持续推进，使得世界文明之间对话交流的势头进一步加强；人类只有一个地球，各国共处一个世界，共同发展是持续发展的重要基础，世界越来越成为你中有我、我中有你的命运共同体。世界发展态势实质上是各种国际力量的分合。现在各种国际力量加快分化组合，一大批新兴市场国家和发展中国家走上快车道、实现群体性崛起，多个发展中心在世界各地逐渐形成，这对西方在国际事务中的地位产生重大冲击，任何国家或国家集团都再也无法单独主导世界，今天的人类比以往任何时候都更有条件朝着和平与发展的目标前进。同时，也要看到挑战。当今世界还很不太平，各种力量相互较量，新旧矛盾相互叠加，国际竞争的"丛林法则"并没有改变，铸剑为犁仍然是人们的一个个美好愿望。大国关系进入全方位角力新阶段，一些国家停留在冷战思维、零和博弈的老框框内，成为影响世界和平稳定的最大因素。世界范围内领土主权争端、大国地缘竞争、军事安全较量、民族宗教矛盾等问题更加凸显，保护主义、民粹主义、狭隘民族主义升温，地区热点问题此起彼伏，传统安全威胁和非传统安全威胁相互交织，导致局部动荡频繁发生，和平发展道路坎坷不平。国际形势急剧变化，确实容易引发这样那样的摩擦冲突甚至战略意外，小战不断、冲突不止、危机频发将成为常态。

综合分析，国际体系进入加速演变和深度调整时期，世界急剧变化增大了我国安全的不稳定性、不确定性，我国安全和发展的国际环境更加复杂。

2. 我国安全面临的现实威胁呈上升趋势

新中国成立以来特别是改革开放三十多年来的发展，中国特色社会主义建设取得巨大成就，经济发展、政治安定、民族团结、社会稳定的良好局面得到长期保持。我国的综合国力、核心竞争力、抵御风险能力显著增强，国际地位和国际影响力显著提高，我们可以继续为我国发展营造良好的外部环境。现在，我们前所未有地靠近世界舞台中心，前所未有地接近实现中华民族伟大复兴的目标，前所未有地具有实现这个目标的能力和信心，世界从来没有像今天这样关注中国、重视中国，我们的战略回旋空间不断扩大。这为我们实现既定的奋斗目标提供了难得的机遇和有利条件。

同时，随着我国快速发展壮大，一些西方国家的焦虑感不断上升，千方百计对我国发展进行牵制和遏制。我国正处在由大向强发展的关键阶段，我们块头大、分量重，我国快速发展必然会对世界格局和国际关系产生深刻影响，我们发展得越快，对外部的影响冲击就越大，受到的战略反弹力就越强，正所谓"木秀于林，风必摧之"。一些西方国家不愿看到任何国家超越他们，尤其不愿看到意识形态和社会制度与其不同的社会主义中国赶上和超越他们。不论是从国际战略格局上，还是从意识形态上，他们都决不希望我们这样一个社会主义大国顺利实现和平发展。他们不断加大对我国实施西化、分化战略的力度，加紧策划"颜色革命"，干扰和遏制我国发展。

我国地缘战略环境日趋复杂，存在多重不稳定因素，面对多方向安全压力。当前，亚太地区正成为国际战略竞争和博弈的一个焦点，我国周边安全环境面临的风险挑战十分严峻。某些域外大国为强化对亚太地区的战略控制，推进亚太"再平衡"战略，插手介入地区热点问题，这对亚太地缘战略格局和我国安全环境产生深刻影响。一些国家安全战略和军事战略的外向性和进攻性明显增强，视我国为主要战略对手，积极充当某些国家重返亚太的马前卒，在我国周边四处煽风点火，频频对我国核心利益发起挑战。我国周边一些热点地区局势充满变数，恐怖主义、分裂主义、极端主义活动猖獗，地区军事安全因素趋于突出，给我国周边安全稳定带来不利影响，我们家门口生乱生战的可能性增大。我国同周边多国存在领土主权争端，这对维护我国领土完整和国家安全提出了重大挑战。

我国海上安全环境更趋复杂，对我国安全战略全局的影响更加突出。海洋是一个国家的战略资源，世界海洋资源开发潜力巨大。历史经验告诉我们，面向海洋则兴、放弃海洋则衰，国强则海权强、国弱则海权弱。我国既是陆地大国，也是海洋大国，拥有一点八万多公里大陆海岸线、一点四万多公里岛屿岸线、三百万平方公里主张管辖海域，拥有广泛的海洋战略利益。随着对外开放不断扩大，我国已经进入从陆权国家向陆权海权兼备国家迈进的关键阶段，海上方向对国家安全和发展战略全局的影响愈发凸显。当前，一些亚洲国家纷纷制定和实施具有扩张性的海洋战略，不断在钓鱼岛、南海等岛屿归属和海域划界问题上挑起事端，企图联手对我，侵蚀侵犯我国领海主权和海洋权益，围绕海上争端的斗争将是长期的。还要看到，随着我国国家利益快速向海外扩展和延伸，我国安全和发展同外部世界更加紧密地联系在一起，国际市场、海外能源资源和战略通道安全以及海外机构、人员和资产安全等海外利益安全问题凸显，维护国家安全和发展利益的压力增大。

维护国家统一和社会稳定的任务艰巨繁重。新形势下我国国家安全和社会安定面临的危险和挑战增多，特别是各种威胁和挑战联动效应明显，各种敌对势力遥相呼应，各种民族分裂势力蠢蠢欲动，各种暴力恐怖势力磨刀霍霍，影响社会稳定的因素大量存在。两岸关系继续朝着缓和方向发展，但影响台海局势稳定的根源并未消除，"台独"分裂势力人还在、心不死，分裂祖国的危险始终存在。达赖集团加紧在国际国内进行分裂活动，"东突"民族分裂势力暴力倾向进一步加剧，"民运""法轮功"邪教组织等敌对势力加紧进行渗透破坏，一些受到境外敌对势力支持的个人和社会组织打着所谓"维权"的旗号对群众进行挑唆和煽动，反恐斗争形势严峻复杂，暴力恐怖活动范围不断扩大，组织更加严密，手段更加残忍，反渗透、反分裂、反颠覆斗争尖锐复杂。我国正处在改革攻坚期和矛盾凸显期，我们用几十年的时间基本走完西方国家用两三百年时间完成的工业化。相应地，西方国家用两三百年释放能量化解矛盾，而我国的社会矛盾短期内急剧释放，导致各种经济社会热点问题叠加传导，带有阶段性特征的社会矛盾量大面广。此外，现实世界安全和虚拟世界安全相互影响，敌对势力把互联网、手机等新兴媒体作为寻衅滋事和扩散升级社会矛盾的重要渠道。这些都给我们维护国家政治安全和社会稳定增加了新的难度。

综合分析，我国发展仍处于可以大有作为的重要战略机遇期，同时重要战略机遇期内涵和条件发生了新的变化。现阶段我国发生大规模外敌入侵的战争可能性不大，但因外部因素引发局部战争和武装冲突的可能性不能低估。

3. 世界新军事革命加速发展

当前，新一轮科技革命和产业变革正在孕育兴起，发轫于20世纪70年代的世界新军事革命仍在加速推进，军事电子信息技术快速发展，纳米技术、空间技术、高超声速技术不断取得突破，新概念武器向实战化方向发展，武器装备远程精确化、智能化、隐身化、无人化趋势更加明显，战争形态正加速向信息化战争演变。特别是太空和网络攻防技术成为军事竞争新的制高点，很容易成为国家安全的"阿喀琉斯之踵"。军事技术和战争形态的革命性变化，对国际政治军事格局产生重大影响。在世界新军事革命加速发展的形势下，由军事技术差距引起的军队发展差距进一步拉大，这种差距不是数量级的差距而是代际差距。面对风起云涌的军事革命浪潮，各主要国家纷纷加快军事变革，抢占军事战略制高点，争夺国际军事竞争新优势。美军在总结反思近几场局部战争经验教训基础上推动"二次转型"，俄罗斯围绕建设"职业化、常备化、精干化"军队深入推进"新面貌"军事改革，英国、法国、德国、印度、日本等国也不断采取新的重大军事举措，围绕谋取军事优势地位、争夺军事战略主动权的国际竞争进一步加剧。

世界新军事革命加速发展的趋势，对我国加强国防和军队建设提供了难得的历史机遇，同时也提出了严峻挑战。机遇稍纵即逝，抓住了就能乘势而上，抓不住就可能错过整整一个时代，而军事上的落后一旦形成，对国家安全的影响将是致命的。

二、习近平国防和军队建设重要论述的主要内容

（一）建设一支听党指挥、能打胜仗、作风优良的人民军队

习近平站在实现中华民族伟大复兴中国梦的时代高度，鲜明提出建设一支听党指挥、能打胜仗、作风优良的人民军队这一党在新形势下的强军目标。党在新形势下的强军目标，是习近平国防和军队建设重要论述的核心思想，揭示了强军梦的本质属性，拎起了国防和军队建设的总纲，为在新的起点上推进国防和军队建设提供了根本遵循。全军要准确把握这一强军目标，用以统领军队建设、改革和军事斗争准备，努力把国防和军队建设提高到一个新水平。

1. 强军目标是把握国防和军队建设历史方位和阶段性特点提出来的

建设强大的人民军队是我们党的不懈追求。在各个历史时期，我们党都根据形势任务的变化，明确提出人民军队建设发展的目标要求，引领我军建设不断向前发展。

强军目标总结了我们党建军治军的成功经验。毛泽东同志领导制定建设优良的现代化革命军队的总方针，邓小平同志提出建设一支强大的现代化正规化革命军队的总目标，江泽民同志提出政治合格、军事过硬、作风优良、纪律严明、保障有力的总要求，胡锦涛同志提出按照革命化现代化正规化相统一的原则加强军队全面建设的重要思想，深刻揭示了军队建设的客观规律，指引我军从小到大、由弱到强，不断取得新的胜利。习近平鲜明提出建设一支听党指挥、能打胜仗、作风优良的人民军队这一强军目标，既坚持我们党提出的军队建设目标不动摇，又适应新形势新任务的需要与时俱进，与我们党一以贯之的建军治军指导思想和方针原则是一致的，是对我军建设目标任务作出的新概括新定位。

强军目标考量了国际战略形势和国家安全环境的发展变化。实现"两个一百年"奋斗目标、实现中华民族伟大复兴的中国梦，必须有和平的国际环境和良好的安全环境。我国发展仍处于可以大有作为的重要战略机遇期，但战略机遇期的内涵和条件发生了新的变化。国

际战略形势和国家安全环境更趋复杂，维护国家政治安全和社会稳定的任务更加艰巨。面对我国安全和发展面临风险挑战明显增多、干扰遏制压力明显加大的新情况，要实现我们的既定目标，国防和军队建设必须有一个大的发展。强军目标就是立足复杂环境和条件，着眼实现中华民族最高利益，对加强国防和军队建设作出的战略运筹，是顺应我国由大向强迈进对军队建设作出的战略抉择。

强军目标抓住了军队建设面临的突出矛盾和问题。经过几代人的不懈努力，我军现代化水平有了大幅跃升，国防和军队建设已经站在新的历史起点上，同时军队建设内外环境发生深刻变化。强军目标的提出，体现了鲜明的问题导向，抓住了建军治军的要害，为推动国防和军队现代化建设跨越式发展提供了有力牵引。

2. 强军目标明确了加强军队建设的聚焦点和着力点

"军队要像军队的样子。"总结我军历史和现实需要，"军队的样子"就是要坚决听党指挥，要能打仗、打胜仗，要保持光荣传统和优良作风。强军目标强调的这三条，决定着军队发展方向，也决定着军队生死存亡。建军治军抓住这三条，就抓住了要害，就能起到纲举目张的作用。

听党指挥是灵魂，决定军队建设的政治方向。我军是党缔造的，一诞生便与党紧紧地联系在一起，始终在党的绝对领导下行动和战斗。我军作为执行党的政治任务的武装集团，必须把听党指挥作为军队建设的首要。我军能够无往而不胜，最终战胜一切敌人而不为敌人所压倒，坚决听党指挥是我军的建军之魂、强军之魂。

能打胜仗是核心，反映军队的根本职能和军队建设的根本指向。军队首先是一个战斗队，必须坚持一切建设和工作向能打胜仗聚焦。我们必须揪住能打仗、打胜仗这个强军之要。新形势下，我们要强化官兵当兵打仗、带兵打仗、练兵打仗思想，牢固树立战斗力这个唯一的根本的标准，归根到底就是要能够有效应对多种安全威胁、完成多样化军事任务，做到召之即来、来之能战、战之必胜。

作风优良是保证，关系军队的性质、宗旨、本色。古往今来，作风优良才能塑造英雄部队，作风松散可以搞垮常胜之师。在长期实践中，我军培育和形成了一整套光荣传统和优良作风，这是我军的鲜明特色和政治优势，必须把作风建设作为军队一项基础性、长期性工作抓紧抓实，夯实依法治军、从严治军这个强军之基。在新形势下，我们要坚持全心全意为人民服务的根本宗旨，坚持依法治军、从严治军，坚持艰苦奋斗，坚持求真务实，巩固和发展团结友爱和谐纯洁的内部关系，保持部队高度集中统一，保持人民军队长期形成的良好形象。

3. 把强军目标要求贯彻到部队建设各领域全过程

能不能贯彻落实好强军目标，关系国防和军队建设全局，关系我军有效履行使命任务，关系我军在世界军事竞争中赢得战略主动。强军目标怎样在军队各个领域各个单位贯彻落实，是一篇大文章，需要结合部队实际做深做细。

贯彻落实强军目标，首先要领会精髓要义、增强认知认同、坚定信念信心。强军目标只有得到广大官兵理解和认同，变成广大官兵的价值追求和自觉行动，才能真正成为推动部队各项工作的根本遵循和强大动力。要深入抓好强军目标的学习贯彻，引导广大官兵牢记强军目标、坚定强军信念、献身强军实践，进一步把思想和行动统一到实现强军目标上来，进一步凝聚强军兴军的意志和力量。要坚持理论联系实际，搞好转化运用，把学习贯彻强军目标同解决军事、政治、后勤、装备工作实际问题结合起来，使之成为加强部队全面建设、深化部队改革创新、推进军事斗争准备的强劲动力。

强军目标能不能在国防和军队建设中得到有效贯彻落实，关键在各级党委，基础在基层。各级党委要切实发挥在实现强军目标中的核心领导作用，应势而动、顺势而为，增强贯彻落实强军目标的使命感和责任感，以更大的决心、更高的标准、更有力的举措推动实现强军目标不断取得实质性进展。要紧紧围绕强军目标想问题、作决策、抓建设，自觉确立与强军目标要求相适应的思想观念，不断增强贯彻落实强军目标的能力。要把强军目标细化分解为部队发展的具体任务和指标，形成聚焦强军的用人导向、工作导向、评价导向、激励导向，把贯彻强军目标的各项工作抓实抓到位。

4. 把个人理想抱负融入强军梦的实践

中国梦、强军梦是人民的梦、国家的梦、军队的梦，也是每个官兵的梦。"得其大者可以兼其小。"每个人的前途命运都与国家和民族的前途命运紧密相连，中国梦、强军梦为每名官兵实现个人梦想提供了广阔空间，每名官兵有奋斗有担当，强军兴军就有希望有力量。广大官兵要牢记强军目标，把个人成长与实现强军梦紧密结合起来，把个人理想抱负融入强军实践，努力在强军兴军征程中书写出彩的军旅人生。实现强军目标是一项伟大而艰巨的事业，需要全军官兵共同奋斗。现在强军的责任历史地落到了我们肩上，我们要敢于担当，挑起这副担子。这既是党和人民的期望，也是当代革命军人应有的政治品格。广大官兵要把爱党之情、报国之志、强军之行统一起来，坚定信念、忠诚使命，立足本职岗位为强军兴军贡献智慧力量。要有本领恐慌和知识危机的意识，在加强学习钻研中提高，在投身军事实践中砥砺，锤炼强军兴军的过硬本领。领导干部要发挥模范带头作用，把带领部队实现强军目标作为重大政治责任，一心一意想强军、谋强军，不图虚名，真抓实干，形成同心实现强军梦的生动局面。

知识拓展

中 国 梦

中国梦，是中国共产党召开第十八次全国人民代表大会以来，习近平总书记所提出的重要指导思想和重要执政理念，正式提出于 2012 年 11 月 29 日。习总书记把"中国梦"定义为"实现中华民族伟大复兴，就是中华民族近代以来最伟大梦想"，并且表示这个梦"一定能实现"。

"中国梦"的核心目标也可以概括为"两个一百年"的目标，也就是：到 2021 年中国共产党成立 100 周年和 2049 年中华人民共和国成立 100 周年时，逐步并最终顺利实现中华民族的伟大复兴，具体表现是国家富强、民族振兴、人民幸福，实现途径是走中国特色的社会主义道路、坚持中国特色社会主义理论体系、弘扬民族精神、凝聚中国力量，实施手段是政治、经济、文化、社会、生态文明五位一体建设。

（二）确保部队绝对忠诚、绝对纯洁、绝对可靠

思想政治建设关系军队建设全局和方向，是永葆我军性质、宗旨、本色的根本保证。习近平指出，思想政治建设是我军的根本性建设，必须始终摆在部队各项建设首位来抓，确保

部队绝对忠诚、绝对纯洁、绝对可靠。面对新的形势和任务，我们必须把从思想上、政治上建设和掌握部队的工作抓得紧而又紧，确保部队建设坚持正确的政治方向，确保我军永远立于不败之地。

1. 政治工作永远是我军的生命线

政治工作发挥着保方向、保打赢、保本色的重要作用。习近平强调，坚持从思想上、政治上建设部队，是我军建设的一条基本原则，是能打仗、打胜仗的政治保证。政治工作永远是我军的生命线，过去我们是这么做的，现在也必须这么做。这深刻揭示了新形势下政治工作的地位作用，对在强军实践中充分发挥政治工作的巨大威力提出了更高要求。

加强思想政治建设，是我军保持人民军队性质和正确发展方向的可靠保证。我军作为执行党的政治任务的武装集团，只有坚持不懈地加强思想政治建设才能不断打牢官兵高举旗帜、听党指挥的思想政治基础，保证党的意志主张在军队贯彻落实，确保我军始终听党的话、跟党走。我们党历来高度重视从思想上、政治上、组织上掌握部队。在我军初创时期，就确立了党指挥枪的原则，"三湾改编"把支部建在连上，在革命军队中健全了党的组织；古田会议提出思想建党、政治建军，确立了党领导军队的一系列根本原则和制度。正是有了强有力的政治工作，正是有了党对军队的绝对领导，才保证了我军在长期复杂斗争中没有迷失方向。新形势下，军队所处环境和官兵成分结构发生深刻变化，军队建设、改革和军事斗争准备任务艰巨繁重，越是在这样的情况下，加强思想政治建设这一条越是要反复讲、坚持讲。坚持从思想上、政治上建设部队，是我军能打仗、打胜仗的政治保证。面对意识形态领域的复杂斗争，必须把从思想上、政治上建设和掌握部队的工作抓得紧而又紧。我们在意识形态领域同敌对势力的斗争和较量，是长期的复杂的，有时甚至是十分尖锐的。这方面的较量，看似不动刀枪、不见硝烟，但实质上就是你死我活的斗争。意识形态领域的斗争是一场持久战，敌对势力在这个问题上很有耐力，一刻没有放松行动，我们要针锋相对、理直气壮、旗帜鲜明地进行斗争，切实掌握意识形态领域的话语权和领导权。我们必须有的放矢地加强意识形态工作，切实防范敌对势力对部队的渗透破坏，以积极主动的工作占领部队思想阵地、文化阵地、舆论阵地，使官兵增强政治免疫力，始终保持政治定力，不为任何风险所惧，不为任何干扰所惑。

2. 提高坚持党对军队绝对领导的政治自觉和实际能力

思想政治建设的根本，是毫不动摇坚持党对军队的绝对领导。坚持党对军队的绝对领导，关系我军性质和宗旨、关系社会主义前途命运、关系党和国家长治久安，是我军的立军之本和建军之魂，永远不能变，永远不能丢。在这个根本政治原则问题上，我们要头脑特别清醒、态度特别鲜明、行动特别坚决，决不能有任何动摇、任何迟疑、任何含糊。

在坚持党对军队绝对领导这个问题上，要坚定不移，时时刻刻做工作，经年累月抓落实。铁打的营盘流水的兵。要加强军魂教育，引导官兵充分认清我军是党的军队、人民的军队、社会主义国家的军队，这三者是高度一致的。要进一步强化政治意识、政权意识，划清是非界限，站稳正确立场，坚定党对军队绝对领导的政治自信和政治自觉。坚持党对军队的绝对领导不是一句空洞的口号，必须落实在行动上，以行动来检验。最紧要的是始终在思想上、政治上、行动上同党中央保持高度一致。这一条要作为最高的政治要求来遵守，作为最高的政治纪律来维护。严守政治纪律，是坚持党对军队绝对领导的保证。要严格政治纪律和组织纪律，坚决防止和反对政治上的自由主义，确保政令军令畅通。

坚持党对军队的绝对领导，要靠一套制度作保证。我们党在长期革命和建设实践中，形成和确立了党对军队实施绝对领导的一系列根本原则和制度。这些制度构成一个严密、科学、完整的组织领导体系，保证了党指挥枪根本原则的有效落实。无论战争形态怎么演变、军队建设内外环境怎么变化、军队组织形态怎么调整，都必须始终不渝坚持。这个最根本的问题守不住，军队就会变质，就不可能有战斗力。要加强党对军队绝对领导根本原则和制度的学习教育，增强贯彻执行的自觉性和坚定性，真正把党对军队绝对领导的根本原则和制度贯彻到军队建设发展各领域、部队完成各项任务的全过程。

3. 紧紧围绕强军目标加强思想政治建设

军队的任务决定军队思想政治建设的任务，军队建设的聚焦点着力点就是军队思想政治建设的聚焦点着力点。习近平指出，军队思想政治建设，要紧紧围绕党中央、中央军委关心关注的问题来进行，这样才能真正取得成效。当前，军队思想政治建设就是要紧紧围绕强军目标来进行，使思想政治建设成为实现这一目标的强大推力和助力，为全面加强我军革命化现代化正规化建设提供可靠政治保证、强大精神动力、有力人才支持。

坚持不懈地抓好中国特色社会主义理论体系武装，这是军队思想政治建设的重点。政治上坚定，关键是要理论上坚定。要按照走在前列的标准和要求，围绕坚持和发展中国特色社会主义这个聚焦点、着力点、落脚点，深化中国特色社会主义理论体系武装，认真学习马克思列宁主义、毛泽东思想、邓小平理论、"三个代表"重要思想、科学发展观，深入学习十八大以来党的理论创新成果，掌握蕴含其中的马克思主义立场、观点、方法，引导官兵坚定道路自信、理论自信、制度自信，打牢听党的话、跟党走的思想政治根基，以理论上的清醒保证政治上的坚定。要结合国防和军队建设实践，结合新的形势和任务要求，认真学习毛泽东军事思想、邓小平新时期军队建设思想、江泽民国防和军队建设思想、胡锦涛国防和军队建设思想，深入掌握党的军事指导理论的科学内涵、精神实质、基本要求，切实掌握推进国防和军队建设的强大思想武器。要注重联系实际、讲求实效，真正把功夫下在武装头脑、指导实践、推动工作上，把党的科学理论转化为谋划和推动强军兴军的发展思路、措施办法、实际能力。

抓思想政治建设，必须把培育战斗精神、培养战斗作风突出出来。培养战斗精神，是军队战斗力的一个重要因素。英勇顽强、不怕牺牲的战斗精神历来是我军克敌制胜的重要法宝。现在，我们的装备有了很大改善，战争形态和作战方式也发生了深刻变化，但一不怕苦、二不怕死的战斗精神决不能丢。在党、国家、人民需要的时刻，军队就要有这股劲、这种精神。我们要加强战斗精神培育，教育引导官兵继承和发扬我军大无畏的英雄气概和英勇顽强的战斗作风，弘扬我国优秀传统军事文化，探索形成战斗精神培育的长效机制，坚决防止和克服麻痹松懈情绪，时刻准备为祖国和人民去战斗。

4. 推进思想政治工作创新发展

改革创新是我军发展的强大动力。习近平指出，要坚持解放思想、实事求是、与时俱进、求真务实，更新军事思维方式和思想观念，把改革创新精神贯彻到各项工作中。现在，军队所处的社会环境、我军使命任务、官兵成分结构等都发生了很大变化，思想政治工作的社会条件已大不一样了，有些做法过去有效，现在未必有效；有些过去不合时宜，现在却势在必行；有些过去不可逾越，现在则需要突破。我们要继承我军政治工作的优良传统，也要推进新形势下思想政治工作创新发展，增强主动性、针对性、实效性。

要抓好理念创新、手段创新、基层工作创新。理念创新，就是要保持思想的敏锐性和开放度，打破传统思维定式，努力以思想认识新飞跃打开工作新局面。手段创新，就是要积极探索有利于破解工作难题的新举措新方法，特别是要适应社会信息化持续推进的新情况，加快传统媒体和新兴媒体融合发展，充分运用新技术新应用创新媒体传播方式，占领信息传播制高点。思想政治工作的服务对象在基层，工作主体在基层，任务落实也要靠基层。基层工作创新，就是要把创新的重心放在基层一线，充实队伍力量，改善工作条件，使思想政治工作在基层得到有效落实。

着力增强思想政治教育的时代性和感召力。思想政治教育说起来重要、形式上抓起来不难，但要真正取得成效就不容易了，关键是要突出其时代性和感召力。思想政治教育的力量在一个"真"字，要用真理说服人、用真情感染人、用真实打动人，只有奔着现实问题和活思想去才能取得实效。思想政治教育要增强说理性和战斗性，既理直气壮讲大道理、讲正道理、讲实道理，也有理有据批驳和揭露各种错误思想观点，这样才能收到正本清源、固本培元的功效。

（三）为实现中国梦提供坚强力量保证

兵者，国之大事，攸关国家安危、人民福祉。在我们党领导中华民族实现伟大复兴的征程中，建设巩固国防和强大军队，关系国家和民族的前途命运。习主席指出，国防和军队建设，必须放在实现中华民族伟大复兴这个大目标下来认识和推进，服从服务于这个国家和民族最高利益，为实现中国梦提供坚强力量保证。这一重要论断，是应对国家安全面临的新形势新挑战作出的战略判断，是基于国家总体战略提出的军事战略指导，为新形势下国防和军队建设明确了战略定位，对我军全面履行担负的使命任务提出了新的要求。

1. 实现中国梦对军队来说就是要实现强军梦

实现中华民族伟大复兴，是中华民族近代以来最伟大的梦想。中国梦的基本内涵是国家富强、民族振兴、人民幸福，这寄托着中国人民振兴中华、强国富民的共同意愿，生动形象地描绘了全体人民的共同理想，体现了中华民族和中国人民的整体利益。实现这一伟大梦想，是我们党的奋斗目标，也是党和国家工作大局。我军是执行党的政治任务的武装集团，是完全为着人民的利益而结合、而战斗的。党和人民事业要取得胜利就必须有自己的军队，没有一支强大的人民军队，中国梦就难以真正实现。

中国特色社会主义是实现中国梦的必由之路，把国防和军队建设搞上去，是坚持和发展中国特色社会主义的内在要求。中国特色社会主义是中国共产党和中国人民团结的旗帜、奋进的旗帜、胜利的旗帜。我们要发展中国、稳定中国，要全面建成小康社会、加快推进社会主义现代化、实现中华民族伟大复兴，必须始终高举中国特色社会主义伟大旗帜，坚定不移坚持和发展中国特色社会主义。发展中国特色社会主义是一项长期的艰巨的历史任务，必须准备进行具有许多新的历史特点的伟大斗争。国防和军队建设关系中国特色社会主义的发展全局，我们要实现的现代化包括国防现代化。实现国防和军队现代化，既是社会主义现代化建设的战略任务，又是赢得新的伟大斗争的重要保证。我们必须着眼于坚持和发展中国特色社会主义，在新的历史起点上加快推进国防和军队现代化，努力建设与我国国际地位相称、与国家安全和发展利益相适应的巩固国防和强大军队，为在中国特色社会主义道路上实现中国梦提供重要力量支撑和坚强安全保证。

实现中国梦必须走和平发展之路，国防和军队建设必须为维护世界和平提供有力支撑。

中国梦是和平、发展、合作、共赢的梦，中国梦需要和平，只有和平才能实现梦想。我们既努力争取和平的国际环境发展自己，又以自身的发展促进世界和平。我们奉行防御性的国防政策，加强国防建设的目的是维护国家主权、安全、领土完整，保障国家和平发展。我军始终是维护世界和平的坚定力量，将一如既往同各国加强军事合作、增进军事互信，参与地区和国际安全事务，在国际政治和安全领域发挥积极作用。

2. 军队要担当起维护国家主权、安全、发展利益的重大责任

我军是人民民主专政的坚强柱石，对外要抵御侵略、捍卫国家主权和领土完整，对内要防止敌对势力的颠覆破坏、保卫人民的和平劳动，这是宪法赋予我军的神圣职责。随着时代发展和国家安全环境变化，我军职能使命不断拓展。全军一定要充分认识我国安全和发展面临的新形势新挑战，坚持把国家主权和安全放在第一位，坚持军事斗争准备的龙头地位不动摇，全面提高信息化条件下威慑和实战能力，坚决维护国家主权、安全、发展利益。

以国家核心安全需求为导向，坚决完成军事斗争任务。当前，我国安全环境发生复杂深刻变化，安全问题的综合性、复杂性、多变性显著增强，特别是来自海洋方向的安全威胁突出出来，维护国家主权、领土完整、海洋权益面临的挑战十分严峻。军队作为一个武装集团，是要随时准备打仗的。一旦发生战事，如果我们打不赢，那是要负历史责任的。在国家主权和领土完整遇到重大挑战时，在涉及国家核心利益的原则问题上，我们没有退路，必须针锋相对、寸土必争，坚守底线、坚决斗争。军队要时刻做好准备，只要党中央、中央军委一声令下，必须能够上得去、打得赢，以坚决有力的军事斗争有效维护我国战略利益。"有文事者，必有武备。"军事斗争是国家政治和外交斗争的坚强后盾。要加强军事行动与国家政治外交行动的协调配合，把外交策略、军事策略和经济策略结合起来，坚持多手并举、综合施策，把握好斗争的时机、力度、方式方法，充分发挥军事力量在营造态势、预防危机、遏制战争、打赢战争方面的战略功能。要正确认识和处理维权和维稳的关系，针对不同方向、不同对象，精心谋划和展开维权军事行动，努力实现维权维稳积极平衡、动态平衡。

3. 努力推动国防实力和经济实力同步发展

富国才能强兵，强兵才能卫国。富国和强军，犹如车之两轮、鸟之双翼，任何时候都不能偏。习主席强调，要统筹经济建设和国防建设，实现富国和强军的统一。这就从国家总体战略的高度，突显了国防和军队建设的重要地位，为在国家发展全局中筹划国防和军队建设指明了方向。

正确认识和处理经济建设和国防建设的关系，这是社会主义现代化建设必须正确认识和处理的重大课题。经济建设是国防建设的基本依托，只有国家经济实力增强了，国防建设才能有更大发展。国防建设是我国现代化建设的战略任务，只有把国防建设搞上去了，经济建设才能有更加坚强的安全保障，同时加强国防建设对经济社会发展也具有重要拉动作用。实践反复证明，经济建设和国防建设的关系处理不好，就会走弯路、吃苦头。我们既不能走历史上有些朝代文盛武衰、国富兵弱的老路，也不能走当今世界有些国家穷兵黩武、搞军备竞赛最终拖垮国家的邪路，要抓住有利条件加快推进国防和军队现代化。

经过新中国成立六十多年特别是改革开放三十多年来的发展，我国经济总量跃居世界第二，综合国力显著增强，这为建设巩固国防和强大军队奠定了雄厚物质基础。要抓住这个难得的历史机遇，牢牢把握加快推进国防和军队现代化这一总体要求，适当增加国防投入，及时把经济实力转化为国防实力，加快提高国防和军队现代化水平。要坚持需求牵引、国家主

导，充分发挥市场在资源配置中的基础性作用，引导国家经济社会资源更好地服务国防和军队建设，注重从体制机制上解决军民融合式发展存在的矛盾和问题。军队要遵循国防经济规律和信息化条件下战斗力建设规律，自觉将国防和军队建设融入经济社会发展体系。地方要注重在经济建设中贯彻国防需求，自觉把经济布局调整同国防布局完善有机结合起来。

三、习近平国防和军队建设思想的地位和作用

习近平国防和军队建设重要论述，是习近平系列重要讲话精神的"军事篇"，鲜明回答了在世界形势发生深刻复杂变化、我国全面建成小康社会进入决定性阶段新的历史条件下，建设一支听党指挥、能打胜仗、作风优良的人民军队的重大课题，为在新的历史起点上加快推进国防和军队现代化提供了科学指南。

1. 习近平国防和军队建设重要论述深刻回答了新形势下党和国家发展的一系列重大理论和现实问题

习近平国防和军队建设重要论述具有鲜明的时代性。当前，国防和军队建设站在了新的历史起点上，也面临着一系列亟待回答的时代性课题。比如，如何着眼国际战略格局和国家安全形势的深刻变化，创新发展军事战略指导、把军事力量建设和运用作为一个整体加以运筹；如何顺应世界科技革命、产业革命、新军事革命加速发展的趋势，紧跟当代军事发展潮流、努力掌握国际军事战略竞争主动权；如何适应我们党提出"两个一百年"奋斗目标、实现中华民族伟大复兴的中国梦对国防和军队建设的新要求，为实现党和国家事业发展提供坚强力量保证；如何根据国防和军队建设的历史方位和阶段性特征，建设与我国国际地位相称、与国家安全和发展利益相适应的巩固国防和强大军队；如何把握国家全面深化改革形势和强军兴军要求，深化国防和军队改革、构建中国特色现代军事力量体系等，都对党的军事指导理论的创新发展提出新的要求。习近平国防和军队建设重要论述，正是把握时代条件、发展环境、使命任务的新变化，对国防和军队建设作出的战略思考，体现了我们党把握时代脉搏、推进军事理论创新和实践创新的高度自觉。

2. 习近平国防和军队建设重要论述实现了党的军事指导理论的与时俱进

习近平国防和军队建设论述，总结运用国防和军队建设的基本经验，自觉遵循被实践证明有效的、必须长期坚持的我军建设指导原则，特别是紧密结合发展变化了的军事实践，对新的历史条件下国防和军队建设的战略地位、使命任务、建设目标、强大动力、根本保证等作出全面深刻的阐述，提出了一系列极富创造性的重大战略思想。比如，中国梦对军队来讲也是强军梦，努力建设一支听党指挥、能打胜仗、作风优良的人民军队，听党指挥是我军的军魂和命根子，政治工作永远是我军的生命线；军队要能打仗、打胜仗，建设保障打赢现代化战争、服务部队现代化建设、向信息化转型的后勤，现代高新技术武器装备是维护国家安全的利器，深化国防和军队改革是回避不了的一场大考，从严治军是建设强大军队的铁律，实现强军目标的基础在基层、活力在基层；作风问题是关系军队生死存亡的问题，军队党的建设是军队全部工作的关键，等等。习近平国防和军队建设重要论述，根本着眼是为实现中国梦提供坚强力量保证，重要基点是创新发展军事战略指导，核心思想是实现党在新形势下的强军目标，鲜明指向是维护国家主权、安全、发展利益。习近平国防和军队建设重要论述既充分体现了马克思主义关于军事问题的立场、观点、方法，又深刻揭示了走中国特色强军之路的特点规律，是对毛泽东军事思想、邓小平新时期军队建设思想、江泽民国防和军队建

设思想、胡锦涛国防和军队建设思想的继承和发展，把我们党对军事问题的认识提高到一个新水平，为马克思主义军事理论宝库增添新的内容，具有重大的理论创新价值。

3. 习近平国防和军队建设重要论述显示出巨大的真理力量和实践威力

党的十八大以来，党中央、中央军委和习近平提出了一系列重大方针原则，作出了一系列重大决策部署，指挥了一系列重大军事行动，领导全军部队出色完成党和人民赋予的各项任务，有效维护了国家主权、安全、发展利益。习近平国防和军队建设重要论述，植根于实践又指导实践，是对国防和军队建设新的实践经验的理论概括和思想升华。正是在党中央、中央军委和习近平坚强领导下，我军吹响了强军的新号角，开启了强军的新征程，激发了强军的奋斗精神，国防和军队建设取得新进步、呈现新气象。实践充分证明，习近平国防和军队建设重要论述，是新形势下强军兴军的强大思想武器，是加快推进国防和军队现代化的行动纲领，必将指引我军建设迈上新水平、实现新跨越、取得新辉煌。

思考题

（1）什么是军事思想？
（2）军事思想的地位和作用是什么？
（3）军事思想发展的基本规律是什么？
（4）中国古代军事思想对现代军事斗争有哪些指导和借鉴意义？
（5）毛泽东军事思想的科学体系主要由哪几部分构成？
（6）如何理解毛泽东军事思想的科学含义？
（7）邓小平新时期军事思想的具体内容是什么？
（8）邓小平新时期军事思想有什么历史地位和现实意义？
（9）江泽民国防和军队建设思想的主要内容有哪些？
（10）江泽民关于加强军队全面建设的"五句话"的总要求是什么？
（11）胡锦涛关于国防和军队建设中的"五个统筹"是什么？
（12）在习近平国防和军队建设重要论述中，新时期、新阶段人民军队的历史使命是什么？

第三章　国际战略环境

学习目标

了解国际战略格局现状、特点和发展趋势；

了解影响世界战略环境的热点问题；

正确认识我国周边安全环境现状和安全策略；

明确国际战略格局特别是主要国家的军力与发展对我国的影响，增强国家安全意识。

第一节　国际战略环境概述

一、国际战略环境的内涵

所谓国际战略环境，是指一个时期内世界各主要国家（集团）在矛盾、斗争或合作、共处中的全局状况和总体趋势，世界各主要国家（集团）在一定时期内，在战略上相互联系、相互作用、相互斗争所形成的世界全局性的大环境，其核心是世界范围内的战争与和平问题。

国际战略环境的主要内容包含两个部分：国际战略格局和国际战略形势。国际战略格局是国际战略环境的框架结构，国际战略形势是国际战略环境的动态表现。国际战略格局和国际战略形势从本质上反映了世界各主要国家（集团）建立在一定军事实力、经济实力基础上的政治关系的基本状况和总体趋势。

二、国际战略环境的特点

1. 时代性

国际战略环境反映的是一个历史阶段内世界发展进程中的总矛盾和斗争情况。不同的时代背景下，各个国家的政治、经济、军事实力皆有所变化，使得国家间也变换着合作或矛盾的相互关系。正确认识国际战略环境的时代性，才能使战略指导者从宏观上正确把握当代世界主要矛盾和总发展趋势，对国际战略环境做出正确的判断，从而避免战略指导上的重大失误。

2. 全局性

国际战略环境反映的是一个时期内国际各个国家实力的对比、利益的矛盾和政治的需求，而不是个别国家内部的政治斗争或短时期的形势变化，也不是国际社会一时一事的单一问题解决。只有从全局性角度出发分析国际战略环境，才能从总体上了解世界各主要国家在世界全局中的地位以及战略利益方面的矛盾和需求，才能对世界形势及其可能的发展趋势做出基本的估计。

3. 关联性

一些实力较强的世界性或地区性的大国，特别是超级大国所推行的战略方针，将会对其周边地区甚至世界的安全与稳定产生重大影响。因此一定时期内，主要国家的战略和发展趋势，是影响国际战略环境的重要部分，也体现了国际战略环境的关联性。

4. 经济性

世界经济的发展和国家经济实力的变化对国际战略环境也起着重要的影响作用。世界经济的变化和发展推动了国际社会的形成和发展，一个国家在国际社会中的行为能力和影响力固然取决于多种因素，但经济实力是其中最基本的，也是长期起作用的一个决定性因素。

第二节　国际战略格局与发展趋势

一、国际战略格局概述

（一）国际战略格局的内涵

国际战略格局是国际战略环境的重要组成部分之一，国际战略格局是世界各主要国家或地区在一定时期内，相互关系的基本结构，它是国际战略环境的总体框架，表现了世界力量的分布、组合和对比。

在国际战略格局中，拥有强大军事实力和政治影响力的国家和地区，在世界活动中扮演着主要角色，起着主导作用，通常被称作"极"或"力量中心"。国际战略格局的样式是由国家间的力量对比关系所决定的。由于各个历史时期，都可能形成新生力量，同时使起主导作用的"极"或"力量中心"也随之变化，这样就形成了不同类型的国际战略格局。

（二）国际战略格局的构成要素

国际战略格局作为国际斗争的直接产物和国际战略运用的必然结果，其构成要素是国际战略力量。国际战略力量是指在国际关系中能够独立地发挥作用，并对国际形势及国际战略的运用和发展有巨大影响的大国或国家集团。一个国家或国家集团的力量，是由多种力量要素构成的，主要包括以下几个方面：一是政治力量，二是经济力量，三是军事力量，四是科技力量，五是社会文化力量。

（三）国际战略格局的类型

1. 单极格局

所谓单极格局，是指某一个大国在国际战略格局中占据主导地位，在该国周围存在其他各个主权国家，但是这些国家并不能成为与之抗衡的政治力量，最终形成一国独霸的局面。在国际战略格局中占据主导地位的霸权国在经济、军事、政治等方面的实力远远超过其他国家，所以霸权国能在全世界范围内强行推行其战略方针，能够制定和维持符合其利益的国际规则，并能在一定历史阶段和一定范围内迫使其他国家服从自己的统治和支配。

这种格局在历史上曾经出现过，例如资本主义初期的西班牙、荷兰和英国，都曾有过独霸世界的历史，这是由于资本主义刚刚在局部地区出现，近代意义上的国际社会正在逐步形成，因而，资本主义发展最早的国家，往往能够确立独霸的地位，但这种霸权在很大程度上局限于欧洲地区，真正的世界霸权并未建立起来。

2. 两极格局

所谓两极格局，是指两个世界大国之间的相互对立和相互斗争，并在国际政治中占据主导地位，从而对整个国际事务起决定性影响的一种国际战略格局。在这种格局中，两个大国之间形成一种实力均衡的状态，他们之间相互制约，共同影响国际事务，主导国际社会的发展进程。

这种格局在历史上也曾多次出现过，例如，第一次世界大战期间的同盟国和协约国；第二次世界大战期间的法西斯轴心国和反法西斯同盟国；第二次世界大战后初期的社会主义和资本主义两大阵营，以及随后的美国、苏联两极对抗，都是世界历史上国际战略格局的两极格局。但是除了冷战时期两个超级大国和两大政治军事集团的对抗具有较典型的两极特征，并延续了较长的时间外，其他都是在新旧格局过渡时期形成的具有一定特殊性的两极格局。

3. 多极格局

所谓多极格局，也可称为均势格局，是指多个国家或战略力量既相对独立又相互联系，既相互合作又相互制约而形成的一种相对稳定的国际战略格局。在这种国际战略格局中，各个国家相互间不存在结盟或者领导与被领导的关系。这种国际战略格局的形成条件是，需要有一系列在实力上大体平衡的国家存在，他们的利益相互矛盾，从而形成一种相互制约的关系。

4. 多元交叉格局

这是一种由两极向多极，或由多极向两极的过渡性格局。

（四）国际战略格局的基本特征

（1）国际战略格局总是同一定的历史阶段相联系。国际战略格局总是反映着一定时代条件下的战略力量对比关系。在同一时代条件下，格局的外在形态可能不同，但其内在本质是一样的。

例如，在资本主义时代，无论格局外在形态如何，反映的都是资本主义大国之间相互制约和相互争夺的关系。19世纪上半叶，欧洲多极均势是与自由资本主义时代资本主义国家竞相发展相一致的。20世纪初期，几个资本主义大国相互争霸的战略格局，则又是与资本主义发展到垄断阶段资本主义国家尤其是大国间的竞争加剧密切相关的。所以，要正确地分析各个时期国际战略格局的特点，必须把握时代发展的基本脉络及不同时代的基本特征。

（2）国际战略格局总是同世界经济格局相适应。政治格局与经济格局之间，既相互独立，又相互联系。世界经济的出现和发展，推动国际社会的形成和发展，建立在世界经济体系基础上的国际战略格局，可以说是经济因素在国际政治领域的集中反映。

国际战略力量的形成，与其所拥有的经济实力，以及在经济格局中的地位紧密相关。一个国家或国家集团在国际社会中的行为能力和影响能力，固然要取决于多种因素，但经济实力是其中最基本的并长期起作用的决定性因素。经济实力与行为能力是成正比的，世界经济格局的发展演变直接影响着国际政治格局的变化，两者的演进呈同向性发展的趋势。英国之所以在 17—18 世纪能够称雄世界，就在于其资本主义经济发展最迅速，经济实力最强大。美国在第二次世界大战后成为资本主义世界的霸主，重要的原因就是它拥有世界上最强大的经济实力。从历史上看，国际战略格局的发展变化，往往以世界经济格局的发展为先导。正是由于 17—18 世纪存在着以英国为"世界工厂"的经济格局，才确立了英国在欧洲乃至国际战略格局中的主导地位。19 世纪欧洲资本主义多元经济中心的形成，则成为欧洲均势格局的先导。第二次世界大战后，特别是 20 世纪 70 年代以来逐步发展的多元经济力量中心，又预示着国际战略格局向多极化转换的趋势。

（3）国际战略格局总是同一定形式的国际秩序相互关联、相互作用。国际秩序主要是指由国际社会共同制定并要求各国共同遵循的国际准则。一定的国际秩序总是由在国际战略格局中居于主导地位的国家或国家集团制定的，或是在很大程度上受到这些国家意志的制约和影响，因而国际秩序是国际战略格局的现状在国际准则上的反映。但国际秩序一经建立，又会对国际战略格局起到强制性的维护作用，甚至在旧格局解体的情况下，原有的国际秩序仍会在一定范围和一定程度上继续产生影响。

第二次世界大战以前，国际秩序的本质特征是强权政治和殖民政治。第二次世界大战后，社会主义力量的发展壮大和第三世界国家的兴起，有力地冲击了旧的国际秩序，然而由于美苏争霸愈演愈烈，以两极格局为背景的国际秩序仍未摆脱强权政治和霸权主义的束缚。"冷战"结束后，围绕建立新的国际政治、经济秩序的斗争仍很激烈，这种斗争不仅是国际战略格局加速向多极化发展的必然反应，而且对未来新格局的最终形成也会产生直接影响。

（4）国际战略格局的不同层次之间总是既相互独立又相互影响。国际问题，有的是全球性的，有的则是地区性的。国际战略格局按其范围大小，也可区分为世界战略格局和地区战略格局。这两个层次既有其独立性，又有其关联性。所谓独立性，就是指这两个层次的战略格局都可以在一定条件下独立存在。所谓关联性，就是世界格局与地区格局的发展都在一定程度上影响着对方的发展。

国际战略格局包含着地区战略格局，并在总体上决定着地区战略格局的发展走向。地区战略格局则是全球性矛盾斗争在地区的必然反映，同时又对国际战略格局的形成或转换产生影响。从第二次世界大战后中东地区和欧洲地区战略格局的演化情况，就不难看出这一点。这两个地区都是美国和苏联争夺的重点或热点地区，因而都受到了两极格局的巨大影响。尤其是欧洲地区，既是两极格局形成的发源地，又是这一格局终结的归宿点，所以，欧洲地区的战略格局与两极体制下的国际战略格局，其形成和瓦解几乎是同时发生的。

二、国际战略格局的历史演变

1. 均势格局（1815—1871 年）

均势战略格局是以拿破仑战争失败，维也纳会议召开为标志的。当时世界上的重要战略力量是俄国、英国、普鲁士、奥地利和法国。

拿破仑战争的失败导致各个欧洲强国重新建立一种政治、军事的均势格局，俄国、英国、奥地利成为当时国际政治中的主导力量，这些国家都想利用维也纳会议来实现自己的战略目标，最后形成了维也纳体系。维也纳体系的主要内容是防止法国的重新崛起，以维持欧洲大陆的均势，避免发生新的战争，并在欧洲大陆上恢复旧的封建专制制度，对欧洲版图进行重新分割。

维也纳会议后形成的均势格局在较长的时间内保证了欧洲各个强国之间没有爆发新的战争。但是，由于维也纳会议没有解决列强之间的一些矛盾，因此到了19世纪末，均势格局就开始走向崩溃。

知识拓展

维也纳会议

维也纳会议（如图3－1所示）是从1814年9月18日到1815年6月9日在奥地利维也纳召开的一次欧洲列强的外交会议。这次会议是由奥地利政治家克莱门斯·文策尔·冯·梅特涅提议和组织的。会议的目的在于重划拿破仑战败后的欧洲政治地图。会议的主要目的是：恢复拿破仑时期被推翻的各国旧王朝及欧洲封建秩序，防止法国东山再起，战胜国重新分割欧洲的领土和领地。参加会议的欧洲国家有：法国、普鲁士、英国、沙俄和奥地利五个强国，除此之外还有西班牙、葡萄牙、瑞典等国的代表参加。

俄国沙皇亚历山大一世希望在维也纳会议上取得最大利益：决心夺取波兰，进西欧，成为欧洲的新霸主；英国则决心阻止任何一国，不论是法国抑或俄国在欧陆建立霸权，并着力保持自己海上霸权、取得海外殖民地及海外航运利益；奥地利也反对亚历山大一世对波兰的领土要求，并因要应付普鲁士希望提升在德意志地区的领导地位和野心，亦须着手巩固在德意志的盟主地位。

除了利益冲突外，在对革命的态度上各列强亦有分歧，奥地利、俄国、普鲁士三国决心压抑民族主义及自由主义的发展，但英国却无意让上述三强借干预他国之革命来扩张势力。而法国的塔列朗则在会议中希望借列强之利益矛盾及对革命见解之不同，从中维护法国在欧洲的地位，以免列强一致惩罚法国。

图3－1　维也纳会议

2. 两大军事侵略集团抗争的格局（1871—1918年）

两大军事侵略集团抗争的战略格局是以德意志的民族统一，德意志帝国的成立为标志的。自19世纪60年代开始，普鲁士经过三次王朝战争，最终于1871年完成了德意志民族统一，成为德意志帝国。

德国的崛起打破了已有的均势战略格局，不仅彻底改变了欧洲格局，也使世界战略格局发生了变化，使得帝国主义国家重新划分势力范围。新兴的强国德国对老牌的帝国主义强国英国和法国等构成严重的挑战，使欧洲强国的矛盾日趋加剧，帝国主义集团逐步形成以英、法、俄为一方的协约国集团和以德、奥、意为另一方的同盟国集团，两个集团相互抗争，最终引爆了第一次世界大战。

✎ **知识拓展**

第一次世界大战

第一次世界大战（如图 3-2 所示）简称"一战"，发生于 1914 年 8 月至 1918 年 11 月，是一场主要发生在欧洲，但波及全世界的世界战争，当时世界上大多数国家都卷入了这场战争。

战争过程主要是同盟国和协约国之间的战斗：德意志帝国、奥匈帝国和意大利是同盟国，英国、法国、俄罗斯帝国和萨尔维亚是协约国。在 1914 年至 1918 年期间，很多在亚洲、欧洲和美洲的国家都加入了协约国。战场主要在欧洲。值得注意的是意大利虽是同盟国，但是后来英国、法国以及俄罗斯帝国与意大利签订密约，承诺给予意大利某些土地，结果意大利加入了协约国对抗同盟国。

这场战争是欧洲历史上破坏性最强的战争之一：大约有 6 500 万人参战，1 000 万左右的人失去了生命，2 000 万左右的人受伤。

"一战"的导火索是 1914 年 6 月的萨拉热窝事件，战线主要分为东线——俄罗斯帝国对德奥作战，西线——英法对德作战和南线——萨尔维亚对奥匈帝国作战，其中西线最为惨烈，著名的战役有马恩河战役、凡尔登战役和索姆河战役等。

图 3-2　第一次世界大战

3. 多极格局（1918—1945 年）

多极格局是以巴黎和会及华盛顿会议后，形成"凡尔赛—华盛顿体系"为标志的。

第一次世界大战结束后，为了瓜分战败德国、奥匈帝国和土耳其帝国的遗产，帝国主义强国召开了巴黎和会和华盛顿会议，形成了"凡尔赛—华盛顿体系"，成立了以战胜国为主导的国际联盟，形成了多极格局。

第一次世界大战导致了第一个社会主义国家苏联的诞生，并成为世界战略格局中的一支重要力量，从而打破了帝国主义国家一统天下的局面。世界大战使英国和法国逐渐开始衰落，德国暂时削弱，美国开始崛起，加入了争夺世界的行列。由于对"凡尔赛—华盛顿体系"的不满，以及世界经济危机的爆发，法西斯政治思想势力开始在欧洲兴起和发展，1922年，意大利法西斯夺取了政权，1933年，希特勒掌握了德国的政权，成立了第三帝国；日本法西斯军国主义也十分猖獗，德日意三国形成了轴心国同盟，决心称霸世界。1939年第二次世界大战爆发，多极的战略格局被彻底打破。

✎ **知识拓展**

凡尔赛—华盛顿体系

凡尔赛—华盛顿体系，是指在第一次世界大战以后，"一战"战胜国，主要是英国、法国、美国和日本建立的一种新的国际关系制度，这是帝国主义在全球范围内对"一战"后列强关系的调整和对世界秩序的重新安排，它构成了帝国主义国际关系的新格局，即凡尔赛—华盛顿体系。

凡尔赛—华盛顿体系是战胜国对战败国遗产的重新分赃，是对殖民地半殖民地人民的重新奴役。

凡尔赛—华盛顿体系，从根本上来讲，并没有改变世界的基本格局：仍然是资本主义列强剥削和压迫广大落后国家和地区。因此，资本主义大国和殖民地半殖民地人民的矛盾依然存在。然而，第一次世界大战以后，殖民地、半殖民地人民的民族独立斗争更加成熟，在凡尔赛—华盛顿体系建立之初，殖民地、半殖民地的民族独立运动已经开始冲击这种资本主义的新秩序。而处于资本主义包围下的苏联，却能打破外来干涉和颠覆，也说明了社会主义所具有的生命力和资本主义世界体系的不稳定性。

凡尔赛—华盛顿体系的最大问题是，它不但没有消除各大国之间的矛盾，而且还埋下了引发更大冲突的种子。特别是激起了德国人的复仇心理，20世纪30年代法西斯分子正是利用人们的这种心理取得统治和对外扩张。在战胜国中，对势力范围的再分配也造成了各大国间的深刻矛盾。这使得资本主义的新秩序从一开始就引起了种种的不满，20世纪20年代这个新秩序逐渐瓦解，到30年代又为新的国际危机所替代。正如法军元帅福煦所预言的："这不是和平，这是20年的休战。"

4. 美苏争霸的两极格局（1945—1991年）

美苏争霸战略格局是以苏联克里米亚的雅尔塔会议达成"克里米亚公报"和"雅尔塔协定"为标志的。第二次世界大战彻底打破了以欧洲为中心的传统格局，英国和法国虽然取得了胜利，但是战争创伤严重，实力大大削弱，德意日等战败国退出世界历史舞台的中心。与此同时，美国和苏联经过战争成长为两个最具影响力的超级大国，随后美苏两国的战时同盟关系迅速破裂。两个国家在意识形态上根本对立；在政治经济体制上，双方完全不同；在军事上，北约和华约两大军事集团相互对峙，形成了长期冷战的局面，两个超级大国为争夺世界霸权展开了长期的较量。直到1991年苏联解体，两极战略格局崩溃，同时冷战局面也宣告结束。

5. 多极格局（1991年至今）

现代世界的多极战略格局是以苏联解体，冷战结束为标志的。冷战结束后，美国作为世界上唯一的超级大国，认为由美国领导的国际关系体系的"单极阶段"终于来到，美国希望按照自己的价值观来建立"世界新秩序"。但是，俄罗斯仍然是唯一能够与美国相抗衡的核大国，作为联合国的常任理事国，俄罗斯在世界事务中的作用仍然不可低估。与此同时，欧洲共同体向欧盟的成功发展有力地表明了欧盟是国际政治中的一股重要力量。以中国、韩国和东盟成员国为代表的亚洲国家的崛起，同样显示出该地区除了日本以外的其他国家正在确立和发挥他们在世界事务中的重要作用。因此，自20世纪60年代末就初露端倪的世界多极化发展趋势便更加清晰地显现出来，并一直持续至今。

📋 **知识拓展**

欧 盟

欧盟（如图3-3所示）总部设在比利时首都布鲁塞尔，是由欧洲共同体发展而来的，初始成员国有6个，分别为法国、联邦德国、意大利、荷兰、比利时和卢森堡。该联盟现拥有28个会员国，正式官方语言有24种。

图3-3 欧盟

1991年12月，欧洲共同体马斯特里赫特首脑会议通过《欧洲联盟条约》，通称《马斯特里赫特条约》（简称《马约》）。1993年11月1日，《马约》正式生效，欧盟正式诞生。2012年，欧盟获得诺贝尔和平奖。

欧洲联盟是欧洲地区规模较大的区域性经济合作的国际组织。成员国已将部分国家主权交给组织（主要是经济方面，如货币、金融政策、内部市场、外贸），令欧洲联盟越来越像联邦制国家。虽然欧洲联盟还不是真正的国家，欧洲联盟本身也无权行使各成员国的主权，但里斯本条约第一条第八项（款）允许欧洲联盟签订欧洲人权公约成为欧洲委员会的成员国。

截至 2014 年，欧盟共有 28 个成员国，法国、德国、意大利、荷兰、比利时、卢森堡为创始成员国，于 1951 年结盟。此后，丹麦、爱尔兰和英国（1973 年），希腊（1981 年），西班牙和葡萄牙（1986 年），奥地利、芬兰、瑞典（1995 年）先后成为欧盟成员国。2004 年 5 月 1 日，欧盟实现了有史以来规模最大的扩盟，波兰、捷克、匈牙利、斯洛伐克、斯洛文尼亚、塞浦路斯、马耳他、拉脱维亚、立陶宛和爱沙尼亚十个国家同时加入欧盟。2007 年 1 月 1 日，保加利亚和罗马尼亚加入欧盟。2013 年 7 月 1 日，克罗地亚入盟。此外，欧盟还启动了与冰岛的入盟谈判；将土耳其、马其顿、黑山列为欧盟候选国；与阿尔巴尼亚、塞尔维亚和波黑签署了《稳定与联系协议》。2016 年 6 月 23 日，英国举行了"脱欧"公投，目前，正在和欧盟举行脱欧谈判。

三、国际战略格局的发展趋势

1. 格局发展和平化

早在 20 世纪 80 年代，邓小平就指出，现在世界上真正大的问题有两个：一个是和平问题，一个是经济问题或者说发展问题。和平问题就是反对霸权主义，维护世界和平，就是争取维护世界整体的非战争状况。广大发展中国家希望在一个相对和平稳定的环境中尽快发展本国的经济，主张对话，避免对抗。因此，总的来看，国际形势继续趋向缓和，维护和平与稳定的力量继续增长，和平发展已经成为世界人民的共同要求和不可阻挡的历史潮流。

但是，和平发展的国际战略环境发展趋势仍面临重大挑战：霸权主义和强权政治依然存在；领土、民族、宗教、资源等引发的武装冲突和局部战争连绵不断。不公正、不合理的国际政治经济秩序没有得到根本改变，发展中国家仍有亿万人民处于贫困状态；某些矛盾甚至有激化的趋势。所以，当前社会的和平发展在前进中面临挑战。

2. 世界格局多极化

两极格局崩溃后，世界处于多极化演变的历史过程中，决定这一历史进程的关键在于美国与其他各国之间的力量对比，从 20 世纪 90 年代中期以来，美国与其他各国之间的力量对比差距趋于缩小，世界格局多极化形态逐步稳定。

大国关系是国际战略格局多极化的重要反映。当今大国关系呈现出一些新的特点。第一，基于和平与发展这个时代主旋律的作用，各大国几乎无例外地对内都将经济建设置于首位，以提高和壮大本国的综合国力，在对外方针战略上，力求在相互关系中优化自己的处境，以赢得尽可能有利的地位；第二，大国关系所具有的长远性、全面性和多维性都具有一定的战略含义，"战略关系""伙伴关系"而不具备结盟性质，是冷战后多极化进程中的新鲜事物，成为重建国际经济政治新秩序的一种过渡现象；第三，经济因素是大国关系中首要的、具有决定意义的因素，大国关系调整的前提，是谋求协调和平衡彼此的经济利益。在经济一体化和经济互补基础上形成的外交，也就必然带有全方位性。

在这样的大国关系作用下，国际战略格局向多极化发展是一种客观趋势，这既是历史的必然选择，也是时代的客观要求，但是形成真正的多极化战略格局还需要一个艰难曲折的过程。

3. 经济趋向全球化

全球化是在市场化和信息化条件下，随同经济一体化和经济自由化应运而生的。经济全球化冲破了发展中国家的国门，加速了财富向发达国家的聚集，也加剧了弱势国家的贫困落后。高技术在冷战后成为发达国家财富的强吸纳器，致使发达国家综合国力迅速膨胀，使国家间实力差距和贫富差距无限制地超越临界点，也使经济全球化变成了一把双刃剑：一方面极大地扩大了大国之间的利益联系，使得大国的相互依存性增强，因此有力地制约了大国间发生战争的可能性；另一方面，全球化在先进的技术和手段支持下，拉近了穷人和富人的空间距离，不同宗教和文化传统得以零距离接触，从而增大了摩擦和碰撞的概率，也促使了恐怖主义人员、资金、技术的全球流动，加上武器扩散的简单化，致使恐怖活动更加便捷和猖獗，组织更加容易，破坏性和危险性呈几何倍数增大，因此，打击恐怖主义和防武器扩散将面临更加困难而复杂的形势。

4. 反恐形势复杂化

国际恐怖主义是政治、经济、民族、宗教等多种矛盾相互交织的产物。国际恐怖主义与民族分裂主义和宗教极端主义相互勾结，威胁全世界的稳定和和平。国际恐怖主义的网络化、全球化，使得任何一个国家都难以独自应付，国际社会只有联合起来，才能有效地对付恐怖主义的威胁。反恐应该在缓和地区及国际紧张局势、消除贫困和加强反恐合作三方面同时展开，从政治、经济、文化和社会等多方面采取措施，以彻底铲除恐怖主义。目前，国际反恐斗争将继续成为国际战略格局演变中的焦点问题。

知识拓展

"9·11"恐怖事件

2001年9月11日上午接近9时（北京时间11日晚接近21时），两架被恐怖分子劫持的民航客机分别撞向美国纽约世界贸易中心一号楼和世界贸易中心二号楼，两座建筑在遭到攻击后相继倒塌，除此之外，世界贸易中心其余5座建筑物也受震而坍塌损毁；9时许，另一架被劫持的客机撞向位于美国华盛顿的五角大楼，五角大楼遭到局部破坏，部分结构坍塌。

当恐怖主义分子袭击了世贸中心和五角大楼之后，全美各地的军队都进入最高戒备状态。虽然塔利班发表声明称恐怖事件与本·拉登无关，但美国政府仍然认定本·拉登是恐怖袭击事件头号嫌犯。作为对这次袭击的回应，美国发动了"反恐战争"，入侵阿富汗以消灭藏匿基地组织恐怖分子的塔利班，并通过了美国爱国者法案。2001年10月7日美国总统乔治·沃克·布什宣布开始对阿富汗发动军事进攻。

"9·11"事件（如图3-4所示）是发生在美国本土的最为严重的恐怖攻击行动，遇难者总数高达2 996人。对于此次事件的财产损失各方统计不一，联合国发表报告称此次恐怖袭击对美经济损失达2 000亿美元，相当于当年生产总值的2%。此次事件对全球经济所造成的损害甚至达到1万亿美元左右。

此次事件对美国民众造成的心理影响极为深远，美国民众对经济及政治上的安全感均被严重削弱。

图 3 – 4　"9·11"事件

四、走向多极化的国际战略格局

1. 美国称雄全球，但难以筑成单极世界

目前，美国不顾国际战略格局多极化的发展趋势，凭借自己的强大实力，把其意识形态、价值观念、发展模式和社会制度强加于国情不同的世界各国，企图建立美国一家独霸的单极世界。"9·11"事件后，美国更是借反恐之名，趁机对战略地位极其重要的中亚和外高加索地区进行了"历史性"的军事介入，并开始施加经济和政治影响。

美国在 21 世纪的首要目标是要防止在欧亚大陆出现对其构成战略威胁的新对手，从而确保"美国在世界的领导地位"和巩固"既定的世界政治和经济秩序"。同时，以美国为主导的北约集团继续东扩，美国倚仗自己庞大、先进的军事装备和雄厚的经济实力，正在加紧全方位推行自己称霸世界的全球战略。

我们说美国属于世界，而不是世界属于美国。受经济的制约，美国没有足够的力量构筑单极世界，多极化是必然的趋势。美国"一超独霸"的局面既是两极体制被打破后的必然现象，又是一个终将被多极化体制所取代的暂时的历史过程。世界经济政治发展的不平衡所导致的均衡趋势，是国际战略格局中两极体制解体并最终走上多极化的根本动因。

当前国际战略力量多极化的发展趋势在经济上表现得最为突出。美国在国际市场上的竞争力受到严重的挑战，这一趋势的发展正在并将越来越明显地成为制约美国的霸权主义和强权政治的重要因素。因此，世界向"多极化"方向发展，已经成为一种客观趋势，这既是历史的必然，又是时代的要求。

2. 俄罗斯发挥军事力量的作用，力保大国地位

苏联解体后，俄罗斯的实力和国际影响力虽然大大削弱，但是，从总体上看，俄罗斯仍具有较强的综合国力，它继承了苏联在联合国安理会常任理事国的席位，以及苏联 76% 的领土和 70% 的国民经济总资产。今天的俄罗斯仍幅员辽阔，横跨欧亚两大洲，国土总面积 1 700多万平方千米，自然资源极其丰富，物质技术基础雄厚，燃料动力、冶金、机械制造、化学和交通运输业十分发达，科技实力较强，人民受教育程度较高，在航空、航天、核能、生物工程和新材料等领域居世界先进水平之列，仍具有巨大的发展潜力。

俄军仍然是目前世界上唯一能与美国抗衡的军事力量，它接管了苏联 75% 的军队、约

80% 的战略核力量和大部分军工企业，俄军整体作战能力较强，武器装备较先进，部分高技术武器装备不亚于美军。目前，俄罗斯把北约东扩视为对其国家安全的主要外部威胁，俄军的主要任务是防止战争，消灭入侵之敌，遏制境外武装冲突向国内蔓延，力保周边势力范围的特殊利益与稳定。

尽管俄罗斯综合国力受到削弱，但其军事力量尚能够有效支撑其大国地位。目前，俄罗斯已改变了亲西方政策，力求在世界和地区事务中发挥其大国的影响力，加速推进独联体军事一体化，反对美欧染指独联体国家。为弥补综合国力的不足，俄罗斯越来越把核武器作为恢复国家地位的支柱，放弃不首先使用核武器的承诺，试图以此遏制北约东扩，维护国家利益和自身安全，保持其大国影响力。

2000 年，普京当选俄罗斯总统。在两届任期内，普京致力于复兴俄罗斯的大国地位，对内加强联邦政府的权力，整顿经济秩序，打击金融寡头，加强军队建设；对外努力改善国际环境，拓展外交空间，维护本国利益，在国际舞台上逐步恢复强国地位。2012 年，普京再次当选总统，越来越多的人认为俄罗斯仍有可能重新崛起，成为国际战略格局中有重大影响的角色。

3. 欧盟力量不断发展且自主意识日趋增强

欧盟是当今世界上规模最大、一体化程度最高的地区经济集团，具有雄厚的经济、科技和军事实力，其整体经济实力已经超过美国；在联合国安理会五个常任理事国中占有两个席位，在处理全球或地区事务中有很大的发言权；在南北关系中有较大的影响力，尤其与曾是其殖民地的发展中国家，还保持着较为密切的政治、经济、文化联系。

在欧盟诸国中，英、法、德三国军事力量的作用和影响较大。

（1）英国。英国是一个传统军事强国，军队装备精良，技术水平较高，具有一定的海外作战能力，其主要任务已从过去的防御作战为主转向干涉行动为主，力求保护英国本土及其广泛的海外战略利益，参与国际维和行动，参加类似海湾战争的海外作战行动。

（2）法国。法国是一个有着重要影响力的军事强国，军队武器装备技术水平和部队作战能力与英军相仿，其主要任务是维护法国的战略利益，对付在欧洲、地中海和中东地区的局部战争和武装冲突。法国致力于建立一支能够在欧洲以外的地区独立遂行作战任务的多用途军队，成立海外诸军种联合作战参谋部，并在非洲保持 1 万人的驻军。

（3）德国。德国在 1990 年实现统一后军事力量大大增强，军队武器装备技术水平较高，军人军事素质较好，具备较强的常规作战能力，能够在欧洲地区实施高强度作战行动。近年来，德国多次突破《德意志联邦共和国基本法》的限制出兵海外，参加维和行动，意欲谋求在欧洲和国际安全事务中发挥更大的影响力。

冷战时期，欧洲是两极对抗的主战场，欧盟依附美国。冷战结束后，尽管欧盟国家对美国产生了离心力，美国的盟主地位受到冲击，但欧盟仍未摆脱对美国的依赖，事实上，美国通过签订北约"战略新构想"，拉北约参加科索沃战争等方式，在一定程度上加强了对欧盟的控制，与此同时，欧盟也在设法排除各国在政治、外交、防务等问题上的分歧，共同谋求使欧洲真正成为未来多极世界中强有力的一极，争取与美国平起平坐的地位。

4. 日本加快由经济大国走向政治大国的步伐

日本工业高度发达，科技实力雄厚，在机器人、半导体元件、光纤通信方面的科研水平居世界前列。随着经济和科技实力的增强，日本已经不满足于经济大国的地位，提出了以经济力量为后盾，以强大军事力量为保证，以自主外交为手段，逐步发展成为世界性政治大国的战略目标。日本要求成为联合国安理会常任理事国，竭力在国际政治舞台上扮演重要角色，力争在关系世界稳定和发展的重大问题上，拥有不次于其他大国的发言权，成为在未来国际战略格局中"支撑国际秩序的一极"。

日本军事力量较强，自卫队按照远洋、近海、本土三线配置，强调"海上歼敌"。日军武器装备先进，航空自卫队具备较强的远洋上空对敌拦截能力，海上自卫队有较强的海上打击、护航反潜、海峡封锁和扫雷布雷作战能力。日本坚持日美军事同盟，不断拓宽"专守防卫"军事战略的内涵，已突破和平宪法的限制向海外派遣军事力量，并将其防卫范围扩展到包括朝鲜半岛、台湾海峡和南中国海在内的整个亚太地区。一旦发生战事，日本准备与美军共同干涉"周边事态"。日本军事力量借重驻亚太地区的美军，能够对该地区的局势产生重大影响。

5. 中国成为世界战略新格局中的重要一极

作为一个发展中的社会主义大国，中国的和平发展已经使其成为当今世界维护和平的重要力量，在多极格局中的地位与作用将愈显突出，这主要体现在以下几个方面。

（1）综合国力增强，国家地位提升。实行改革开放以来，在将现代化规律和本国国情的有机结合下，中国走出了一条中国特色社会主义道路。经济持续强劲增长，综合国力极大提高，中国的社会主义现代化建设取得了巨大成就，经济和社会面貌发生了深刻的变化。

进入 21 世纪，中国经济在世界的排位几乎是一年上一个台阶，2005 年，超过了英国；2008 年，超过了德国；2010 年，超过了日本，成为全球第二大经济体。这些成就和变化为世界所瞩目，中国的经济改革经验也受到了国际社会的普遍关注。中国与世界的关联度空前增强，中国广泛参与全球和区域合作，成为世界经济增长的重要动力。2007 年，中国对世界经济增长的贡献率首次超过美国，跃居世界首位。2008 年，中国对世界经济增长贡献率约为 22% 。中国在经济上的重大发展成果，无疑对其他国家尤其是发展中国家起到了重要的示范作用。

（2）深入参与国际体系调整，牵动世界格局走向。国际金融危机推动国际金融体系改革拉开序幕。受金融危机影响，西方国家深陷衰退，以中国为代表的新兴国家开始发出自己的声音。

从金砖国家的迅速崛起到发展中国家有一席之地的二十国集团峰会，一个明显的趋势是作为金砖国家中最大的经济体，中国正从世界舞台不太中心甚至一度边缘的位置向中心位置靠近。作为世界第一大外汇储备国、第二大进出口国、第二大经济体同时也是对世界经济增长贡献率最大的国家，中国在国际金融体系改革及国际秩序变革中的作用和影响备受瞩目。美欧等西方国家主动深化与中国的合作，新兴大国希望加强与中国的协调，各国对中国的借重明显增强。中国在国际金融体系改革中的话语权提高，在联合国改革、气候变化谈判、粮食和能源问题等其他重要国际议题方面，中国的主张和建议也越来越受到重视。人们相信，中国将成为国际舞台上更为引人瞩目的力量。

（3）对霸权主义和强权政治起制约作用。冷战结束后，美国凭借其世界唯一超级大国的地位和远超其他国家的强大的军事力量，建立由其主导的"单极世界"的野心急剧膨胀。但是，国际战略格局并没有真正形成美国独霸的单极格局。在各种政治力量的矛盾与冲突中，在中、美、俄和中、美、日等三角关系中，中国起到了平衡与制约作用，并成为抑制霸权主义和强权政治的重要因素。

中国之所以能起到这样的作用，除了中国不断增强的综合国力和一贯坚持的反霸政策、和平共处五项原则外，更重要的是因为中国始终站在第三世界国家一边，永远不称霸，永远不做超级大国。这一正义的立场必将得到世界大多数国家的信任和支持，从而使中国在反对霸权主义和强权政治的斗争中发挥应有的作用。

（4）在维护第三世界权益的斗争中发挥重要作用。中国始终不渝地奉行独立自主的和平外交政策，致力于维护世界和平、促进共同发展的事业。中国始终坚持国家不分大小一律平等的原则，坚持反对以强凌弱的行为。对一些重大国际和地区冲突，中国始终坚持通过协商和平解决的原则，反对诉诸武力或以武力相威胁，宣扬国家间的合作共赢，为维护世界和平、缓解危机发挥了积极的作用。

中国作为一个负责任的大国，为维护第三世界国家的权益进行了不懈的努力和斗争。中国不介入第三世界国家之间的分歧和争端，并积极宣扬通过和平协商求得公平合理的解决方式，防止和避免外来势力的干预和利用。中国还努力推动"南北对话"，积极开展同发展中国家的经济交流，大力促进"南南合作"。中国曾先后提出对外援助的八项原则和发展经济技术合作的四项原则。中国高举和平、发展、合作的旗帜，坚持独立自主的和平外交政策，坚持走和平发展道路，广泛开展友好交往和互利合作。中国坚决维护第三世界国家权益的主张和行动，受到了第三世界国家和人民的高度赞扬。

6. 其他国家和国家集团的实力与地位不断增长

现在世界上有一些国家和地区集团，如印度、东盟（东南亚国家联盟）等，其经济的迅速发展带动了综合国力的明显增强，在全球和地区事务中的地位和作用日益提高。

作为"金砖国家"成员国之一的印度，是南亚地区大国，不仅在经济上保持较高增长速度，而且信息技术、制药和汽车工业发达；印度一直重视军队现代化建设，是亚洲战后最早拥有航母的国家；在外交上善于"左右逢源"，拥有较为宽松的国际环境，国际影响力与日俱增。

东南亚是20世纪80年代以来世界经济最具活力的地区之一。随着经济实力的壮大，东盟作为一支新兴的政治力量，正在不断加强内部多边、双边防务合作，积极调整与对本地区有影响的美、日、中、俄等大国的关系，同时加紧扩大成员国数量，积极争取在国际事务中更大的发言权，未来将可能在国际战略格局中发挥重要作用。

五、当前世界安全形势

世界安全形势是指当前世界安全的总体状况，以及战争与和平的发展趋势。新世纪以来，世界发生深刻复杂变化，和平与发展仍然是时代主题。经济全球化、世界多极化深入发展，文化多样化、社会信息化持续推进，国际力量对比朝着有利于维护世界和平方向发展，国际形势保持总体和平稳定的基本态势。与此同时，世界仍然很不安宁，霸权主义、强权政治和新干涉主义有所上升，局部动荡频繁发生，热点问题此起彼伏，传统与非传统安全挑战交织互动，国际军事领域竞争更趋激烈，国际安全问题的突发性、关联性、综合性明显上升。亚太地区日益成为世界经济发展和大国战略博弈的重要舞台，美国调整亚太安全战略，地区格局深刻调整。

1. 国际安全形势更加复杂

围绕国际秩序、综合国力、地缘政治等的国际战略竞争日趋激烈，发达国家与发展中国家、传统大国与新兴大国矛盾不时显现，局部冲突和地区热点此起彼伏，一些国家因政治、经济、民族、宗教等矛盾引发的动荡频仍，天下仍不太平。导致国际金融危机的深层次矛盾和结构性问题尚未解决，世界经济复苏的不稳定、不均衡性依然突出。恐怖主义、经济安全、气候变化、核扩散、信息安全、自然灾害、公共卫生安全、跨国犯罪等全球性挑战对各国安全威胁明显增大。传统与非传统安全问题交织，国内与国际安全问题互动，传统安全观念和机制难以有效应对当今世界的诸多安全威胁和挑战。

2. 国际军事竞争依然激烈

主要国家加紧调整安全和军事战略，加快军事改革步伐，大力发展军事高新技术。一些大国制定外层空间、网络和极地战略，发展全球快速打击手段，加速反导系统建设，增强网络作战能力，抢占新的战略制高点。部分发展中国家保持强军势头，推进军队现代化。国际军控进程有所推进，但防止大规模杀伤性武器扩散形势错综复杂，维护和加强国际防扩散机制任重道远。

3. 亚太地区安全的复杂性、多变性趋于明显

地区热点久拖不决，朝鲜半岛形势不时紧张，阿富汗安全形势依然严峻，部分国家政局动荡。民族和宗教矛盾突出，领土和海洋权益争端时有升温，恐怖主义、分裂主义、极端主义活动猖獗。亚太地区战略格局酝酿深刻调整，相关大国增加战略投入。美国强化亚太军事同盟体系，加大介入地区安全事务力度。

面对纷繁复杂的安全形势，中国高举和平、发展、合作的旗帜，坚持综合安全、合作安全、共同安全的理念，奉行互信、互利、平等、协作的新安全观，全面维护国家政治、经济、军事、社会、信息等各领域安全，与世界各国一道共同营造和平稳定、平等互信、合作共赢的国际安全环境。

第三节　我国周边安全环境

国家周边安全环境是指一个国家周边的安全状况和态势，包括与相邻国家的矛盾冲突、边界纠纷、军事渗透、武装颠覆甚至入侵等情况。影响一个国家周边安全环境的因素有很多，例如，国际经济因素、大国关系因素、民族分裂主义因素、军事安全因素等。国家周边安全环境的状况直接关系到国家的安全与稳定，关系到国家和民族的兴衰存亡，是每个国家制定国防战略的重要依据。

一、我国周边安全环境概况

1. 我国具有特殊且复杂的地缘环境

我国的地缘环境特殊且复杂，从古至今，这种地缘环境无时无刻不在影响着我国的安全，各朝政府也根据本朝代特点并结合这种地缘环境，逐渐改进和完善防御政策和军事战略。

我国是一个陆地大国，拥有960多万平方公里的陆地疆土，居于世界第三位，有2.2万多千米的陆地边界，与14个国家相接壤，按地理位置排序依次是：朝鲜、俄罗斯、蒙古、哈萨克斯坦、吉尔吉斯斯坦、塔吉克斯坦、阿富汗、巴基斯坦、印度、尼泊尔、不丹、缅

甸、老挝和越南。

同时，我国也是一个海洋大国，拥有 300 多万平方公里的大陆架及专属经济区，海岸线总长 1.8 万千米，与 8 个国家的大陆架或专属经济区相连接，依次是：日本、朝鲜、韩国、菲律宾、马来西亚、印度尼西亚、文莱和越南，另外还与美国等国家隔海相望。

我国的海陆邻居众多，仅次于俄罗斯，居于世界第二名。另外，这些海陆邻国多是军事强国，有的国家曾经对我国发动过侵略战争，有的国家与我国存在着历史遗留下来的边界领土争端和海洋划界争议；有的邻国之间存在积怨，甚至对立，一旦发生冲突将影响我国的边境安全；有的国家内部不稳定因素多，内乱时有发生，对我国边境安全造成压力；有的国家居民与我国边境居民为同一民族，信奉同一宗教，虽有利于两国边境居民友好往来，但也存在消极因素。这些因素都将影响我国周边安全环境，也使我国的地缘环境更加具有复杂性和多变性。

2. 我国在国际战略环境中具有重要地位

世界地缘可以分为海洋地缘和亚欧大陆地缘这两大地缘战略区。美国属于海洋地缘战略区，而且美国是全世界范围内的军事强国，不仅在海洋地缘战略区具有重要地位，在全球范围内都影响重大。除美国外的世界其他强国大多集中在亚欧大陆地缘战略区域，俄罗斯位于该战略区的中心地带，我国属于亚欧大陆地缘战略区，背靠亚欧大陆，面向太平洋，处于上述两大地缘战略区的交界处，受两大地缘战略区的影响，也对两大地缘战略区的军事活动和国家防御方针制定具有重要作用。

冷战结束后，美国成为世界上唯一的超级大国，可与之相抗衡的俄罗斯虽然暂时力量衰弱，但仍是世界第二大军事强国，与我国同处亚欧大陆东部的日本，"二战"之后也开始了经济的飞速发展，目前经济实力居于世界第三位，同时日本的军费开支数目为亚洲第一，并且日本正在向政治大国迈进。在地理位置上，我国处在这些大国之中，与他们相互接壤，在政治、军事上，我国相关的政策制定也受其影响，所以如何处理好与美、俄、日之间的国家关系，不仅关系到我国自身的安全，而且关系到东亚、亚太地区乃至世界的安全与稳定。

二、我国周边安全环境现状

进入新世纪以来，随着国际战略环境的变化，和平与发展成为新的时代主题，一个相对稳定和和平的安全环境不断地得到巩固和发展。我国与所有邻国的关系得到发展和改善，目前没有一个国家与我国处于相互敌对的状态。经过共同努力，我国与一些曾经关系紧张的国家也逐渐建立起相互谅解和信任的正常关系，重新走上了健康发展的道路。目前，我国周边安全环境处于中华人民共和国成立以来最好的时期之一，呈现出稳定和和平的新局面。

（一）我国周边安全环境总体保持稳定和和平

进入 21 世纪后，我国周边安全环境总体上是稳定的，这一稳定局面是由以下几方面因素决定的。

1. 亚太地区安全格局在发展中保持相对稳定

美、日、中、俄、东盟和印度是决定亚太地区安全的六大力量，在亚太安全事务中均起着重要的作用，形成既相互合作又相互制约的复杂性战略关系，构成了合作制衡的亚太安全总体格局。一方面，各个力量之间都保持着不同程度的合作与协调关系：美日及美国与东盟国家之间存在着较为密切的合作关系；俄印、美印之间也正在发展战略伙伴关系；中美、美俄、中日之间也保持和发展着相互合作与协调的关系。另一方面，各个力量之间又存在着复杂的竞争关系，形成相互制约的态势：美俄、中美之间存在着遏制与反遏制的斗争；中日、中印之间存在着一定的互不信任和相互竞争，俄日之间存在着领土争端等。但是由于在谋求地区安全与稳定、促进经济发展等方面存在共同利益，这六个力量将保持相对稳定的发展态势，一般不会出现全面性对抗。这种相对稳定的地区安全格局为中国周边安全环境的稳定发展提供了有利的背景和条件。

2. 我国同周边国家的睦邻友好关系全面推进

近年来，中国同周边国家建立了各种不同类型的伙伴关系，确立了在新世纪发展相互关系的基本框架：中俄于 2001 年签署了《睦邻友好合作条约》，两国战略协作伙伴关系继续推进；中朝传统友好关系得到恢复和加强，中韩全面合作伙伴关系深入发展，中国与朝鲜、韩国之间在朝鲜半岛问题上保持着磋商和协调；中国同欧盟的友好合作全面发展，双方睦邻友好互信伙伴关系已经升级为面向和平与繁荣的战略伙伴关系；中国同巴基斯坦的全面合作伙伴关系得到了进一步的巩固与发展；印度核试验后，一度倒退的中印关系已经得到全面改善和发展，特别是 2003 年 6 月两国总理签署了《中印关系原则和全面合作宣言》，中印睦邻关系进入了新的阶段；中日政治关系虽近年来受历史等问题影响而处于低潮，但是两国之间经贸关系仍继续发展。总体而言，目前中国处于中华人民共和国成立以来周边关系和周边环境最好的时期，睦邻关系友好发展为中国创造和平稳定的周边安全环境提供了良好的基础。

3. 促进地区稳定的多边安全机制不断发展

东盟地区论坛（ARF）是东亚地区最重要的官方多边安全对话与合作机制，东盟地区论坛成立于 1994 年，截至 2014 年，共有成员国 27 个，囊括了东亚所有的国家和地区，自成立以来共举行了 21 届外长会议，就亚太地区政治安全问题开展建设性对话，在亚太地区建立信任措施、核不扩散、维和、交换非机密军事情报、海上安全和预防性外交六大领域开展合作。1989 年成立的亚太经济合作组织（APEC）是亚太地区最具影响力的经济合作官方论坛，到 2014 年，共有 21 个正式成员和 3 个观察员，该组织在推动区域贸易投资自由化、加强成员间经济技术合作等方面发挥了不可替代的作用，2014 年 APEC 峰会在北京怀柔雁栖湖举行，峰会的主题是共建面向未来的亚太伙伴关系，中国国家主席习近平主持峰会。1996 年在上海成立的上海合作组织，到 2014 年共有 6 个成员国，5 个观察员，3 个对话伙伴和 3 个参会客人，上海合作组织的成立宗旨是为加强成员国之间的相互信任与睦邻友好，鼓励成员国在政治、经济、科技、文化、教育、能源、交通、环保和其他领域的有效合作，联合致力于维护和保障地区的和平、安全与稳定，建立民主、公正、合理的国际政治经济新秩序。这些地区多边安全机制的形成与发展为我国周边安全环境的和平与稳定提供了重要保证。

（二）相对稳定的安全环境中存在着不安全因素

1. 西方军事强国对我国安全环境影响深远

冷战结束后，美国称霸世界的野心进一步膨胀，以美国为首的西方世界仍然有一股企图遏制中国的逆流，反华势力顽固地坚持冷战思维，不愿意看到中国的富强和统一，竭力鼓吹

"中国威胁论"。

"9·11"事件后，在美国的政策定位中，中国是"一个正在崛起、发展方向不确定而且挑战美国在亚太地区目标和利益的国家"，在2002年的《核态势评估报告》中，美国更将中国列为可能打击的对象之一。西方世界以美国为首，对我国采用各种手段进行遏制：一是在政治上推行"西化"政策，屡屡以所谓的人权为借口，干涉我国内政，在我国统一问题上推行"分化"政策，插手台湾问题、西藏问题等；二是在军事上推行"进逼"政策，在亚太地区保持足够的军事实力存在，乘阿富汗战争之机在中亚长期驻军并建立情报站，2014年美国总统奥巴马在访问菲律宾时与菲律宾商定共建海军基地等；三是在经济、外交等方面推行遏制政策，通过这些政策和手段，以美国为首的西方国家对我国安全环境造成综合性的影响，成为制约我国和平稳定发展的主要因素。

2. 周边热点地区发生突变的可能性并不排除

我国周边热点地区之一就是朝鲜半岛，朝鲜半岛的形势好坏直接关系到我国的安全与稳定。朝鲜战争后，朝韩双方在板门店签署《朝鲜停战协议》，意味着双方仍处于战争状态，此外，由于南北双方的实力相差甚远，边境冲突时有发生，这使得南北谈判举步维艰，军事对峙的僵局很难打破。"9·11"事件后，美国把朝鲜列为"邪恶轴心国"和"潜在的核打击目标国家"，使朝鲜半岛再次出现核危机，为解决朝鲜半岛核危机，由朝鲜、韩国、中国、美国、俄罗斯和日本等国组成了"六方会谈"机制，以和平方式可验证地实现朝鲜半岛无核化。从2003年8月27日举行第一轮"六方会谈"开始，到2007年9月30日为止，一共进行了六轮会谈，2009年朝鲜宣布退出之后，"六方会谈"一直没有恢复。"六方会谈"就推进朝鲜半岛无核化达成了一些共识，在艰难曲折的过程中取得了一定的进展。但是朝鲜2009年4月5日宣布发射"光明星二号"卫星后，联合国安理会就此发表主席声明：认为朝鲜的发射活动违背了安理会第1718号决议，并将对朝鲜进行制裁，朝鲜外务省也发表声明：拒绝接受安理会的这一主席声明，并将按原状恢复已经去功能化的核设施，之后，朝鲜于2009年5月25日和2013年2月12日进行了两次核试验，这样使朝鲜半岛核危机再次升温。2013年5月25日，朝鲜特使崔龙海在与我国国家主席习近平进行会谈时，表示朝方愿意进行"六方会谈"，但"六方会谈"美方团长、美国朝鲜政策特别代表格林·戴维斯表示，如果朝鲜不改变态度，"六方会谈"恐难得到重启。至此，朝鲜半岛发生冲突或战争的可能性并不能排除，一旦发生上述情况，我国的安全环境必将受到威胁。

我国周边热点的另一个问题是印度与巴基斯坦的对立。由于历史的原因，印度和巴基斯坦两国既存在民族仇恨，又存在宗教纠纷，还存在着领土争端，现在印巴两国仍陈重兵于边境，相互对峙，特别是两国争夺的焦点地区——克什米尔地区武装冲突以及双方之间的相互指责时有发生。印度作为地区大国，1996年拒绝在《全面禁止核武器条约》上签字，并以"中国威胁论"为借口，大力发展核武器，在1998年5月进行了核试验，巴基斯坦也紧随其后，也在1998年5月进行了核试验，两国核军备竞赛进一步加剧，在印巴矛盾恶化的情况下，极有可能发生冲突或战争，由于印巴两国都与我国毗邻而居，克什米尔地区又与我国接壤，一旦印巴发生冲突或战争，都会对我国的安全环境产生不利的影响。

另外，伊核问题、伊拉克战争等造成的地区安全问题也不可避免地给我国安全环境带来影响。

知识拓展

克什米尔地区

克什米尔是"查谟和克什米尔"地区的简称，位于印度、巴基斯坦、中国、阿富汗之间，面积约为 19 万平方公里。

克什米尔问题是"分而治之"的殖民政策造成的。18 世纪中叶，印度次大陆开始沦为英国的殖民地。"二战"结束后，印度摆脱英国的殖民统治获得独立。1947 年 6 月，英国最后一任驻印度总督蒙巴顿提出了把印度分为印度和巴基斯坦两个自治领的"蒙巴顿方案"。根据"蒙巴顿方案"的规定，印度教徒居多数的地区划归印度，穆斯林占多数的地区归属巴基斯坦。但对克什米尔的归属问题却规定由各王公土邦自己决定加入印度或巴基斯坦，或保持独立。当时，克什米尔地区 77% 的人口为穆斯林，他们倾向加入巴基斯坦；克什米尔土邦王是印度教徒，他先是既不想加入印度，也不愿加入巴基斯坦，但最后又倾向加入印度。因此，印巴分治时，克什米尔的归属问题未能得到解决。

印、巴分治后不久，双方为争夺克什米尔主权于 1947 年 10 月在克什米尔地区发生大规模武装冲突，即第一次印巴战争。1947 年 12 月，印度将克什米尔问题提交联合国安理会。1948 年 8 月和 1949 年 1 月，联合国印巴委员会先后通过关于克什米尔停火和公民投票的决议，印巴均表示接受。1949 年 1 月双方正式停火，7 月划定了停火线。克什米尔分为印控区和巴控区，印巴分别在各自控制区内建立了地方政府。

1966 年 1 月，第二次印巴战争之后，双方签署了《塔什干宣言》。宣言声称双方将恢复两国间的正常关系，通过和平手段解决争端。但是在关键的克什米尔问题上，《宣言》仅仅表明双方都陈述了各自的立场。至于公民投票、军事人员的活动范围等关键问题均未提及。

1971 至 1972 年的第三次印巴战争后签署的《西姆拉协议》，要求双方举行双边会晤最终解决克什米尔问题。

3. 我国与邻国的海洋争端持续并难以解决

近年来，我国在坚持和平共处五项原则基础上与世界各个国家发展友好关系，认真贯彻"与邻为善，以邻为伴"的外交方针，特别注重发展与邻国的睦邻友好关系，与所有邻国的关系得到不同程度的改善，但我国与有的邻国还存在着边界争议及海洋权益的争议，从现实情况看，我国与邻国的边界争议及海洋权益的争议情况复杂，解决起来难度很大，这些争议始终是可能威胁我国边境和领海安全的不稳定因素。

在黄海，我国与朝鲜、韩国之间存在因大陆架划分而产生的争议水域；在东海，我国主要与日本存在因大陆架划分而产生的争议水域，并就钓鱼岛归属问题同日本存在争议，自 2012 年 9 月 11 日日本政府非法购岛后，中日关于钓鱼岛的矛盾持续升级，2012 年 12 月 26 日，安倍晋三出任日本首相后，推行各种反华政策，例如要求欧盟维持对华武器禁运、构筑对我国的包围圈、要求我国撤销防空识别区、建钓鱼岛专属部队等，安倍晋三自称这些为"积极和平主义"，并企图修改宪法，虽然安倍晋三的政策多被世界各国反对，但仍使中日东海问题变得更加尖锐，加之美国等国家的影响，东海问题变得更复杂和多变；在南海，我国岛屿被侵占、海域被分割、资源被掠夺的情况十分严重，尤其是南沙群岛的岛礁几乎被越南、菲律宾等国瓜分殆尽，而我国提出的"主权属我，搁置争议，共同开发"的政策难以推进，同时东盟就南海问题集体发声，多边化趋势难以阻挡，这些因素致使南海问题错综复杂，增大了我国解决有关海洋权益争议的难度。

4. 台湾问题复杂，影响我国统一大业

实现祖国统一，是包括台湾同胞在内的全体中华民族的根本意愿，是关系到国家命运和民族威望的大事，但是，在实现祖国统一的道路上，台湾方面特别是陈水扁上台后，不顾台湾及台湾人民的前途和命运，一意孤行地推行各种"台独"分裂活动，使台湾岛内的"台独"实力恶性发展，在公然抛出"一边一国"论的同时，采取岛内"公民投票"的方式来决定台湾的"前途、命运和现状"，为未来台湾地区进一步的主权"公投"创造条件。陈水扁任内，两岸在分裂的道路上越走越远，两岸关系被其推到危险边缘。

除此之外，台湾借助一些西方大国势力，坚持拒绝两岸进行政治谈判，坚决反对"和平统一，一国两制"的主张，积极推进"两个中国，一中一台"的分裂政策，企图使台湾问题国际化，两岸关系复杂化。同时，台湾军方加强研制和购买武器，积极整军备战，企图以武拒统，以武谋"独"。

这些问题随着马英九的上台而有所缓和，但是马英九在就职演说中明确表示："我们将以最符合台湾主流民意的'不统、不独、不武'的理念，在'中华民国'先发架构下，维持台湾海峡的现状。"目前，两岸在海基会和海协会的积极磋商下，实现了通信、通邮和通航，两岸经贸和人员往来交流日益增加。因此马英九上台后，在一定程度上使"民进党"制造的两岸紧张关系得到缓解，但是，马英九在两岸关系上未重申国民党关于中国大陆与台湾终极统一的原来立场。在主权问题上，马英九的态度依然暧昧，坚守以"中华民国"为表，以"台湾"为里的"台湾主体性"的认同，谋求两岸"对等"的关系。2016年，蔡英文就任台湾当局领导人后，从未能确认"九二共识"这一体现一个中国原则的共同政治基础，两岸联系沟通机制进入停摆状态。由此可见，解决台湾问题，实现祖国统一大业的道路仍将曲折复杂。

5. 恐怖主义和民族分裂活动威胁我国安全

我国是一个多民族的国家，国家统一、民族团结、社会稳定始终是国家安全和发展的重要前提，但随着恐怖主义和民族分裂势力的全球化蔓延，恐怖主义对我国安全统一的危害不容低估。当前，出现了民族分裂主义、国际恐怖主义和宗教极端主义合流的趋势，这三股势力内外勾结、相互借重，对世界和平与发展构成了更加严重的威胁。

当下，中东、中亚、南亚和东南亚地区成为恐怖主义活动的高发区，我国也处于恐怖主义和民族分裂势力活动的威胁之中，境外东突恐怖组织和"藏独""疆独"分子正加紧向我国境内渗透，已经制造出数起惨绝人寰的恐怖袭击，2013年10月28日，3名嫌疑人驾车在天安门制造了5人死亡、40人受伤的袭击事件，后经公安机关调查，这起事件被定性为"一起经过严密策划，有组织、有预谋的暴力恐怖袭击案件"，2013年10月31日，我国政府在强烈谴责"10·28"事件的同时，再一次表明了一贯坚持反对并严厉打击一切形式的恐怖主义的立场，宣布将成立国家安全委员会，表明了我国对待恐怖主义的态度。但是不可否认的是，恐怖主义和民族分裂势力活动，已经对我国的安全和稳定构成了最现实和最直接的威胁。

思考题

（1）什么是国际战略环境？国际战略环境的特点有哪些？

（2）国际战略格局经历过哪些演变？

（3）国际战略格局的发展趋势是什么？

（4）我国周边安全环境有哪些主要特点？

（5）我国相对稳定的周边安全环境中存在哪些不安全因素？

第四章 军事高技术

学习目标

掌握军事高技术的概念和分类；
理解军事高技术对现代战争的影响；
了解高技术在军事上的应用。

第一节 军事高技术概述

跨入 21 世纪，世界军事革命迅猛发展，各国军事现代化建设进入了一个全新的重要发展时期。以信息技术为龙头的高新技术正在日新月异地蓬勃发展，以传感技术、计算机技术、智能技术等为代表的高科技革命，正在全面地改变着战争的方式、手段、观念和体制编制。了解军事高技术，首先要了解何为高技术。

一、高技术及其主要特点

（一）高技术的含义

高技术，又称高新技术，是指建立在综合科学研究基础上，处于当代科学技术领域前沿或领先地位的，对促进经济和社会发展、增强国防力量有巨大推动作用的技术群。

当代高技术主要包括相互支撑、相互联系的 6 大技术群，即信息技术群、新材料技术群、新能源技术群、生物技术群、海洋开发技术群和航天技术群。

信息技术是现代技术革命的核心技术和先导技术。它是当代和未来科学技术的先导，主要包括微电子、光电子、计算机、自动化、卫星通信和光纤通信技术等。

新材料技术是高技术及其产业发展的物质基础，主要包括信息材料、能源材料、结构材料和功能材料技术等。

新能源技术是现代技术革命的支柱技术，它是人类从事物质资料生产的动力源泉，是保障人民生活和发展国民经济的重要支柱，主要包括核能、太阳能、风能、地热能、海洋能和生物能技术等。

生物技术是现代技术革命中最具有发展前景的技术之一，它是解决人类粮食、能源和医药难题的有效手段，主要包括基因工程、细胞工程、酶工程和发酵工程技术等。

航天技术是人类飞向宇宙空间进行活动的综合技术，它是现代科技发展的象征，主要包括航天器的制造、发射和测控技术、航天遥感、空间通信以及空间工业技术等。

海洋开发技术是以综合高效开发海洋资源为目的的综合技术，它是开发利用海洋资源的新手段，主要包括海水淡化、海水提铀、海底采矿以及海堤工程建设技术等。

（二）高技术的主要特点

1. 高智力

高技术是知识密集型技术，它的发展必须依赖创造性的智力劳动，依赖富有创新意识、创新能力的高素质人才，体现了高智力的特点。

2. 高投入

高技术的研究开发，需要较长的研制周期和昂贵的设备，同时在研制的过程中需要耗费巨额资金，这就需要较高的资金投入。

3. 高风险

高技术研究本身蕴含着巨大的风险，甚至要以生命为代价，高技术研发的失败，对企业就意味着投资的失败，对国家就意味着国家利益受到损害。

4. 高竞争

高技术的时效性决定了谁先掌握高技术，谁先开发出新产品并抢先投放市场或用于战场，谁就能获得优势，占据主动。

5. 高渗透

高技术本身具有极强的综合性和技术辐射性，隐含着巨大的技术潜力，不仅可以用于新兴产业的创立，而且可以用于传统产业的改造，成为经济、国防、科学、技术、政治、外交和社会活动等各个领域发展变化的驱动力。

6. 高效益

高技术产品是高附加值的产品，实践证明，高技术成果一旦转化为市场化的产品，就能获取巨大的经济利益，一旦得到实际应用，就能产生广泛的社会影响，获得较高的回报。

二、军事高技术的含义

人们通常把应用于军事领域或从军事领域直接产生的高技术称为军事高技术，具体地说，军事高技术是建立在现代科学技术成就的基础上，处于当代科学技术前沿，对国防科技和武器装备发展起巨大推动作用的那部分高技术的总称。

军事高技术的主要领域包括两个方面，一是支撑高技术武器装备发展的共性技术，例如：微电子技术、光电子技术、电子计算机技术、新材料技术、新能源与动力技术、先进制造技术和仿真技术等；二是应用于武器装备的应用性高技术，比如：侦察监视技术、电子对抗技术、精确制导技术、航天技术、伪装与隐身技术、指挥控制技术、新概念武器技术等。

目前，世界发达国家在军事高技术研究和发展方面竞争非常激烈，其发展重点主要是以计算机为核心的微电子技术、软件技术与信息技术，以战场监视、目标探测为中心的遥感与传感技术，以传输信号、图像、信息为目的的通信技术，以提高机动性能、增大作战距离为目的的推进技术、动力技术、制导技术与能源技术等。

三、军事高技术的主要特征

（1）综合性。军事高技术都是由多种技术组成的一个个技术群体。

（2）渗透性。军事高技术的应用不仅普及整个军事领域，同时还会寻租转为民用。

（3）创新性。军事高技术的创新科技成果具有生命周期短、创新快的特点，同时还可以在军事领域中支援各种创新活动。

（4）增效性。军事高技术能使武器装备的效能大大提高，使部队的战斗能力增强。

（5）时效性。军事高技术发展迅猛，其阶段性成果只有及时应用与推广，才能发挥巨大的军事效益。

（6）竞争性。各国军队为了走精兵高效之路，竞相发展军事高技术。

（7）风险性。军事高技术是前沿技术，要进行超前性研究，其结果难以预料。

（8）战略性。发展军事高技术是国家的战略决策，它将直接关系到国家在世界战略格局中的地位。

第二节　高技术在军事上的应用

一、精确制导技术

精确制导技术，是按照一定的规律控制武器（含导弹）的飞行方向、姿态、高度和速度，引导武器系统战斗部准确攻击目标的军事技术，又称制导技术。

（一）制导技术的分类

1. 自主式制导

自主式制导是以武器内部或外部固定参考点为基准，导引和控制武器飞行的制导方式。

自主制导的特点是导引信号由导弹本身的制导系统产生，制导过程完全在导弹内自主完成，故不需要任何导弹外设备的配合。导弹发射出去后和目标、指挥站不发生任何关系，因而隐蔽性好、抗干扰能力强。由于在发射前就将目标的特征数据与规划的弹道存放在弹上的计算机内，导弹在飞行过程以此为基准，也就存在导弹一经发射后，飞行弹道就不能再改变的弊端。所以，只适用于攻击固定目标或运动轨迹已知的活动目标。一般用于复合制导导弹的初始飞行段。

自主制导包括惯性制导、天文制导、图像匹配制导、程序制导和卫星制导。

（1）惯性制导。惯性制导是利用安装在导弹上的测量设备测量导弹的运动参数，获得导引信息，控制导弹飞向目标的制导。

惯性制导必须在发射前事先根据发射点和目标的位置，计算出一条标准弹道数据，并存入弹上计算机。发射后，导弹自行按照预定的弹道控制射程和方向，直至准确命中目标。

惯性制导仅靠弹上设备独立工作，不易受干扰，不受距离限制，可全天候工作，同时发射的导弹数量不受限制。缺点是制导精度随飞行时间（距离）的增加而降低，故常与其他制导方式组成复合制导，对惯性制导进行校对，提高导引精度。

（2）图像匹配制导与影像匹配制导。图像匹配制导又称地图匹配制导，是指通过遥感特征图像把导弹自动引向目标的制导。

其工作原理是：事先在导弹发射点到目标点之间选择具有明显的地形或地貌特征的标志区，通过遥感、遥测手段按其地面坐标点标高数据绘制成数字地图，作为基准图的信息储存在弹上计算机中。导弹飞行中，弹上的图像遥感装置在预定空域内摄取实际地表特征图像，在相关器内将实时图与基准图进行比较。如果实时图与基准图一致，就叫"匹配"，表示导弹是按预定的弹道飞行；如果实时图与基准图不一致，说明不"匹配"，表示导弹的飞行方向有偏差。这时，弹上计算机便会自动计算出偏差的大小，导引系统发出修正指令，控制系统改变发动机的矢量，或改变弹翼的方向，控制导弹飞回正确的航线上。这样，导弹就能准确地飞向预定目标。地图匹配制导精度与射程无关，受气候条件的影响也不大。

影像匹配制导全称为数字影像匹配区域相关制导，其工作原理与地形匹配制导相似。地形匹配制导与影像匹配制导的主要区别是，地形匹配是以地面坐标点高度为依据，建立的是高程数字模型地图；而影像匹配是以地面景物的特征为依据，它的精度更高。

（3）卫星定位系统制导。卫星定位系统制导是通过全球卫星定位系统来实现制导的技术。

它的工作原理是：预先将导弹飞行弹道数据装入导弹内，导弹飞行中利用弹上安装的导航接收机，同时接收 4 颗以上导航定位卫星播发的信号来测出导弹的实际飞行弹道，与拟定飞行弹道进行比较，发现并修正偏差，导引导弹飞向目标。

目前，只有美、俄拥有独立的全球卫星导航能力。美国的全球定位系统（GPS）是世界上广泛应用的现役卫星导航定位系统。GPS 系统由空间设备、地面控制设备及用户设备三部分组成。空间设备由 24 颗导航卫星构成，其中 21 颗工作卫星和 3 颗备用卫星，在离地高度约为 20 183 千米处有 6 个椭圆形轨道平面，轨道倾角 55 度，均匀分布 4 颗卫星，3 颗卫星的覆盖区域超过全球，故使全球各地用户至少可同时接收到 6 颗卫星播发的导航信号。地面控制站用于测量和预报卫星轨道并对卫星上的设备工作情况进行监控，为用户接收机提供卫星相对于地面的位置数据。地面控制设备由 5 个地面监控站、3 个上行数据发送站和一个主控站构成，用户设备为各种 GPS 接收机。该系统于 1987 年开始发展，全部系统于 1993 年完成并正式使用。最初研制目的是为海上舰船、空中飞机、地面车辆及人员等提供全天候、连续、实时、高精度的三维位置、速度和精确的时间信息，现已扩展为精确制导武器制导的一种手段。精确制导武器利用 GPS 系统可以大大提高制导精度。卫星定位系统制导，可在恶劣气象条件与干扰环境下精确进行制导，并可保证武器在没有任何图像信息的情况下准确击中目标。

2. 寻的式制导

寻的式制导是由武器上的导引头感受目标辐射或反射的能量，自动跟踪目标并形成制导指令，导引和控制武器飞行的制导。其特点是制导精度较高，但制导距离不能太远。按感受目标信息的来源可分为主动、半主动和被动寻的制导。主动和被动寻的都具有发射后不管的特点。半主动和被动寻的制导多用于空空导弹、地空导弹和空地导弹。寻的式制导系统是利用导弹上的接收装置接收目标所辐射或反射的某种能量而实现的，这些能量有红外线辐射、无线电波、光辐射、声波等。常用的寻的式制导主要有雷达寻的制导、红外线寻的制导、电视寻的制导、毫米波寻的制导、激光寻的制导等。寻的式制导与自主式制导的区别在于武器与目标间的联系。

3. 遥控式制导

遥控式制导是由设在武器以外的制导站引导和控制武器飞向目标的制导。制导站可设于地面、海上（舰艇）、空中（载机）。制导站依据测得的目标与武器的相对位置和运动参数，形成导引指令发送给武器，武器接收指令后，由自动驾驶仪控制武器飞行，直到命中目标。

遥控制导的武器受控于制导站，飞行弹道可以根据目标运动情况而随时改变，因此，它适于攻击活动目标，在地空、空地、空空和反坦克导弹上使用较多。根据导引信号形成情况，遥控制导系统可以分为指令制导和波束制导两大类。指令制导可分为有线电指令制导、无线电指令制导和电视指令制导。波束制导分为雷达波束制导和激光波束制导两类。

4. 复合式制导

复合式制导是采用两种或两种以上制导方式组合的制导。单一的制导方式都有其长处，又可能出现制导精度不高、作用距离不够、抗干扰能力不强或不能适应飞行各阶段要求等情况，若要精确制导武器具有作用距离远、精度高，又有较强的抗干扰能力，显然依靠单一的制导方式是难以实现的。先进的精确制导武器系统往往都采用复合制导方式，在同一武器系统的不同飞行段，不同的地理和气候条件下，采用不同的制导方式，扬长避短，组成复合式精确制导系统，以实现准确命中目标。其组合方式依导弹类别、作战要求和目标等不同而异。

（二）精确制导技术的应用

精确制导武器是精确制导技术的主要应用。

精确制导武器是命中精度很高的制导武器的总称，是采用精确制导技术，用无人驾驶的制导飞行器，准确地把战斗部运送到目标区，并在弹道末段进行精确制导的武器系统。它包括命中率很高（命中率不低于50%）的导弹、制导炮弹、制导炸弹、制导鱼雷等。

精确制导武器起源于制导武器。第二次世界大战期间，德国人制造并在实战中使用了飞航式导弹（或称巡航导弹）V－1和弹道式导弹V－2，从此揭开了制导这门神秘技术的序幕。第二次世界大战后，特别是20世纪70年代，微电子和计算机技术的突破和在制导技术中的应用，使制导精度有了很大提高，精确制导武器进入全面发展阶段，并在几场局部战争中产生很大影响。精确制导武器的发展，大体经历了四个阶段。

第一阶段，20世纪50年代末至60年代初出现战术导弹。50年代中期，随着小型火箭发动机和制导技术的改进，命中精度有很大提高。

第二阶段，20世纪60年代末至70年代初出现制导炸弹。随着微电子和计算机技术在制导技术中的广泛应用，相继出现了电视制导、红外制导、雷达波束制导和激光制导的航空炸弹。

第三阶段，20世纪70年代末至80年代初出现了制导炮弹。第一代制导炮弹以80年代美军的"铜斑蛇"和苏军的"红土地"为代表。

第四阶段，20世纪90年代，精确制导技术开始向"智能化"方向发展。例如，美国的"黄蜂"空对地导弹，由于采用了先进的信号处理和人工智能技术，已经具有了初步的智能化特征。它能够在一定程度上识别真假目标，并且与其他导弹协调工作。

（三）精确制导武器在现代战争中的作用

1. 精确制导武器已成为现代战场的主要打击兵器

1973年10月第四次中东战争期间，交战双方使用精确制导武器约20种。1982年英阿马岛战争中，英军用空空导弹击落阿军飞机66架，占阿军全部被击落飞机的83%。在1991年海湾战争中，精确制导武器更是大显身手，充当了战场的主角。多国部队使用了大约20种精确制导武器。虽然投入的精确制导武器数量仅占全部弹药消耗量的7%～8%，却完成了伊拉克被摧毁重要目标的80%以上。美军在海湾战争以后的历次战争中，使用精确制导武器的数量占全部弹药总量的比例不断上升，到2003年伊拉克战争时，这个比例已经达到68%。目前，几乎所有国家都或多或少地拥有水平不等的精确制导武器。精确制导武器已经成为现代战场的主要打击武器。

2. 精确制导武器的应用使作战样式发生深刻变化

精确制导武器在现代作战中的大量使用，给现代作战带来许多新的变化，主要表现在使超视距、多模式、多目标精确打击成为可能。作战中使用精确制导武器，可以实现"外科手术"式打击，使得对点目标攻击的附带杀伤和破坏降至尽可能小的程度，同时提高了全天候、全天时的作战能力。

3. 精确制导武器是改变军事力量对比的重要杠杆

现代战争表明，精确制导武器正在改变坦克、飞机、大炮、军舰等传统武器装备的军事价值，成为改变战争双方军事力量对比的重要杠杆。精确制导武器与电子战的密切配合，将是决定未来战争胜负的重要因素。事实说明，精确制导武器改变军事力量平衡的作用越来越明显。精确制导武器还促进了常规威慑力量的形成。以对点目标的摧毁能力为例，部分精确制导武器的威力已经与小型核武器相差无几。

知识拓展

东风系列导弹

东风系列导弹（如图4-1所示），是我国研制的一系列中程和洲际弹道导弹。这一系列的导弹编号为"DF-X"形式，如东风-1号又写作DF-1。由于冷战期间，美苏签署《中导条约》销毁双方的中程弹道导弹，因此东风系列也是目前世界上唯一覆盖各种类型弹道导弹的陆基弹道导弹系列。

图4-1 东风系列弹道导弹

比较知名的有东风-4号远程地地战略导弹，这是我国研制的第一代远程地地战略导弹，1970年1月30日试射成功，1980年服役，导弹全长27.5米，弹径2.4米，起飞重量

82 吨，采用二级液体燃料火箭发动机，机动发射，最大射程 4 000 千米，命中精度 1 370 米。

东风 - 31 号洲际地地战略导弹，是我国研制的第二代洲际地地战略导弹。1995 年 5 月 29 日试射成功。导弹全长 13.4 米，弹径 2.2 米，起飞重量 17 吨，采用三级固体燃料火箭发动机，公路机动发射和发射井发射，最大射程 8 000 千米。可携带 1 枚 700 千克的威力为 100 万吨 TNT 当量的热核弹头或 3 枚威力为 9 万吨 TNT 当量分导热核弹头，命中精度 300 ~ 500 米。

二、侦察监视技术

侦察监视技术，是指在全时空内用于发现、区分、识别、定位、监视和跟踪目标所采用的技术。侦察监视是军队获取敌情、地形以及其他有关作战情报而进行的活动。

（一）侦察监视技术的工作过程

整个侦察监视技术的探测过程可分为 6 个阶段：发现、区分、识别、定位、监视和跟踪。

（1）发现。通过把目标与其背景作比较，或依据周围背景的某些不连续性，将潜在的目标提取出来，即确定在某个地方有目标。

（2）区分。即确定目标的种类，主要是根据目标的外形和运动特征加以区分。

（3）识别。即确定目标的真假和区分真目标的类型。所发现的目标可能是真目标，也可能是假目标；真目标中还有敌友以及种类之分，如是敌方目标还是友邻部队，是坦克还是装甲运输车或汽车等，必须加以识别区分。

（4）定位。按照一定的精度探测确定出目标的位置，包括目标的方位、高度和距离。对于需用直瞄武器或间瞄武器予以摧毁的目标，特别需要精确跟踪和定位。

（5）监视，即严密注视目标的动静。通常使用技术器材或由人员隐蔽地实现。

（6）跟踪。即对目标连续不断地监视。对已发现和识别的目标特别是运动目标应进行连续不断地监视。

（二）侦察监视技术在军事上的应用

1. 地面侦察监视技术

地面侦察监视，是在陆地上进行的侦察监视行动。其手段除熟悉的光学侦察外，还有无线电技术侦察、雷达侦察和地面传感器侦察等。

（1）光学侦察。是使用光学仪器、设备，利用背景和目标发射或反射光信息的差异获取情报信息的侦察。它包括可见光侦察、微光侦察、红外光侦察、激光侦察。常见的器材有望远镜、潜望镜、侦察经纬仪、测距机、地面远程摄影机、各种照相机、微光夜视仪、红外夜视仪等。

（2）无线电技术侦察。是指使用无线电技术器材搜集和截收对方无线电信号的侦察。它可以截收和破译敌方无线电通信信号，查明敌方无线电通信设备的配置、使用情况及战术技术性能，以此判明敌人的编成、部署、指挥关系和行动企图。

无线电技术侦察分为无线电通信侦听、无线电通信测向定位两种。无线电通信侦听主要是运用电波传播、信号和联络三个规律来实施侦察。能够在不知道敌方通信地点、通信制度、工作频率、调制方式、记录方法等情况下，实施并完成无线电通信侦听任务。无线电通信侦听设备主要是无线电接收机。无线电通信测向定位是指利用无线电定向接收设备（无线电测向仪）来确定正在工作的无线电发射台的方位。其种类，按显示方法分为听觉测向和视觉测向；按使用方式可分为固定测向、半固定测向和移动测向。无线电技术侦察具有隐蔽性好、获取情报及时、侦察距离大、不受气象条件限制和不间断地对敌进行侦察等优点，但也受敌无线电通信距离、器材性能和采取的各种隐蔽措施所制约。

（3）雷达侦察。是使用雷达设备，利用物体对无线电波的反射特性测定目标距离、速度、方位和运动速度的侦察方法。

雷达的工作方式通常分为两类，一类发射的雷达波是连续的，称为连续波雷达；另一类发射的雷达波是间歇的，称为脉冲雷达。目前广泛应用的是脉冲雷达。脉冲雷达主要由天线、收发转换开关、发射机、接收机、定时器、显示器、伺服系统、电源等部分组成。其原理为：发射机产生强功率高频振荡脉冲；具有方向性的天线，将这种高频振荡转变成束状的电磁波，以光速在空间传播；电磁波在传播过程中遇到目标时，目标受到激励而产生二次辐射，二次辐射中的一小部分电磁波返回雷达，为天线所收集，成为回波信号；接收机将回波信号放大和变换后，送到显示器上显示，从而探测到目标的存在。为使雷达能够在各个方向搜索、发现和跟踪目标，通常采用伺服系统用机械转动天线或用电子控制方法使波束在一定范围内扫描。定时器用于控制雷达各个部分保持同步工作。收发转换开关可使同一副天线兼作发射和接收之用。电源供给雷达各部分需要的电能。

目标的距离是根据电磁波从雷达传播到目标所需要的时间（即回波信号到达时间的一半）和光速（每秒30万千米）相乘而得的。目标的方位角和仰角是利用天线波束的指向特性测定的。根据目标距离和仰角，可测定目标的高度。

雷达侦察具有探测距离远、测量精度高、能全天候使用等特点。它是目前应用非常广泛的一种侦察方法。

（4）地面传感器侦察。是指对地面目标运动所引起的电磁、磁、声、地面震动和红外辐射等变化量进行探测，并把它们转换成人能识别与分析的图像及电信号的设备。

地面传感器通常由探测器、信号处理电路、发射机和电源4个部分组成。运动目标所产生的地面振动波、声响、红外辐射、电磁或磁能等被测量，由探测器接收并转换成电信号，再由信号处理电路放大和处理，送入发射机进行调制后发射出去，由设在远处的接收机接收、解调和识别发现的目标。

目前大量使用的地面传感器有震动传感器、声响传感器、磁性传感器、应变电缆传感器、红外传感器等。震动传感器，它通过震动探头（也叫拾震器）拾取地面震动波来探测目标；使用时，运动目标所引起的地面震动传至拾震器，将使其中的电磁线圈上下震动，在线圈上就会产生感应电势，形成一个电信号；该信号经处理放大，再由传感器的发射机发射出去。声响传感器，它的探测头是一个传声器，俗称话筒或麦克风，是一种声电转换器，工作原理与麦克风相同。磁性传感器的探测器为一个磁性探头，工作时在其周围形成一个静磁场，当铁磁金属目标进入磁场就造成磁场搅动，使传感器的指针产生偏转和摆动，并转换成电信号，发往监控中心。应变电缆传感器的探测器是一根极细的应变钢丝；使用时，埋在目标可能通过的路面下，当运动目标通过浅埋的应变电缆时，钢丝因受挤压而变形，引起电阻发生变化，产生一个电信号，起到报警的作用。红外传感器，是利用钽酸锂受热释电的原理而制成的无源被动式红外探测器；目标经过时，红外探头吸收目标发出的红外辐射，释放电荷，变成电信号输出。伪装的地面传感器可用飞机空投、火炮投掷、人工布设到交通线上和敌人可能出现的地段。

2. 水下侦察监视技术

水下侦察监视是利用水下侦察监视设备来探测水下的各种目标，它是现代侦察监视系统的重要组成部分。水下侦察监视装备大体可分为两类，即水声探测设备和非水声探测设备。水声探测装备主要有声呐、水下噪声测量仪、声线轨迹仪、声速仪等；非水声探测装备主要有磁探仪、红外线探测仪、废气探测仪等。目前，水下侦察监视网络是以水声探测为主构成的，非水声探测设备作为补充得到了较快的发展。

声呐是利用声波对水中目标进行探测、定位和识别的水声探测装备。它是最主要的水下侦察监视装备，俗称水下"千里眼""顺风耳"。声呐按其工作方式分为主动式和被动式两种。

主动式声呐主要由发射机、换能器、接收机、显示器、定时器和控制器等组成，需要主动地向海中发射声信号，测定目标方位和距离，能够探测静止无声的目标。但由于声波的传输距离比较近，侦察距离也比较近，因此很容易被敌方侦听，使自己暴露。

被动式声呐主要由换能器、接收机、显示控制台等组成。被动式声呐不主动发射声信号，只接收海中目标发出的噪声信号，从而发现目标，测出目标方向和判别目标性质。它隐蔽性、保密性好，识别目标能力强，侦察距离较远，但不能探测静止无声的目标，也不能测定目标距离。

根据使用对象不同，声呐可分为水面舰艇声呐、潜艇声呐、航空声呐和海岸声呐等。

水面舰艇难以隐蔽，为了探测水中障碍，与己方潜艇进行水声通信，特别是为了避免遭受潜艇攻击和反潜作战的需要，水面舰艇往往装有几种不同类型的声呐，包括搜索、射击指挥、探雷、测深、侦察识别、通信等。

潜艇隐蔽于水下，对声呐的依赖程度高于水面舰艇。潜艇为了搜索、发现、区分、识别、监视和跟踪水面舰艇、潜艇等目标，探测水雷等水中障碍及进行水下通信和导航，通常装有多种类型的声呐。如噪声测向仪、回声定位仪、侦察仪、探雷器、水下敌我识别器、水下通信仪、声速测量仪、声线轨迹仪、测深仪和测冰仪等。

航空声呐主要用于直升机对潜艇实施搜索、发现、区分、识别、监视和跟踪。航空声呐包括吊放式声呐、拖曳式声呐和声呐浮标系统三种。其中，吊放式声呐，便于对大面积海区实施搜索，能较迅速地查明有无潜艇活动。航空拖曳式线列阵声呐收放十分方便，阻力小，搜索效率高。声呐浮标适用于对大面积海域的搜索，使用比较便捷。

海岸声呐是在港口附近的海区、重要海峡和航道设置的固定换能器基阵，以此来实施对潜警戒，并引导岸基或海上的反潜兵力实施对潜攻击。海岸声呐的工作方式通常以被动式为主。其隐蔽性能好、探测距离较远，但体积庞大，安装维修困难，特别是易受气象条件和海底地质情况的影响。

3. 航空侦察监视技术

航空侦察监视，是指使用航空侦察监视设备和航空侦察监视平台对空中、地面、水面或水下情况进行的侦察。其原理是利用机上的这些光电遥感器或无线电接收机等侦察设备，接收并记录各种目标的电磁辐射，经加工处理后，从中提取有价值的情报信息。航空侦察监视设备主要有可见光照相机、红外照相机、多光谱照相机、激光扫描相机、红外扫描装置、电视摄像机、合成孔径雷达和机载预警雷达等。航空侦察监视平台，主要包括有人驾驶侦察机、侦察直升机、无人驾驶侦察机和预警机。

4. 航天侦察监视技术

航天侦察监视，是指使用有侦察设备的航天器在外层空间进行的侦察。随着航天技术的发展，航天侦察监视已经不仅能满足战略情报的需要，而且也能满足战役、战术情报的需要，具有轨道高、速度快、范围广和限制少等优点。它可以根据需要，长期、定期、反复、连续地监视全球或某一地区，并能在较短的时间内实时地提供侦察情报。航天侦察监视的分类，按是否载人，可分为卫星侦察和载人航天侦察（卫星侦察是主要方式）；按任务和侦察设备，可分为照相侦察卫星、电子侦察卫星、导弹预警卫星和海洋监视卫星等。

三、伪装与隐身技术

侦察监视技术迅猛发展，与之相对应的反侦察技术也必然不断发展，伪装与隐身技术已经成为对付侦察监视技术的最有效技术之一。

伪装技术是为减少目标和背景在可见光、红外、无线电波等方面的反射或辐射能量差异，采取的各种技术措施。

隐身技术又称隐形技术、低可探测技术，是通过降低武器装备等目标的信号特征，使其难以被发现、识别、跟踪和攻击的综合性技术。

伪装与隐身技术是在侦察探测技术不断发展的背景下迅猛发展的，现在已经成为对付侦察探测和精确打击最有效的技术之一。

（一）伪装技术的分类

军事伪装有各种不同的分类。按其在战争中的运用范围，可分为战略、战役和战术伪装；按其所对付的侦察器材，可分为雷达波段伪装、可见光及红外波段伪装、防声测伪装等。另外，按所采用的技术，可分为传统伪装和高技术伪装。具体的伪装技术有如下几种。

1. 天然伪装

天然伪装技术就是充分利用地形、地物、夜暗和能见度不良气候（风、雪、雨、雾）等天然条件，隐蔽或降低目标暴露征候的一种手段。天然伪装技术主要用于对付光学（紫外、可见光和近红外）侦察，在一定条件下也能对付红外侦察、雷达侦察、声测和遥感侦察。天然伪装因地制宜，简便、省时，无须更多的材料。

其主要原理在于可见光、红外线、雷达波是直线传播的，陡峭的崖壁、高山、谷地、土坝、沟渠、森林等地形、地物，都可造成观察死角，使目标得到较好隐蔽。夜暗、雾、雨、雪天候，不利于敌方的光学侦察，妨碍敌方雷达、红外、声测和遥感侦察，也可用于隐蔽军队的行动。

实施天然伪装，应做到保持背景外表不发生任何破坏和不合理的改变，使在探测器中目标配置后形成的斑点与背景的总体斑点图案吻合。如将堑壕、交通壕沿着沟渠、河堤线状地物构筑；目标配置在地物的阴影中；将目标的阴影投影在暗斑点上或地物及其阴影上，且目标避开可能成为方位物或辅助瞄准点的地物，分散配置；目标上的金属、玻璃闪光应予以消除；各种可能暴露目标的声响、烟、火、活动痕迹等，应予以掩蔽。

2. 迷彩伪装

迷彩伪装就是利用迷彩技术生产的涂料、染料和其他材料，来改变目标表面，达到消除或减小目标与背景之间反射或发射可见光、热红外和雷达波，以及改变目标外形，达到伪装目的。迷彩伪装技术主要是根据测量的背景反射特性，以背景反射光谱特性曲线为基础，制定迷彩颜料或涂料的配方，以复制背景；并通过对颜色和表面组织结构的控制，在目标上形成地物色彩和表面组织结构图案，以减少与背景的对比度，消除阴影，造成模糊，改变目标的轮廓。按照目标类型、背景特点和涂料技术，可大致将伪装迷彩分为保护色迷彩、变形迷彩、仿造色迷彩、光变色迷彩和多功能迷彩等。

3. 植物伪装

植物伪装技术是利用种植植物、采集植物和改变植物颜色等方法对目标实施伪装的技术。由于其简易有效，在现代战争中仍经常使用。其做法包括：在目标上种植植物进行覆盖；利用垂直植物遮蔽道路上的运动目标；利用树木在目标地区构成植物林；利用种植植物改变目标外形和阴影（即植物遮障技术）；利用新鲜树枝和杂草对人员、火炮、汽车和工事实施临时性伪装；用割草、施肥、熏烧或喷洒除莠剂，以制造斑驳的背景形象，降低目标的显著性，等等。植物伪装技术简单易行，所以在现代战争中仍是常用的伪装技术，而且十分有效。

4. 人工遮障伪装

人工遮障伪装是利用各种制式伪装器材设置，对目标进行遮蔽的一种手段。它由遮障面和支撑构件组成。遮障面采用制式的伪装网或就便材料编扎，制式遮障面有叶簇式薄膜伪装网、雪地伪装网、伪装伞、反雷达伪装网、反中红外侦察伪装遮障和多频谱伪装遮障等。支撑遮障按其用途和外形，可分为水平、垂直、掩盖、变形和反雷达遮障 5 种。

人工遮障的设置必须尽量使遮障面轮廓、斑点、图案和物理特性（反射可见光、红外线、雷达波）与周围背景相接近，同时还应考虑距离不同时的观察效果，以避免暴露。

伪装遮障一般在较窄的波谱范围内有效，而新型的多频谱伪装遮障技术则在可见光、近红外、中红外和微波范围内均有遮蔽作用，可降低目标显著性。

5. 烟雾伪装

烟雾伪装是利用烟雾遮蔽目标，迷盲、迷惑敌人或使来袭制导武器失效所实施的伪装。通过散射、吸收的方式衰减光波能量，来干扰敌方光学侦察。由于发烟材料的发展，现代烟幕对雷达和红外波段同样具有干扰和遮蔽作用。同时，还可以对付激光制导炸弹等。

随着纳米材料技术的发展，纳米晶体材料可用于形成新型气溶胶，具有微波、红外、光学波段的吸收能力，能全波段干扰敌方的侦察。新型烟幕具有烟障形成时间短，烟障面积扩大，烟剂毒性降低的特点，覆盖的频率范围跨越了紫外、可见光、近红外、中热红外波段。气溶胶/烟幕伪装作为一种简单、快速而经济的伪装越来越受到高度重视。

6. 假目标伪装

假目标伪装是指为欺骗、迷惑敌人而模拟目标暴露征候所实施的伪装。假目标伪装技术的关键在于，假目标的制作外形、尺寸应与真目标一致，在红外辐射及微波反射特性上，应尽量类似于真目标。假目标经济、结构牢固、轻便、易于拆装，主要包括形体假目标和功能假目标两类。形体假目标主要是指仿造的兵器、人员、工事、桥梁等，目的是迷惑敌人，吸引敌人的注意力和火力，从而有效地保护真目标。功能假目标是指各种角反射器、尤伯透镜反射器、热目标模拟器、红外诱饵弹、综合红外箔条等具有反射雷达波或产生热辐射等特定功能的假目标。

7. 灯火与音响伪装

灯火与音响伪装技术是通过消除、降低和模拟目标的灯火与音响暴露征候，以隐蔽目标或迷惑敌人所实施的伪装。灯火伪装分为室内灯火伪装和室外灯火伪装。室内灯火伪装包括遮光、降低照明强度、限制照射范围、模拟透光窗户等方面。室外灯火伪装主要有信号灯的隐蔽、车辆前后灯的隐蔽、发光标志（指示运动方向、指示目标位置、指示障碍物中的通路等）的隐蔽，或采用新型冷光源模拟正在行驶的车辆灯光和模拟作业场的灯火等。音响伪装可通过消除音响，使目标音响在到达侦听点时比环境噪声小 15 分贝（安静地区的环境噪声声级通常夜间为 35 分贝、白天为 45 分贝；一般地区夜间为 45 分贝，白天为 60 分贝）。如不能达到消除音响的要求，也应尽量降低音响，声级每降低 6 分贝，可使侦听距离缩小 1/2。压制音响时要求压制噪声比目标音响高 15 分贝以上。模拟音响时要求模拟音响与目标音响具有相似的频率和声级。

（二）隐身技术的具体内容

1. 雷达隐身

雷达是最重要的侦察探测装置之一，雷达隐身技术自然成为一种最重要的隐身技术。其原理是根据雷达在无干扰时自由空间的测距方程，具有一定性能参数的雷达的探测距离与目标（如飞行器）的雷达散射截面积的 4 次方根成正比。因此，要想缩短雷达的探测距离，就要减小目标的雷达散射截面积。雷达隐身技术主要包括隐身外形技术、隐身材料技术、自适应阻抗加载技术、微波传播指示技术和等离子体隐身技术等。

2. 红外隐身

许多军事目标如飞机、导弹等，都会在飞行途中发出强大的红外辐射，利用其红外辐射信号的特征，通过红外探测器就可以发现目标，并引导导弹等制导武器跟踪、接近和摧毁目标，这就是红外探测和制导技术。随着红外侦察、红外制导技术的发展，与之相对抗的红外隐身技术也迅速发展起来，并成为一项重要的军事高技术。红外隐身技术隐蔽的信息是目标（如飞机、导弹等）的相对辐射能级与红外辐射特征，隐蔽信息的中心是目标的红外辐射强度和辐射波段。

红外隐身技术除采用红外干扰外，主要就是一种通过抑制目标的红外辐射，使敌方红外探测系统难以发现的技术。

3. 电子隐身

目标除了容易被敌方的雷达和红外探测系统发现之外，其本身所载的电子设备因不断向外辐射电磁信号也易被敌方侦察系统发现。为了使目标不被性能越来越高的电子侦察系统（如地对空雷达干扰系统、通信干扰系统等的侦察接收机）发现，作为抑制目标本身所发生的电磁信号特征的电子隐身技术也成为一种重要的隐身技术。

电子隐身技术主要是抑制武器装备等目标自身的电磁辐射，目前采用的主要技术措施有：减少无线电设备，如用红外设备代替多普勒雷达；用激光高度表代替雷达高度表；用全球定位系统或天文惯导系统代替无线电导航系统等微波传播指示技术。

4. 可见光隐身

可见光探测系统的探测效果，取决于目标与背景之间的亮度、色度和运动等视觉信号参数的对比特征。采用可见光隐身技术，目的就是要减少这些对比特征。反可见光探测的隐身技术措施主要有：①改进目标外形的光反射特征；②控制目标的亮度和色度；③控制发动机喷口的火焰和烟迹信号；④控制目标照明和信标灯光；⑤控制目标运动构件的闪光信号。

5. 声波隐身

声波隐身技术是控制目标的声波辐射特征，以降低敌方声波探测系统对目标的探测概率。许多目标（如飞机、坦克和舰艇等）都会向周围介质（如空气、大地和水下等）辐射高能级噪声声波，极易被敌方噪声传感器、声呐等声波探测系统探测到。目标的噪声源，主要是发动机等机械的工作噪声，目标及其部件（如旋桨）运动和排气对周围介质的扰动噪声，以及目标体与其构件的振动噪声等。目前，声波隐身技术措施主要有：发动机和辅助机采用超低噪声设计，采用吸声和阻尼声材料、减振和隔声装置，减小旋桨对介质的扰动噪声，合理进行目标整体设计，以避免发生共振现象，等等。

（三）伪装与隐身技术在军事领域的应用

1. 隐身飞机

隐身飞机是隐身武器研制和发展最快、取得成果最多的领域。隐身飞机之所以能有效地对付雷达、红外、电子、可见光和声波的探测，是由于它综合运用了各种隐身技术，降低飞机的雷达截面积、红外辐射特征，控制了飞机的可见光目视信息特征，以及降低了飞机的噪声等。

2. 隐身导弹

隐身导弹是伴随隐身飞机发展起来的，目的是减小被拦截概率，增强突防和攻击能力。导弹隐身主要是通过采用雷达吸波材料及特殊的头部外形设计以减小雷达散射截面积，改进发动机及尾气排放装置以降低导弹的红外特征来实现的。隐身导弹已成为一种发展趋势，各国不仅发展隐身巡航导弹、地对空导弹、反舰导弹，有些国家还正在探索研制隐身洲际弹道导弹。

3. 隐身舰船

隐身飞机的迅速发展和出色表现，极大地促进了隐身战舰的发展。美国"海影"号隐身军舰，于1983年开始秘密设计建造。10年后，"海影"脱颖而出，并进行了一系列海上试验，曾掀起了轩然大波。目前美海军装备的 SSN - 688 "洛杉矶"级、"海狼"级潜艇都可谓是隐身潜艇。俄罗斯充分利用其在舰艇隐身技术处于世界领先水平的优势，精心打造超级隐身军舰，其海军新型多功能型隐身护卫舰"立方体"早已在北方造船厂动工。

4. 隐身坦克

随着现代高技术反坦克武器的发展，坦克一旦被发现就很容易被摧毁。引入隐身技术使其难以被发现，是增强坦克生存能力十分有效的途径。目前，美国已加快隐身坦克、装甲车辆的研制步伐，并推出 M - 113 隐身装甲车。美、英已计划联合发展未来的隐身侦察/步兵战车，美国在"未来作战系统"上采用的隐身技术，其绝大部分都将用于这种未来的隐身侦察/步兵战车。俄罗斯已经问世的 T - 95 主战坦克、BM - 2T 步兵战车等都具有很强的隐身性能。

✎ 知识拓展

歼 -20 与歼 -31

歼 -20（如图 4 -2 所示），代号威龙，是中国成都飞机工业（集团）有限责任公司为中国人民解放军研制的第四代（按照欧美、中国战斗机划分标准为第四代，按照俄罗斯战斗机代次划分标准则为第五代）双发重型隐形战斗机，用于接替歼－10、歼－11等第三代空中优势战机，是中国多用途重型歼击机的未来，该机将负担我军未来对空、对海的主权维护任务。

歼－31（如图4－3所示），代号鹘鹰，是中国航空工业集团公司沈阳飞机工业集团公司（简称：沈飞）研制的第四代（俄制第五代）双发中型隐形战斗机，采用双发、单座、固定双斜垂尾、蚌式进气道。该机将与中国重型隐形战斗机歼－20形成高低搭配，并且拟推出隐形战机出口型号，还有发展为替代歼－15战斗机的新一代隐形舰载战斗机的潜力。

2012年10月31日上午10时32分，歼－31成功首飞。中国成为世界第二个同时试飞两种四代机原型机的国家。2014年11月歼－31实机首次亮相第十届中国珠海航展。

歼－20与歼－31是我军目前在研最先进的隐形战机。

图4－2　J－20

图4－3　J－31

四、电子对抗技术

电子对抗技术是直接应用于信息对抗的各种技术的总称，是军用信息技术的一个分支。未来信息化条件下的局部战争，电子对抗内涵和外延不断扩展，逐渐由传统意义的以控制有限电磁频谱和利用电磁能攻击对手的对抗，发展到在信息领域为获取战场信息使用权和控制权的全面对抗。

（一）电子对抗技术的分类

电子对抗按对象可分为雷达对抗、通信对抗、光电对抗、导航对抗、制导对抗、敌我识别对抗、无线电引信对抗、遥控遥测对抗和C3I（指挥 command、控制 control、通信 communication，情报 intelligence，简称为 C3I）对抗等。在总体上可将这些对抗分为电子侦察、电子干扰和电子防御三个基本内容。

1. 电子侦察

电子侦察是作战一方利用专用电子侦察设备，对敌方的雷达、无线电通信设备、导航设施、遥测遥控设备、武器制导系统、电子干扰设备、敌我识别装置以及光电设备等发出的无线电信号进行搜索截获、识别、定位和分析，确定这些设备或系统的类型、用途、工作规律、所在位置及其各种技术参数，进而获取敌方编成、部署、武器配备及行动意图等军事情报，为己方部队实施电子预警、电子干扰和其他军事行动提供依据。

2. 电子干扰

电子干扰是利用电子干扰装备，在敌方电子设备和系统工作的频谱范围内采取的电磁波扰乱措施，是一种常用的电子对抗措施。干扰对象是敌方的雷达、无线电通信、无线电导航、无线电遥测、敌我识别、武器制导等设备和系统，也包括各种光电设备。

3. 电子防御

电子防御，是为防止己方电子设备辐射的电磁信号以及战术技术参数被敌方侦察到，消除或削弱敌方电子干扰对己方电子设备的有害影响，避免遭受反辐射导弹的破坏，而采取的综合措施。此外，运用反辐射导弹摧毁敌方的辐射源，是一种特殊的电子对抗手段。

（二）电子对抗技术的应用

1. 通信对抗技术

通信对抗技术主要包括通信干扰和通信抗干扰。通信干扰是根据具体情况采取欺骗、扰乱直至压制和破坏的手段，使敌方的通信系统不能正常工作。它包括快速引导干扰频率技术、灵活干扰技术和复合干扰技术。通信抗干扰技术是解决如何应对敌方有意干扰的技术，主要包括扩展频谱技术、采用自适应天线阵干扰对消技术、采用猝发通信技术、采用新的通信波段和使用保密通信技术。

通信对抗技术的发展趋势主要是研究对付扩频通信的技术手段，发展相参干扰、分布式干扰等技术，研究空天一体的通信干扰新技术等。

2. 雷达对抗技术

雷达对抗技术包括雷达干扰和雷达电子防御。

对雷达实施干扰的目的，是使雷达无法发现目标或使其得到虚假的目标数据。雷达干扰分为压制干扰和欺骗干扰。每类干扰又可分为有源和无源两类。压制干扰主要采取噪声的形式，杂波噪声进入雷达接收机后，破坏雷达发现目标的作用，适合于对付搜索雷达。欺骗干扰主要破坏雷达跟踪系统的正常工作，使雷达出现错误的目标数据。有源干扰需要干扰机发射电磁能量，进入雷达接收机而产生作用。无源干扰是利用一些器材对雷达信号发射或吸收而影响雷达信号接收。

雷达电子防御技术主要包括雷达反侦察技术和雷达抗干扰技术。雷达反侦察技术的实质就是采取技术措施，减少雷达被发现的可能性。雷达抗干扰技术在雷达的各个部分都有体现，没有单独的抗干扰设备，主要有频率捷变技术、旁瓣对消技术等。

雷达对抗技术的发展趋势，一是更加智能化，以适应更加复杂和多变的电磁环境；二是强化电子进攻能力，加强实施摧毁和定向打击能力；三是扩展频谱范围，并将无线电、微波和光学等多种频谱的利用综合为一体；四是增强与其他电子设备的综合一体化，提高武器装备的战斗力，降低费效比。

3. 光电对抗技术

光电对抗，是指敌对双方从紫外、可见光到红外的宽广波段上，利用各种设备和措施进行光电侦察与反侦察、干扰与反干扰的综合光电子斗争。光电对抗技术可区分为光电侦察报警技术、光电干扰技术和光电防御技术。

光电侦察报警是实施有效干扰的前提。它是指利用光电技术手段对敌方光电武器和侦测器材辐射或散射的光信号进行探测、截获和识别，并及时提供情报和发出报警。光电侦察报警根据工作波段，可划分为激光侦察报警、红外侦察报警、紫外侦察报警等几种类型。

光电干扰是采取某些技术措施破坏或削弱敌方光电设备的正常工作，以达到保护己方目标的干扰手段。在光电精确制导武器广泛使用的现代战争中，光电干扰的地位更加重要。光电干扰技术的发展，集中在红外诱饵、红外烟幕、光电干扰机和光电摧毁4个领域。

光电防御是指在有光电对抗的条件下，为提高光电武器装备的作战能力而采取的一切措施，包括光电反侦察报警和光电反干扰。光电反侦察报警是为防止和破坏敌方光电侦察报警设备实施有效侦察报警而采取的一切措施。光电反干扰是指为排除或破坏敌方光电干扰效果而采取的一切措施，是提高武器装备突防能力、命中精度的重要手段。

4. 网络进攻技术

网络进攻技术包括对计算机系统的软攻击和对计算机网络硬件电路的硬摧毁。

对计算机系统的软攻击，主要是指利用计算机病毒、"黑客"等手段对计算机系统进行攻击，造成系统瘫痪或获取有用的信息。主要是计算机病毒、网络"蠕虫""特洛伊木马"程序、逻辑炸弹和计算机"陷阱"攻击。由于计算机病毒武器具有隐蔽性、传染性等特点，因此，计算机病毒武器将在未来战争中广泛使用。网络"蠕虫"通过计算机网络的通信设施"蠕动""扭动"和"爬行"，在此过程中传播病毒，影响信息和信息系统。"特洛伊木马"程序是一种埋藏了计算机指令的病毒程序，也是隐藏和传播计算机病毒及网络"蠕虫"的常用手段。逻辑炸弹是软件程序开发者或系统研制者事先埋置在计算机系统内部的一段特定程序或程序代码，这种"炸弹"在一定条件（如特定指令、特定日期和时间）的触发下，释放病毒、"蠕虫"或采取其他攻击形式，修改、冲掉信息数据，抑制系统功能的发挥，造成系统混乱。计算机"陷阱"又叫"陷阱门"或"后门"，是程序软件开发者或系统研制者有意设计的隐藏在计算机程序中的几段特定程序。

对计算机系统的硬摧毁主要是指对计算机网络硬件电路的进攻技术。它包括使用特殊设计的芯片、研制纳米机器人和芯片细菌、定向能摧毁、电磁脉冲弹摧毁等。

网络进攻技术的发展趋势主要包括：一是利用战术定向能武器。当电磁脉冲武器的尺寸、重量和外形因素可以在常规封装中投送使用，或高功率微波武器可以装载在战术飞机等平台中时，才能发挥定向能武器的战术技术性能。为达到这一目的，战术定向能武器正在进行小型化研究，使得存储、产生、变换电磁能量的技术部件在几百千克的封装重量内需要产生出大概1 000千焦耳数量级的能量。二是开发纳米机器人和芯片细菌。纳米机器人和芯片细菌都可以攻击计算机的硬件系统，用纳米材料制造的微小机器人可以秘密部署到敌人信息系统或武器系统附近，他们有的利用携带的微型传感器获取敌方信息，有的可以通过插口钻入计算机，破坏电子线路。芯片细菌是经过培育的能毁坏硬件设施的一种微生物，可以通过某些途径进入计算机，嗜食集成电路，对计算机系统进行破坏。三是采用半自动、自动化网络攻击和反应技术，以计划和决策支持工具建立网络攻击和效能模型，实现有组织的动态寻的和攻击启动；人员在环路中评价战斗损失和实施半主动反应，进一步发展半主动攻击与监视、模拟和直接访问方法相结合，实现自动化；智能工具将在信息作战的所有领域内自动地实施集成的并行攻击。四是研制微机械有机体和数字有机体。数字控制的自主式机械有机体向具有搜索和破坏电子系统能力的显微设备提供实体感知、刺激和移动，这种机械可以像化学试剂一样扩散，而且可以像智能机械、化学武器那样实施作战行动。具有人工智能的全自主式数字有机体将完成目的驱动活动，包括搜寻（网络浏览）、自适应、自防御、进攻和复制。五是开发新的破译技术。量子计算有可能迅速地完成对大素数的高度并行分解和离散对数计算，由此，为密码分析方法提供了强大的工具，是对当今应用的所谓"坚固"编码方法的挑战，有可能较快地破译传输信息中的密码。

5. 网络防御技术

网络防御技术包括安全防护技术、"防火墙"技术和实施信息安全机制。

军用信息系统通常采用无病毒的计算机硬件及软件产品，选用专门的病毒检测软件，对购进的计算机硬件和软件产品进行彻底检查，并清除可能携带的病毒。对计算机硬件设备都应装有适当的安全防护装置，建立可靠的工作环境，并具有一定的抗干扰能力和抗摧毁能力。计算机和计算机网络应加入屏蔽设施，限制电磁辐射量，确保计算机和网络物理安全。

为防止外部非授权者通过外部计算机网络向用户内部网络的非法入侵，在外部网络或计算机之间设置具有封锁、过滤、检测等功能的装置，即"防火墙"。它可以有效防止外部非授权用户进入内部网络，同时保证授权用户互通。

信息安全机制主要包括机制鉴别、保密、完整性、不可抵赖和访问控制等。机制鉴别就是对数据源和对等实体进行鉴别，以验证所收到的数据来源与所申请来源是否一致，以及某一联系中对等实体与所申请的一致性。保密是将被存储或传输的数据信息经过加密伪装，即使数据被非法的第三者窃取或窃听都无法破译其中的内容。加密的主要方法是采用密码技术。完整性是防止未授权者对数据的修改、插入和复制。不可抵赖就是防止在传送结束后，否认发送和接收数据。访问控制是限制非授权者访问信息和利用资源。

网络防御技术的发展趋势主要包括：一是实施网络入侵综合探测。入侵探测器将综合全网络中分布式传感器的数据，在个体作战行动和多层次性能综合的基础上完成入侵探测。二是采用海量密码术。数据隐藏密码方法可以做到既有效又安全，在网络上为"公众通路"提供海量数据的坚固编码。三是进行多类型电子认证。对信息系统进行访问的电子认证控制将综合利用多种类型的有机体测定和密码设备，为任何人提供电子安全认证。四是开发反定向能武器技术。对定向能武器实施定位和攻击的积极对抗措施及支援传感器是特殊的定向能武器，它可以提前发射能量，从而破坏其作战对象，使其内部的高能存储设备失效或摧毁。五是采用全光纤网络。光纤主导化和全光纤网络及数据库，将使用激光、光纤和全息技术抗击定向能武器和实体拦截的威胁。六是研究量子密码学。在量子状态下的粒子通信，提供了一种既有通信安全特性又有传送安全特性的潜在信息编码和传输方法，从而实现不失真的无源量子密码信息接收。

五、军事航天技术

（一）军事航天技术的组成

1. 航天运载器技术

运载器技术是航天技术的基础。要想把地球上的物体运送到外层空间去，必须克服地球引力和空气阻力。运载器技术的发展，为各种航天器提供了强大的动力装置。常用的运载器是运载火箭。运载火箭主要由动力系统、控制系统、箭体和仪器、仪表系统组成，通常分为单级运载火箭和多级运载火箭。

自1926年美国研制成功世界上第一枚液体火箭后，由于发展洲际导弹和航天的需要，运载火箭技术得到了迅速发展。随着航天事业的发展，液体火箭已逐渐由武器和运载两用，转向主要为航天运载服务。固体火箭则主要用做运载火箭的助推器以及空间发动机。自1957年以来，苏联/俄罗斯、美国、法国、日本、中国、英国、印度等国以及欧洲航天局先后研制出80多种运载火箭，修建了18个航天发射场，进行了5 000多次轨道发射。

2. 航天器技术

航天器是在太空沿一定轨道运行并执行一定任务的飞行器，亦称空间飞行器。迄今为止，人类共成功发射近5 000多个航天器。通常分无人航天器和载人航天器两大类。

无人航天器，按是否环绕地球运行又分为人造地球卫星和空间探测器等。人造地球卫星，按用途分为科学卫星、应用卫星和技术试验卫星等。空间探测器，按探测目标分为月球探测器、行星（金星、火星等）探测器和星际探测器。

载人航天器，按飞行和工作方式分为载人飞船、空间站和航天飞机等。载人飞船可分为卫星式载人飞船、登月式载人飞船和行星际载人飞船等。空间站可分为单一式空间站和组合式空间站。

3. 航天测控技术

航天测控技术，是对飞行中的运载火箭及航天器进行跟踪测量、监视和控制的技术。为了保证火箭正常飞行和航天器在轨道上正常工作，除了火箭和航天器上载有测控设备外，还必须在地面建立测控（包括通信）系统。地面测控系统由分布全球各地的测控台、站及测量船组成。航天测控系统主要包括：光学跟踪测量系统，无线电跟踪测量系统，遥测系统，实时数据处理系统，遥控系统，通信系统等。

（二）航天技术在军事上的应用

航天技术的发展从一开始就和军事上的需要紧密相关。至今，在所有发射的航天器中，军用航天器和部分为军事服务的航天器约占70%。航天技术已成为大国军事技术特别是军事高技术的不可缺少的重要组成部分。

1. 军用卫星

军用卫星是指专门用于各种军事目的的人造地球卫星的统称。它是发射数量最多的一类卫星，现已达2 000多颗。军用卫星按用途可分为侦察卫星、海洋监视卫星、军用通信卫星、导航卫星、测地卫星、气象卫星等。

（1）侦察卫星。侦察卫星可以分为照相侦察卫星、电子侦察卫星、导弹预警卫星、海洋监视卫星和核爆炸探测卫星。

在各种侦察卫星中，照相侦察卫星发展最早，发射也最多，是空间侦察监视任务的主要承担者。目前，只有少数国家能够发射并回收照相侦察卫星，其中以美国历史最久，水平最高。美国从1959年开始研制照相侦察卫星，至今已发展到第六代。此外，美国从1988年年底开始发射使用另一种称之为"长曲棍球"的雷达成像侦察卫星，该种卫星采用合成孔径雷达技术，克服了可见光照相侦察卫星黑夜和阴天无法拍照的缺点，可全天候和全天时进行实时侦察，地面分辨率可达1米。俄罗斯的照相侦察卫星也已发展到第六代，其照相侦察卫星的性能与美国的大体相当。

电子侦察卫星用于截获对方雷达和电信设施发射的电磁信号，并测定其辐射源地理位置。世界上只有美国和苏联/俄罗斯发射和使用电子侦察卫星。美国的"大酒瓶"卫星是最新一代的大型电子侦察卫星，可截获整个无线电频率范围内的信号，重点为数据通信信号。海湾战争中美国曾用"大酒瓶"卫星窃听伊军各指挥部甚至小分队之间的无线电通话。苏联/俄罗斯从1976年就开始发射电子侦察卫星，到目前共发射了200多颗。其电子侦察卫星已发展到第五代。

预警卫星用于监视和发现敌方发射的战略导弹，并发出警报。美国的预警卫星系统叫做"综合导弹预警系统"，又叫"国防支援计划"预警卫星，迄今已发展了三代。预警卫星的关键设备是红外探测器。美国第三代预警卫星可在两个红外波段工作，灵敏度很高，可探测到飞机喷气的红外辐射，并且大大提高了探测潜射导弹的能力。美国正在发展的第四代预警卫星的红外探测器将采用24 000元的凝视型焦平面阵列。苏联/俄罗斯的预警卫星系统由九颗"宇宙号"卫星组网，采用大椭圆轨道，卫星在轨道面上以40度间隔配置，每颗星有14小时的探测监视时间，可昼夜监视北半球。

海洋监视卫星主要用来对海上舰船和潜艇进行探测、跟踪、定位、识别，并监视其行动，获取军事情报，包括电子侦察型和雷达型两种。

核爆炸探测卫星是用于探测大气层内和外层空间核爆炸的卫星。典型代表有美国的"维拉"卫星。"维拉"卫星是成对发射的，从1963年10月到1970年4月，美国共计发射了6对12颗"维拉"卫星，现在均已停止工作。

（2）军事通信卫星。通信卫星就是天基微波中继站，一般部署在地球同步轨道上，也有少数部署在大椭圆轨道上，它接收到地面发出的无线电波以后进行放大，然后再转发向地面。卫星通信具有覆盖范围大、通信距离远、通信容量大、传输质量高、机动性和生存能力强等优点，因而在军事通信中有举足轻重的作用。现在，除了一些商用通信卫星同时用于军事通信之外，还研制、部署和使用了专门的军事通信卫星。

军事通信卫星通常可分为战略通信卫星和战术通信卫星两大类。战略通信卫星通常在地球同步轨道上运行，为远程，直至全球范围的战略通信服务。战术通信卫星一般在12小时周期的椭圆轨道上运行。这种卫星主要用于近程战术通信，为军用飞机包括反潜战斗机和海面舰艇等提供机动通信服务。

军事通信卫星用来担负保密的、大容量的、高速率的战略和战术通信勤务。未来的军事通信卫星将逐步采用多波束的自动调零天线，扩展频谱的调制技术，自适应的位置保持系统，星上抗辐射加固，卫星间中继链路等技术，以大大提高保密、机动、抗干扰及在核战下的生存能力。

（3）军事导航卫星。导航卫星是为航天、航空、航海、巡航导弹和洲际导弹等提供导航信号与数据的卫星。一颗导航卫星，就相当于一个设在空间的无线电导航台。导航卫星上所装有的无线电信标机以固定的频率，按照规定的时间间隔向地面、海上等的用户发射无线电信号，报道当时卫星在空间的位置和发出信号的时间，用户利用无线电接收设备接收到卫星发出的信号，从而确定自身的位置和航向。用导航卫星进行导航不受气象条件和距离的限制，而且导航精度高。

最早的（即第一代）军事导航卫星系统是美国于 20 世纪 60 年代发射的由六颗"子午仪"导航卫星组成的导航卫星网。1973 年起美国开始研制新一代的导航星全球定位系统（GPS）。导航星全球定位系统共有 24 颗卫星，分布在 6 个轨道面内，其中有 21 颗工作卫星和 3 颗备用卫星。卫星轨道高度约 2 万千米，全球各地的所有用户，在任何时候至少可以同时收到 4 颗导航星的信号。所以，导航星全球定位系统能 24 小时连续不断提供三维位置、三维速度和精确时间信息。

导航星全球定位系统可为地面车辆、人员及航空、航海、航天等领域的飞机、舰船、潜艇、卫星、航天飞机等进行导航和定位；可用于洲际导弹的中段制导，作为惯性制导系统的补充，提高导弹的精度；还可用于照相制图和大地测量、空中交会和加油、空投和空运、航空交通控制和指挥、火炮的定位和发射、外弹道测量、反潜战、布雷、扫雷、船只位置保持、搜索和营救工作等。

此外，苏联 1982 年开始建立环球导航卫星系统（GLONASS），已有 18 颗导航卫星在天上工作，计划 1995 年建成在 3 个轨道面内均匀分布 24 颗导航卫星的星座体系。环球导航卫星系统的导航水平接近 GPS。此外，世界上的导航卫星系统还有欧洲航天局的伽利略卫星定位系统和中国的北斗导航卫星定位系统。

（4）测地卫星。测地卫星是用来测定地球的形状和大小、地球重力场的分布、地面的城市、村庄和军事目标地理位置的卫星。测地卫星有重要的军事价值。

地球不是标准球体，而且地面上有山、河、湖、海，高低不平，因此地球重力场的分布不均匀。同时又由于测量误差等原因，原有地图上标明的各种地理位置常与实地不符。这一切对导弹弹道的计算，对飞机和导弹的惯性制导及巡航导弹的地图匹配制导都会造成很大的影响。如果不用测地卫星准确测定有关数据，洲际弹道导弹和巡航导弹就难以击中目标，从而大大降低战略武器的效能。目前，各国正在利用测地卫星进行全球大地测量，以获取重要的具有战略意义的资料。此外，测地卫星还可以配备其他专用设备（如多光谱观测相机等）进行地球资源的勘察，成为地球资源卫星，用于了解和掌握各国战略资源的储备情况等。

（5）气象卫星。气象卫星是从空间获取军事气象情况的重要手段，对全球天气监视和天气预报业务均有十分重要的作用。气象卫星主要有两种类型：极地轨道的近地气象卫星和同步轨道上的静止气象卫星。这两类卫星大都是军用与民用相结合，但也有专门的军用气象卫星系统。

近地气象卫星离地面的高度一般在 800 千米左右。气象卫星上装有电视摄像机，它能够拍摄全球的云图。气象卫星上装有扫描辐射计。扫描辐射计的探头能敏感地探到一定波段的电磁辐射。当它对云层和大气扫描时，就能记下云层和大气在各个波段如可见光、红外、微波的辐射强度，转变成电信号以后，通过无线电波发送给地面。地面站接收以后，经过计算机处理，就可以得到云的形状、云顶高度、大气温度和湿度，海面温度和冰雹覆盖面积等。

2. 天基武器系统

天基武器主要指攻击敌方航天器用的卫星及卫星平台，如反卫星卫星、反卫星及反弹道导弹动能武器平台和定向能武器平台等。天基动能武器平台和天基定向能武器平台是美国"战略防御倡议"计划（即"星球大战"计划）中提出的新概念。天战武器系统，现暂未变成现实。现在已进行过试验并可以部署的天基武器主要是反卫星卫星。

反卫星卫星是对敌方有威胁的卫星实施摧毁、破坏或使其失效的人造卫星。在这种卫星上装设跟踪识别装置和杀伤武器，并使其具有一定的机动变轨能力，以识别、接近并摧毁敌方卫星。

在 1968 年至 1984 年期间，苏联共发射了 50 颗卫星进行了 20 次反卫星拦截试验。在这些卫星中，有的充当靶星，有的作为拦截卫星（即反卫星卫星），还有的作为雷达校准卫星。据美国军方估计，这些试验中有一半是成功的。

3. 军事载人航天系统

（1）载人飞船。是一种保证宇航员在空间轨道上生活和工作，以执行航天任务并返回地面的航天器。它的运行时间有限，仅能一次性使用，可独立进行航天活动，也可以作为往返于地面和空间站之间的"渡船"，还能与空间站或其他航天器在轨道上对接后进行联合飞行。典型的载人飞船由对接舱、轨道舱、返回舱、仪器设备（主要装有动力和电源设备等）舱和太阳帆板等部分组成。载人飞船容积较小，所载消耗性物质有限，不具备再补给能力，不能重复使用。但它是第一种将人直接送入太空的航天器，是航天技术在人造卫星技术基础上的新突破。

载人飞船能担负的军事使命有：作为地面与空间站的军事运输工具，可向空间站运送各种军事补给物资以及接送人员，进行空间救护等；试验新的军用航天设备；用于特定目标的侦察与观察等。

（2）空间站。是大型、绕地球轨道作较长时间航行的载人航天器，是多用途的空间基地。空间站的建立标志着载人航天技术进入一个新阶段。世界主要航天大国无不把建立长期性载人空间站（空间基地或空间基础设施）作为发展载人航天的目标。

与载人飞船相比，空间站具有容积大、载人多、寿命长和可综合利用等优点。由于空间站可载许多复杂的仪器设备，并可由人直接操作，因而可以完成复杂的、非重复性的工作任务。空间站被认为是发展航天技术、开发和利用宇宙空间的基础设施。任何国家要想真正参与空间的开发利用，都必须建立空间站。

从理论上分析，空间站有广阔的军事应用前景。例如：军用航天飞机或空天飞机以空间站为基地可对付任何卫星式作战平台，并随时对全球任何地方构成威胁。空间站可以部署、组装、维修和回收各种军用航天器，并可试验、部署和使用空间武器等。空间站是可以俯瞰全球的理想的侦察基地，可以直接参与跟踪、监视、捕获和拦截敌方航天器和洲际弹道导弹等作战行动。此外，空间站还可以在军用维修、飞机和地面监视系统的配合下，成为空间预警、指挥、控制、通信和情报中心。因此，建立空间站对于未来的高技术战争具有战略意义。

（3）航天飞机。航天飞机是部分可重复使用的、往返于地面和近地轨道之间运送有效载荷并完成特定任务的空间飞行器。航天飞机有多种设计方案，现已研制成功的航天飞机由轨道器、助推器（即助推火箭）、外燃料箱三部分组成。这种航天飞机采用垂直发射，由火箭运载入轨。入轨时助推火箭及燃料箱抛掉，只有轨道器在轨道上飞行，执行轨道任务后再重返大气层并滑翔着陆。

航天飞机的问世是航天技术发展的一个新的里程碑：航天飞机比火箭、卫星和飞船具有更多的优点和更多的用途，在军事上也有巨大的应用潜力。这主要表现在：第一，航天飞机可用于部署、维修、回收各种卫星。美国的航天飞机已多次成功地完成此类任务。第二，航天飞机可方便地实施空间机动，执行反卫星作战任务，拦截摧毁或俘获敌方卫星。第三，航天飞机可执行空间侦察，对地面目标进行监视、跟踪，还可对敌方弹道导弹发射和飞机进行预警。第四，航天飞机可作为从地面到空间站的军事交通工具，为军事目的向空间站接送人员和物资，为建立永久性军事基地和军事工厂服务，等等。

目前，只有美国和俄罗斯研制成功了航天飞机。美国从1972年开始研制可重复使用的航天飞机，1981年4月12日"哥伦比亚"号航天飞机成功地进行了首次轨道飞行。美国已研制成功的航天飞机有"企业"号（试验型）、"挑战者"号（1986年失事炸毁）、"亚特兰蒂斯"号、"发现"号、"哥伦比亚"号（2003年失事炸毁）和"奋进"号。1988年11月15日苏联第一架航天飞机"暴风雪"号也成功地进行了不载人的试验飞行。

航天飞机研制成功是航天技术的重大突破，是人类航天史上一项划时代的成就。然而实际研制成功的航天飞机还没有达到预期的效果。以美国航天飞机为例，主要问题表现在飞行频度低，研制费、发射费昂贵，一次性运载火箭的可靠性差，载人运货合一，不能满足军事需要等。为此，美、英、法等国正在研制性能更好的航天器。比如能水平起降的空天飞机。这是一种既能跨大气层飞行，又能进入绕地球轨道运行，并可执行专门军事任务的可重复使用航天器。它将给空间作战乃至整个军事活动带来重大影响。

知识拓展

神舟飞船

神舟飞船（如图4-4所示）是我国自行研制，具有完全自主知识产权，达到或优于国际第三代载人飞船技术的飞船。神舟号飞船采用三舱一段，即由返回舱、轨道舱、推进舱和附加段构成，由13个分系统组成。神舟号飞船与国外第三代飞船相比，具有起点高、具备留轨利用能力等特点。神舟系列载人飞船由专门为其研制的长征二号F火箭发射升空，发射基地是酒泉卫星发射中心，回收的地点在内蒙古中部的草原。

目前已经发射了神舟一号至神舟十号共计十艘飞船。

神舟五号载人飞船是"神舟"号系列飞船中的第五艘，是我国首次发射的载人航天飞行器，于2003年10月15日将航天员杨利伟送入太空，标志着中国成为继苏联和美国之后，第三个有能力自行将人送上太空的国家。神舟五号飞船载人航天飞行实现了中华民族千年飞天的愿望，是中华民族智慧和精神的高度凝聚，是中国航天事业在新世纪的一座新的里程碑。

神舟十号飞船是我国"神舟"号系列飞船之一，它是中国第五艘载人飞船。飞船升空后再和目标飞行器天宫一号对接，并对其进行短暂的有人照管试验。对接完成之后的任务将是打造太空实验室。神舟十号于2013年6月11日17时38分，由长征二号F改进型运载火箭（遥十）"神箭"成功发射。在轨飞行15天，并首次开展中国航天员太空授课活动。6月26日，神舟十号载人飞船返回舱返回地面。

图 4 – 4　神舟十号

六、指挥控制技术

指挥控制技术，是在军队指挥系统应用的，便于指挥员和指挥机关对所属部队的作战和其他行动的指挥，实现快速和优化处理的一系列信息技术的统称。它以电子计算机技术为核心，是集侦察、监视、情报、指挥、控制、通信等于一体的综合技术体系，也可称为 C4ISR 技术。

（一）指挥控制技术的组成和分类

在功能上，指挥信息系统大体由信息获取、信息处理、信息传输和综合控制四个分系统构成。因此，对应上述功能，指挥信息系统技术可分为：信息获取技术、信息处理技术、信息传输技术和综合控制技术。

信息获取技术，是遍布陆、海、空、天的各种侦察与监视平台以及其搭载的雷达、夜视、光电和声呐等各种类型传感器的应用技术。

信息处理技术，是借助输入输出设备和计算机系统对获取的各种情报信息进行整理综合、有效管理和及时更新的技术方法和手段。

信息传输技术，是保证信息通过各种信道、交换设备和通信终端实现迅速、准确、保密、不间断地传输的技术措施。

综合控制技术，是确保对各作战单元进行精确控制，确保指挥员意图实现的技术措施，包括精确计算、作战模拟、决策支持和实时控制。这是指挥信息系统的核心技术。

在指挥、控制、计算机、通信（C4）系统中，其主体是计算机技术和通信技术。此外，由于指挥信息系统向一体化方向发展的趋势越来越明显，使得综合集成技术和体系结构技术成为新的技术生长点。因此，对指挥控制技术的研究，主要围绕计算机技术、现代通信技术、系统综合集成技术和网络系统技术展开。

（二）指挥控制技术的应用

指挥控制技术在军事领域最直接和最重要的应用结果，就是物化为军队指挥信息系统。所谓军队指挥信息系统，是指以计算机技术为核心，具有指挥控制、情报侦察、预警探测、通信、电子对抗和其他作战信息保障功能的军事信息系统。因此，指挥控制技术的作战运用，通过军队指挥信息系统的功能得以体现。

1. 军队战斗力的"倍增器"

指挥控制系统可以极大地提高军队的战斗力。战斗力是指军队实施战斗行动和完成战斗任务的能力，主要取决于两方面要素：一个是作战实力（简称兵力），另一个是指挥控制能力（简称用兵能力）。战斗力不是兵力、用兵能力两方面要素的简单之和，而是（战斗人员＋武器系统）×（指挥谋略＋指挥控制系统）的系统之积。因此，要想使兵力和兵器最佳组合，充分发挥它们的作战效能，最大限度地提高军队的战斗力，除了指挥员要有精深的谋略和高超的指挥艺术外，还需要功能强大的指挥信息系统。因为只有借助高效能的指挥信息系统，指挥员才能全面了解战场态势，做出正确的决策并迅速、准确地加以贯彻执行，实现对部队和武器系统的有效指挥控制；否则，即使有较强的军事实力，在信息化条件下的局部战争中也难以发挥作用。

2. 军队一体化作战体系的"黏合剂"

指挥控制系统可以将现代军队的各个系统有机地联为一体，充分发挥整体威力。现代战争是诸军兵种一体化联合作战，参战军兵种多，武器平台多，战场分布广，如果没有一个高效率、高度集中统一的指挥信息系统作为军队的神经中枢，那么这支军队只能是一盘散沙，无法发挥其应有的效能。因此，指挥控制系统是现代化军队一体化作战体系的"黏合剂"。

3. 军队指挥控制的重要手段

指挥控制系统可以大幅度提高联合作战指挥员的指挥能力。首先，它可为联合作战指挥员提供对广阔作战空间的感知能力。指挥员可在远离战场的指挥所里通过显示设备，实时、形象、直观地掌握战场态势和有关情况，了解战场态势所需时间大大缩短。其次，它可增强联合作战指挥员的有效用兵能力。联合作战指挥员可通过战场态势显示屏和通信网络直接指挥作战部队的行动，可对来袭的敌方各种空中目标实现从探测预警、情报侦察、监视捕捉、敌我识别、跟踪制导、电子对抗直到命中目标的全程指挥控制，提高各种信息化武器装备的作战效能。第三，它可为联合作战指挥员提供高效的通信保障。由有线载波、微波接力、对流层散射、卫星和激光等通信设备组成的通信网，可保证指挥员对部队实施高效的实时指挥控制。系统的这些功能提高了指挥员协调陆海空三军参战部队的效率，使之保持协调一致的作战节奏。同时，各级参战部队也能更好地适应战场环境的变化，形成对敌绝对优势，不仅能有效、有选择地摧毁敌方目标，成倍提高联合作战能力，而且还能最终保障各军种部队在任何时间和任何地点都能有效地进行联合作战。第四，它能使战略决策层直接感知和控制战术行动。在现代战争中，有可能出现一些战略性战斗行动，超越战役级而直接与战略级发生关系。如美国空袭利比亚、出兵海地等军事行动，规模虽然不大，但事关全局。在处理这种战略性战斗行动时，既要求前线指挥员要直接对战略决策层负责，也要求战略决策层拥有实时掌握战术情况的能力，这一切都离不开指挥控制系统。

4. 打赢信息化条件下局部战争的根本保证

指挥控制系统是进行信息化条件下局部战争的基础，也是打赢信息化条件下局部战争的根本保证。在信息化条件下的局部战争中，作战力量的指挥控制将更加受制于复杂的战场环境。在包含大量信息化武器装备的数字化、网络化战场上，指挥控制系统能使信息与能量实现最佳结合，既能为战场上所有作战单位提供"无缝"的信息传输能力和互操作能力，又能在任何时间、任何地点，接收实时的、融合的、逼真的战场图像，准确提供敌人或潜在敌人指挥控制其所属部队的各种信息，可全向发布、响应命令，指挥控制己方部队。另外，指挥控制系统是取得信息优势的必备条件。实施信息战的主要任务是压制、削弱、破坏和摧毁敌方指挥控制系统，同时确保己方指挥控制系统免遭这种攻击，使己方的信息收集、处理、传输和利用等不受影响，建立起信息优势。为此，敌对双方可能采取的战法主要有网络战、病毒战、干扰欺骗、实体摧毁等。这些对抗行动都将主要集中在指挥控制系统上，显然，其性能优劣将决定着信息战的成败。

第三节　高技术与新军事变革

尖端科学技术领域有一条基本规律，即高科技项目的研究目的或成果的首先应用，一般会与军事发生直接联系。第二次世界大战结束后，世界开始了第三次科技革命的浪潮，高技术的迅猛发展，直接导致全球范围新的军事变革。

一、新军事变革的历史演进

新军事变革也称为新军事革命，它是指把先进技术与正确作战理论和体制编制相融合，使武器发挥出最大效能的变革。自20世纪中叶以来，新军事变革经历了三个阶段。

1. 产生阶段（20世纪四五十年代至70年代）

这场军事革命最早可追溯到20世纪四五十年代。早在第二次世界大战期间，德国就开始积极研制火箭、导弹武器；1942年美国开始实施"曼哈顿计划"，于1945年研制成功世界上第一颗原子弹；1946年，由美国人研制的世界上第一台电子计算机首先在军事领域出现；1955年，苏联设计了第一枚可以运载核武器的洲际导弹，并于1957年用这枚导弹改造的多级火箭首次把人造卫星送上天。到20世纪70年代，随着以计算机为核心的信息技术的迅速发展和广泛运用，这些新型军事技术群也以惊人的速度快速发展，并愈来愈明显地改变着整个军事领域的面貌。

2. 展开阶段（20世纪80年代开始）

进入20世纪90年代，随着东欧剧变、苏联解体，冷战随之结束，国际局势发生了根本性变化。1991年年初爆发的海湾战争，使人们不仅看到了高技术武器装备在现代战争中的决定性作用，更直接感受到一种全新的战争形态。因此，海湾战争后，以美国为首的西方国家和俄罗斯等国对新军事革命的研究和讨论很快进入了高潮，并成了国防机构的政府行为。

当美国率先推行新军事革命的时候，世界其他许多国家，如俄罗斯、中国、英国、法国、德国、日本、印度等也不甘落后。这些国家充分认识到新军事革命代表着未来世界军事发展的大趋势，为了更有效地维护自身的政治、经济利益，纷纷加快本国新军事改革的步伐，以迎接新军事革命的挑战。

2003年春的伊拉克战争，从武器装备、作战形式、部队编组都体现了现代战争的最新特点，实际上是美国新军事革命成果的全面检验。通过这场战争，美国必将对下一轮军事革命提出新的计划和任务，全世界也都被这场战争进一步惊醒，并坚定地投入到这场新军事革命的行列中来。

3. 完成阶段

世界新军事革命还在剧烈的进行当中，当前大多数国家的军事形态还处在机械化的状态，要使它发展到完全信息化的高度，必然是一个极其复杂和相对漫长的过程，两种军事形态无论是在时间上还是在内涵上，都存在一个并存、交替与过渡的时期。根据许多军事专家、未来学家的分析和预测，新的智能化军事形态估计要到 21 世纪中叶才可能完成。

二、21 世纪新军事变革的重点

20 世纪后期发展的航天、信息和新材料三大高新技术，为 21 世纪新军事变革奠定了坚实的基础。在 21 世纪经济和科技发展的今天，信息技术已经成为新军事变革的核心动力；精确制导技术导致军队作战方式的重大变革；军事航天技术进一步开辟了天战战场。在这种背景下，军事领域的多学科高技术群开始发挥自身的综合效能。

三、高技术对世界军事的重大影响

1. 武器装备系统革命性换代

高技术的不断发展，引起了武器装备系统由传统的机械化系统向信息化系统的过渡和突破，整个武器装备系统也由此发生了革命性换代，这种更新换代涵盖了从军事信息系统、信息化弹药、单兵数字化装备到信息化作战平台。

因此，世界各国包括中国近年来也推出了一系列科技强军的措施，旨在应对世界新一轮新军事变革所带来的挑战和压力，着力加强自身的国防建设。

2. 信息化军事理论创新发展

高技术进步带来的新军事变革，必将引起世界新军事理论的产生和发展。近年来，美国相继提出了"网络中心战""基于效果作战"和"快速决定性作战"等一系列崭新的军事理论。在这种背景下，世界各国也在对新军事理论进行研讨和创新，并取得了不错的成绩。

虽然中国的军事学术研究还相对滞后，但随着中国科技特别是高技术的不断进步，近年来关于这方面的研究已经取得可喜的成就。中国在学习国外先进军事理论的同时，根据中国国情，对中国特色新军事理论进行了多方面的研究和发展，如"一体化"联合作战理论对"作战空间一体化、作战力量一体化、指挥控制一体化、作战保障一体化"的认识正指导着人民军队的建设实践。

3. 信息化时代提出军队编制新课题

信息化时代武器装备的更新换代，为军队组织编制提出了结构性变革的新课题。任何新式武器装备都需要人来掌握和控制，没有与之相适应的军队结构和官兵素质，就无法实现其效能。现代化信息战争改变了传统的军力强大往往以人数、训练有素来体现的格局，人员数量概念正在淡化，人员素质概念正在提升，适应武器装备性能的军队结构也随之发生革命性变革。

中国在新中国成立后尤其是十一届三中全会后，进行了几次比较大的裁军行动，为世界所瞩目。20 世纪 80 年代开始的几次大裁军、集团军的改革组建、新军兵种的调整建设、新型武器的陆续装备等，表明中国军队正在逐渐适应信息化时代新军事变革的大形势，打造中国强大的人民军队。

思考题

（1）军事高技术的含义及其特点是什么？

（2）精确制导技术的内涵、制导方式及主要特点有哪些？

（3）侦察监视技术的概念是什么？如何分类？

（4）什么是军事航天技术，军事航天技术包含几个内容？

（5）军事高技术的发展趋势是什么？

（6）军事高技术对现代作战方式有哪些影响？

第五章　信息化战争

学习目标

了解信息化战争的基础理论知识；

理解信息化战争的特征；

掌握信息化战争的发展趋势；

理解信息化战争条件下中国国防的建设思想及战争体系。

第一节　信息化战争概述

人类社会正在进入信息时代，进行战争的方式发生了重大变化。信息化战争作为一种全新的战争形态，开始登上现代战争的舞台。

一、信息化战争的基本概念

信息化战争是信息时代的基本战争形态，是信息化军队在陆、海、空、天、信息、认知、心理等七维空间，运用信息、信息系统和信息化武器装备进行的战争。其基本内涵：一是信息化战争作为信息时代的产物，是该时代生产水平和生产方式在战争领域的客观反映；二是信息化战争必然以信息化军队为主体作战力量，战争双方至少有一方拥有信息化军队才能进行战争，机械化或半机械化军队之间打不了信息化战争；三是信息化战争的主要作战工具是信息、信息化和智能化武器装备平台，诸作战单元实现了网络化、一体化；四是要在七维战场空间进行，其中在航天空间、信息空间、认知空间和心理空间占相当大的比例；五是在物质、能量和信息等作战诸要素中，信息起主导作用，信息能在战争中表现为火力和机动力的物质能量；六是战争的破坏性和附带性伤亡依然存在，但附带破坏将降至最低限度。

二、信息化战争的产生与形成

信息化战争，是人类社会政治、经济、科学技术和战争实践发展到一定阶段的必然产物。

1. 信息化战争是社会经济形态发展的必然结果

战争形态是人类社会经济形态的产物。因为人们从事战争的工具和手段，是由特定时代的社会经济形态所提供和决定的。

农业时代的手工业生产方式，决定了战争能量的释放形式主要是依靠人的体能，战争所使用的武器主要是冷兵器。因此，这一时代的战争被称为冷兵器战争。在漫长的农业时代，社会所创造的工具是人力工具，由于科学技术水平低下，生产力发展缓慢，生产工具只能通过人力来驱动，靠人去操纵，人们也只能使用手工制作的青铜和铁质的刀枪剑戟、弓箭和战车等冷兵器进行战争。这一时代有限的物质条件和效率低下的人力生产工具，以及自给自足的分散式农业生产和作坊式的手工业，使得战争形态的演变十分缓慢。

工业时代的机器大工业生产方式，决定了热能成为战争能量的释放形式，战争所使用的武器为机械化武器。因此，这一时代的战争被称为机械化战争。从 17 世纪上半叶开始，伴随着蒸汽机的发明和电力、化学等工业的产生，人类进入工业时代。人们对能量和物质资源的利用，动力生产工具的使用，导致了社会生产方式的机械化、电气化和规模化。机器大工业生产方式的出现，使人们能够大量运用火炮、坦克、飞机和舰船等机械化武器装备从事战争，战争的能量释放形式从以人的体能为主转变为使用热能和核热能。战争物质基础发生的根本性变化，必然推动和要求战争形态发生革命性的变革，使工业时代的战争呈现出空间广阔、规模宏大、人数众多、进程缓慢、消耗和损失巨大的特征。从冷兵器战争演进到机械化战争，完成这场军事革命的进程持续了近 300 余年。

20 世纪中叶以来，由于科学技术的飞速发展和生产力水平的大幅度提高，以计算机技术和信息技术为龙头的高新技术群不断涌现，人类开始进入了信息时代。随着信息技术在军事领域的广泛运用，大量信息化武器装备投入战场，为新一轮战争形态的变革提供了物质基础。在科学技术和战争实践的推动下，一场迄今为止人类军事史上波及范围最广、变化最深刻、发展最迅速的军事革命正在世界范围内蓬勃兴起。一场以使用信息化武器装备为主导，使战争基本方式发生根本变化的信息化战争，开始登上战争舞台。

人类社会和战争历史的发展表明，社会的经济形态是战争形态的母体，有什么样的经济形态，就会孕育出什么样的战争形态。这是不以人的意志为转移的客观规律。

2. 高技术的发展是信息化战争产生的直接动因

战争形态的重大变革，通常发生在技术革命之后；而技术革命又往往是在科学技术水平迅猛发展并发生质的飞跃的情况下出现的。20 世纪 50 年代以来，世界上陆续出现了一大批高新技术群：以微电子技术、电子计算机技术、人工智能技术和通信技术为基础的信息技术；以导弹为代表的精确制导技术；以人造卫星和航天飞机为代表的航天技术；以激光技术为先导的聚能技术；以核聚变为代表的新能源技术；以新材料为基础的隐形技术等。其中，信息技术在高技术群中起主导作用。这些新技术一出现，便以前所未有的速度向深度和广度发展。高技术的迅猛发展和运用，必将导致新的技术革命。毛泽东曾经指出："技术上带根本性的、有广泛影响的大的变化，叫做技术革命。蒸汽机的出现是一次技术革命，电力的出现是一次技术革命，太阳能或核能的出现也是一次技术革命。"高技术群的出现，除其本身的发展具有革命性之外，它的影响之深远、波及领域之广阔，是历史上任何一次技术革命都无法比拟的。如今，高新技术群体，尤其是微电子技术和计算机技术已渗透到人类社会活动的各个领域，引发了政治、经济、科技、军事和文化等各个领域的深刻变革，已经产生并将继续产生难以估量的重大影响。

科学技术的进步必将引起军事领域的技术革命。与以往历史上的军事技术革命不同的是，当今这场军事技术革命不是由单项和少数民用领域的技术引发的，而是由多项高技术交叉综合作用的结果。因此，这场军事技术革命是全方位的。其中起核心作用的技术是军事信息技术。其骨干技术包括微电子技术、计算机技术、光电子技术和军事航天技术。军事技术革命的出现，必然导致武器装备发生质的变化。以军事信息技术为核心的军事高技术群，使人类进行战争的工具发生了时代性的飞跃，即由机械化武器装备阶段进入了信息化武器装备阶段。这必然引起作战方式、作战理论和军队编制体制的根本性变革。

3. 近年来局部战争实践是信息化战争产生的基础

20 世纪 90 年代以来先后发生的海湾战争、科索沃战争、阿富汗战争和伊拉克战争，是人类战争史上具有划时代意义、承前启后作用的战争。它们既是工业时代机械化战争的延续，更是孕育信息化战争雏形的"母体"。这几场局部战争几乎都使用了全新的武器和全新的战法，每场战争都给人们以耳目一新的感觉。人们越来越强烈地感悟到，战争形态正在发生深刻变化，机械化战争形态正向信息化战争形态转变，信息化战争已处于萌芽阶段。海湾战争闪现了新军事革命的影子，世界从此进入一个新的战争时代。信息攻击、远程精确打击、陆海空天电一体化作战，成为主要作战行动。传统的线式作战、梯次攻击、层层剥皮的作战方式已经被摒弃，"零死亡率"的战争已经成为人们追求的目标。

总之，近年来几场局部战争的实践，使人们已经深刻感悟到新的战争形态所具有的深刻内涵，战争实践成为推动信息化战争形成和发展的催化剂。它促使人们更加自觉地接受信息化战争，适应信息化战争，更重要的是主动地选择和设计信息化战争。

知识拓展

伊拉克战争

伊拉克战争，是以英美军队为主的联合部队在 2003 年 3 月 20 日对伊拉克发动的军事行动，美国以伊拉克藏有大规模杀伤性武器并暗中支持恐怖分子为由，绕开联合国安理会，单方面对伊拉克实施军事打击。实质上是借反恐时机，以伊拉克拒绝交出子虚乌有的生化武器为借口，趁机清除反美政权的一场战争。到 2010 年 8 月美国战斗部队撤出伊拉克为止，历时 7 年多，美方最终没有找到所谓的大规模杀伤性武器，反而找到萨达姆政权早已将其销毁的文件和人证。2011 年 12 月 18 日，美军全部撤出。

三、信息化战争的基本作战样式

不同的战争形态，有不同的作战样式。信息化战争也不例外，也有其特定的作战样式，主要有情报战、电子战、网络战、心理战、精确战和空间战等。

1. 情报战

情报战是指一个国家或集团为满足战争需要，采取各种手段，有意识、有目的、有组织地搜集和窃取敌人情报，为其制定战争政策、方略、计划和行动方案提供依据而展开的活动。情报战之所以能飞速发展，成为信息化战争中一种独立作战样式，并进而成为一个不可缺少的组成部分，关键就在于现代科学技术特别是信息技术的飞速发展和广泛应用，为情报作战创造了条件，提供了手段。如雷达、光学探测装置（可见光遥感装置、红外遥感装置、多光谱遥感装置、微光夜视器材、激光探测装置)、电子侦察设备、声学探测设备、地面传感器等。与传统的情报战相比，信息化战争中情报战的对抗更加激烈，形式更加多样。如：海湾战争期间，为获取更多的情报信息，美军用于侦察的卫星34颗，同时还使用了15颗国防通信卫星；300多架电子侦察与监控飞机和直升机；设有39个无线电监听站；8个电子侦察营和5~7个电子情报连；11个航空和装甲侦察中队约13 000余人，致使伊军陷入了雷达迷盲、通信中断、指挥失灵的混乱状态。伊拉克在遭到空袭10分钟后才有还击枪声，近1小时后才拉响空袭警报，实行灯火管制。在首次空袭中伊军有100部雷达开机，由于遭到反雷达导弹和精确武器打击，4小时后只有15部继续工作。

2. 电子战

电子战是指利用电磁能和定向能以控制电磁频谱，为削弱和破坏敌方电子设备的使用效能，同时保护己方电子设备正常发挥效能而采取的措施和行动。电子战主要包括电子侦察、电子进攻和电子防御三个部分。电子战不仅是信息化战争的一种基本作战样式，而且在信息化战争中具有特别突出的作用，是实现信息化战争战略目标最有力的保证之一。

1982年6月，以色列空军对叙利亚的战略要地——贝卡谷地的空袭就是一例。6月9日，叙利亚的贝卡谷地突然响起了警报声，叙利亚军队的雷达发现了大批以军的飞机。当叙利亚的指挥官下令用导弹实施攻击时，他们却没有想到，以色列派出的竟然是遥控无人飞机，这些遥控无人飞机去干什么去了？是通过上面装备的雷达波增强器，来引诱叙利亚军队发射导弹，结果叙利亚果然中了圈套，"萨姆"系列地空导弹的雷达开机了，导弹也相继发射了。然而，当飞机被导弹击落后，叙利亚的士兵却突然发现，在以军被击落的飞机中，竟然没有一名飞行员跳伞逃生。更令他们吃惊的是，被击落的以军飞机竟是塑胶制成的。待叙利亚的指挥官意识到中计后，已经为时太晚了。叙利亚防空导弹阵地的警戒雷达、火控雷达和导弹制导系统的电磁波信号，早已被在附近上空飞行的以军E-2C预警机的电子侦察系统接收到了，并迅速通过机载指挥控制系统进行分析后，通报给了正在空中待命的F-15、F-16突击机群。14时12分，以军出动飞机96架，仅仅6分钟的时间，叙利亚的19个萨姆导弹阵地（2个萨姆-2、2个萨姆-3和15个萨姆-6）全部被摧毁。第二天以军再次出动飞机92架，又摧毁了叙军于前夜紧急部署的7个地空导弹阵地，使得叙利亚人苦心经营多年，耗资巨大的防空体系毁于一旦。

此战例充分说明，成功的实施电子战，并取得战场控制权，对于赢得空袭作战的胜利是至关重要的。

3. 网络战

网络战的出现是信息化战争的一个根本性标志，在信息化战争中处于特殊的地位，发挥着特殊的作用。网络战是以计算机和计算机网络为主要目标，以先进信息技术为基本手段，在整个计算机网络空间上所进行的各类信息攻防作战的总称。成功地实施网络战，可以使军队的作战能力倍增。同时，网络战还是国家及社会集团间信息冲突的主要内容，涉及政治、经济、文化、外交等领域。它是一种和信息系统紧密关联的斗争，包括保持己方信息及信息系统安全，并寻求否定对方信息，瓦解、破坏、欺骗对方信息系统安全的对策，涉及舆论、宣传、文化颠覆，涉及经济制裁、外交斗争等多种行动。

在科索沃战争中，南通社专门开设了以"科索沃危机"为题的网址宣传南联盟进行反侵略战争的正义行为，发动电脑专家以互联网为媒体，攻击北约的计算机网络系统。3月29

日，美国白宫网站因受"黑客"攻击而无法工作，北约轰炸行动中气象保障所依赖的英国与西班牙气象局网站，也受到"黑客"攻击而损失严重；3月31日，北约的互联网址及电子邮件系统同样遭到"黑客"的攻击，部分计算机系统受重创；4月4日，北约军队网络通信一度陷入瘫痪，美海军"尼米兹"号航母上有的计算机系统也遭到病毒攻击瘫痪3个多小时，这一切都给北约造成了沉重打击。

4. 心理战

心理战是研究如何利用人的心理规律，按照己方的目的，通过有效的信息去影响和改变对方心理的行动。心理战不仅包括对敌人实施心理打击，动摇和瓦解敌方的民心士气，还包括巩固己方的心理防线，激励本国军民的士气，使其始终保持旺盛的斗志和敢打必胜的信心。心理战最基本的手段主要有心理宣传、心理欺诈和心理威慑。

海湾战争中，美军为涣散伊拉克的民心、动摇伊军的作战意志，精心炮制了许多谣言和广泛实施了心理战。在伊拉克境内散发了大量的录音带和录像带，偷运和空投了9 000多个专门收听美国电台广播的微型单频收音机，散发了2 900万份传单、10 000多个内装传单的漂流瓶。其内容主要是：告诉伊拉克官兵，如果投降，将受到善待，如果抵抗，则面临死亡，还详细说明了向联军投降的方法。结果7万名伊军官兵成建制地向美军投诚。这7万名伊军官兵的意志为什么会动摇？为什么他们会投诚美军？关键在于这些舆论宣传起到了作用。据战后美军统计，在向美军投诚的7万名伊军官兵中，承认看过传单的占98%，而相信传单内容的就达88%，70%的人承认正是传单帮助他们下定决心放下武器，80%的战俘承认曾定时收听美军电台的广播。

✒ **知识拓展**

海湾战争中的心理战

海湾战争硝烟散尽，人们在为这场战争的奇特结局而震惊的同时，也为貌似强大的伊拉克军队竟如此不堪一击而感到困惑不解。短短100小时之内，不仅前沿阵地的数十万伊军一触即溃，就连部署在距前线很远处、号称伊军精锐之师的"共和国卫队"也迅速土崩瓦解，这在现代战争史上简直是一个不可思议的奇迹。其实，只要人们认真观察一下这场"世纪末之战"，就会明白，在美伊双方武力较量的背后，还有另外一场看不见的心理角逐，而恰恰正是这一心理角逐，才导致了美军的大获全胜和伊军的全面惨败。海湾战争中美伊所实施的心理战，与战场上出现的各种高技术兵器交映生辉，各领一时之风骚。

海湾危机刚刚爆发，美国总统布什就连续签署了三项心理战秘密授权令，指示全国舆论工具、情报机构、科研单位、心理战专家和东方学者拟订"特殊计划"。同时，美国军事统率部迅速成立了负责心理战的专门机构"副手委员会"，作为海湾战争心理战的最高领导者。美军意在先声夺人，从心理上首先占据优势地位，为其一举击败伊军创造有利条件。

5. 精确战

精确战是指在信息的支持下，运用精确制导武器对敌人实施精确打击的一种作战。信息化战争的目标毁伤机制可归纳为两大类型：一是有形的物理毁伤或硬杀伤；二是无形的非物理毁伤或软杀伤。精确战则是以有形的物理毁伤或硬杀伤手段实施的作战样式。如伊拉克战争开始的斩首行动等。海湾战争中，美海军一架 A－6 攻击机发射 2 枚"斯拉姆"导弹飞向伊拉克的一座发电站，首先发射一枚命中发电站正面护墙，炸开一个大洞，随着另一枚导弹接踵而至，非常精确地穿洞而进，在发电站内部爆炸，彻底摧毁了这座发电站。

6. 空间战

空间战又称天战或太空战，是指运用或针对空间军事力量实施的攻防作战行动。这种作战行动主要包括：一是争夺制天权的斗争，即在保护己方天基系统和保证己方在空间行动自由的同时，能够干扰、破坏、摧毁敌方天基系统和限制敌方在空间的行动自由的作战行动，这种作战既包括交战双方空间力量之间的对抗，也包括一方运用非空间力量对另一方空间军事目标所采取的行动；二是运用空间军事力量达成整个战争目的的行动。交战双方运用空间军事力量为整个战争系统提供侦察、监视、导航、通信、指挥、控制等方面的支援，以及运用天基武器系统对地面、海上、空中目标实施攻击。它直接服务于战争的全局，对战争的进程和结局有决定性的直接影响。

空间战的作战形式主要有导弹拦截、卫星攻击、天对地攻击以及空间作战平台之间攻防等。

第二节　信息化战争的特征

较之其他战争形态，信息化战争呈现出鲜明的时代特征。概括起来，信息化战争的基本特征大致表现在以下几个方面。

一、信息资源主导化

信息对战争影响的关键是要准确获得战场信息并把信息及时用于决策和控制。机械化战争，起主导作用的是物质和能量，打的主要是"钢铁仗"和"火力仗"。在信息化战争中，信息是核心资源，是决定战争胜负的关键因素。信息化战争是以争夺战场"制信息权"为主要行动的战争。信息成为部队战斗力的核心要素。

在未来战争中，对信息的争夺将发挥核心作用，可能会取代以往冲突中对地理位置的争夺。攻城略地已经成为机械化战争的历史，在信息化战争中，地理目标将日趋贬值，信息资源将急剧升值。制信息权必然成为凌驾制空权、制海权和制陆权之上的战场对抗的制高点。拥有信息资源，握有信息优势，是取得战争胜利的先决条件。

急剧升值的信息资源，决定了争夺制信息权的斗争将在全时空进行，决定了战争中交战双方将倾全力去争夺"信息优势"。海湾战争中，争夺信息优势的斗争，贯穿于战争全过程，渗透于所有作战空间。美军利用了世界上最先进的计算机系统所提供的大型智能平台和C4KISR 指挥信息系统，完成了超大容量信息处理，赢得了战场信息优势。在科索沃战争和阿富汗战争中，由于美军夺取和保持了全时空的信息优势，因而以很小的代价夺取了战争的胜利。战争的实践，不仅使人们越来越充分地认识到物质、能量和信息在战争中的作用将发生革命性变化，而且使人们清晰地看到了信息、信息系统和信息化武器装备的巨大作用，感受到了未来信息化战争的无限前景。传统的火力、防护力和机动力仍是战斗力的重要组成部分，但已经不处在核心位置，取而代之的是信息系统和信息化武器装备系统。

二、武器装备信息化

科学技术在军事领域的运用，尤其是物化为战争"手臂"，是引起战争形态发生深刻变革的根本原因。工业时代的战争，以机械化武器装备为物质基础；而信息时代的战争，则是以信息化武器装备系统为物质基础。信息化的武器装备系统，又是以计算机技术为核心、以信息技术为基础的一体化的武器装备系统。其构成主要包括信息武器、单兵数字化装备和C4KISR系统。

信息武器系统，包括软杀伤型信息武器和硬杀伤型信息武器。软杀伤型信息武器，是指以计算机病毒武器为代表的网络攻击型信息武器和以电子战武器为代表的电子攻击型信息武器。这类武器已在海湾战争中开始使用。硬杀伤型信息武器，主要是指精确制导武器和各种信息化作战平台。信息化作战平台，装有大量的电子信息传感设备，并与C4KISR系统联网。它们集侦察、干扰、欺骗和打击功能于一体，既可实施战场探测，为精确打击和各种战场行动提供目标信息，还可实施信息攻防作战，是信息化战争的重要物质基础。

单兵数字化装备，是指士兵在数字化战场上使用的个人装备，也称信息士兵系统（它由单兵计算机和无线电分系统、综合头盔分系统、武器分系统、综合人体防护分系统和电源分系统5个部分组成）。信息化的士兵装备，既是战场网络系统的一个终端，也是基本的作战单元，具有人机一体化的远程传感能力、攻击和生存能力，能够实时实地为炮兵和执行空地作战任务的飞机提供数字化的目标信息。阿富汗战争中，美空军准确无误地对地面目标实施攻击，就是得益于特种作战部队装备的信息士兵系统将整个战场数字化网络连为一体，为其提供了及时准确的目标数据。单兵数字化装备的出现和运用，意味着陆军作战效能将出现革命性变化。

C4KISR系统，是战场指挥、控制、通信、计算机、杀伤、情报、监视和侦察系统的简称，它把作战指挥控制的各个要素、各个作战单元黏合在一起，是军队发挥整体效能的"神经和大脑"。在信息化战争中，C4KISR系统是敌对双方的主要作战目标，围绕着C4KISR系统展开的攻击和防护成为战争的重要作战行动。海湾战争具有划时代的意义，在人类战争史上，它是工业时代向信息时代过渡时期发生的一场战争，尽管还称不上完整意义上的信息化战争，但是它所显示的信息化战争的特征，在尔后的科索沃战争、阿富汗战争、伊拉克战争中，已经表现得十分清楚。

三、作战空间多维化

作战空间随着科学技术和武器装备的发展逐渐呈现出日益拓展的趋向。人类战争历史上，由于飞机的问世和航空技术的发展，作战空间发生了第一次革命性变化，由陆海平面战场发展为陆海空三维的立体战场。机械化战争中，交战的舞台主要是在陆、海、空等物理空间展开，重点是在陆地、海洋和空中进行。而信息化战争中，虽然活动的依托仍然离不开物理空间，但决定战争胜负的因素主要取决于信息空间，主要包括网络空间、电磁空间和心理空间。高技术局部战争的实践表明，信息化战争的作战空间明显拓展，呈现出陆、海、空、天、电等多维一体化趋势。信息化战争作战空间的这种多维性和复杂性，打破了传统的作战空间概念。

首先，物理空间超大无限。第一次世界大战中，决定战争胜负的马恩河战役、亚眠战役，战场范围仅有数百至数千平方千米。第二次世界大战中，决定战争胜负的维斯瓦河奥德河战役、柏林战役、诺曼底战役，战场范围也不过数万或数十万平方千米。而海湾战争，战场空间急剧扩展，东起波斯湾、西至地中海、南到红海、北达土耳其，总面积达到一千四百万平方千米。阿富汗战争，其作战规模远不及海湾战争和科索沃战争，但其作战空间范围要远比海湾战争和科索沃战争大得多。美军在空中部署有各种侦察、预警飞机，全方位、全时段监视对方的所有行动。在外层空间利用多颗卫星组成太空侦测网，全面监视、搜寻塔利班和拉登的动向。随着军事信息技术的高速发展，未来信息化战争的作战空间将在目前陆、海、空、天的基础上进一步拓展。

其次，信息空间多维广阔。信息空间是一个全新的概念，它包括电磁空间、网络空间和心理空间，渗透于陆、海、空、天各个战场领域。由于信息和信息流"无疆无界"，使得信息作战的领域大大突破了传统的战场界限，是一个超大无形、领域广阔的作战空间。

电磁空间是信息空间的重要组成部分。电磁战场被称作继陆、海、空、天之后的"第五维战场"，是信息化战争的重要作战空间。

网络空间是人类进入信息社会的必然产物。信息时代的一个明显标志就是计算机和计算机网络技术的广泛应用。目前，国际互联网将全世界170多个国家和地区的计算机网络连为一体。信息高速公路在全球范围内逐步建成，时空的概念正在急剧缩小。网络空间的出现，使地理上的距离概念和国家之间的地理分界线在信息对抗中失去意义，凡是与网络空间相联系的目标都可能遭到攻击。

心理空间特别是决策者的思维空间是信息化战争的重要作战空间。心理是控制和决定人的行为的重要因素，心理空间的对抗备受各国军队的重视。美军不仅编有心理战部队，而且正在研制"噪声仿真器""电子啸叫器"等专用心理战武器。美军在近期几场局部战争中都采取了军事打击与攻心并举的方针，成功地实施了心理战。战争的实践证明，心理空间作为信息作战空间的一个重要组成部分已体现得非常明显。

四、作战节奏快速化

时间是战争的基本要素。随着计算机、电子通信、卫星技术和信息化武器装备的发展，信息化战争的作战节奏和作战速度将比机械化战争大大提高，持续时间明显缩短，呈现出迅疾短暂快速化的特征。促使战争时间迅疾短促的主要因素有三个：

一是战场信息流动加快，作战周期缩短。信息时代，数字信息技术广泛运用于战场侦察监测设备和信息快速传输网络，实现了信息的实时获取、实时传输、实时处理，使得信息流动速度空前加快，空间因素贬值，时间急剧增值，作战行动得以快速进行。在网络化的战场上，尽管基本作战程序和信息的流程没有发生根本变化，同样要经过发现目标、进行决策、下达指令、部队行动等环节，但这几乎都是实时同步进行的。

二是战争的突然性增大，时效明显提高。信息化战争中，各种信息武器具有快速的作战能力，使得作战行动的速度加快，时效性明显提高。

三是广泛实施精确作战，毁伤效能剧增。海湾战争中，多国部队发射的精确制导弹药，虽然只占发射弹药总量的9%，却摧毁了约68%的重要目标。精确打击直接指向敌人的战争重心，迅速而有致命性，这必然使得作战时间短促，战争持续时间大为缩短。

此外，数字化战场的建立、部队机动能力的提高、受经济能力和战争目的的制约，等等，都是促使作战时间迅疾短促，战争进程日趋缩短的重要原因。

五、作战要素一体化

信息化战争，一是作战力量一体化。通过信息网络和信息技术，可以将处于不同空间位置的各种作战能力联结成一个有机整体，形成一体化作战力量。二是作战行动一体化。信息化战争中的主要作战样式，是两个以上的军种按照总的企图和统一计划，在联合指挥机构的统一指挥下共同进行的联合作战，其作战行动具有一体化的特征。三是作战指挥一体化。信息化战争中，集指挥、控制、通信、计算机、火力、情报、侦察和监视于一体的 C4KISR 系统，为作战指挥提供了准确的战场情报、快速的通信联络、科学的辅助决策、实时的反馈监控，从而使树状的指挥体制将逐渐被扁平网络化的指挥体制所代替，使作战指挥实现了一体化。四是综合保障一体化。保障军队为遂行作战任务而采取的作战保障、后勤保障、装备保障、政治工作保障等各项保障措施实现了一体化。

六、作战指挥扁平化

机械化战争的指挥体制，主要以作战部队多层次纵向传递信息的树状指挥体制为主。这种指挥控制网络就像大工业生产按行业、按流水线建立的控制体系一样，其特征是金字塔状，下面大上面小，所有来自前线的敌我双方的情报信息，必须逐级向上汇报，上级的指示精神和命令也按照这样的树状模式逐级下达到前线或基层，是一种典型的逐级指挥方式。信息化战争的指挥体制，趋向作战单元与指挥控制中心横向传递信息的"扁平网络化"结构。在纵向上，从最高指挥机构到基层分队所形成的逐级控制关系虽仍然存在，但是，单兵数字化指挥控制系统成了指挥体系的最小层次。在横向上，各指挥系统间的横向联系更加紧密，它不仅包括平行指挥机构之间的联系，还包含非同一层次间指挥机构的横向联系；不仅包括不同军兵种各层次指挥机构的联系，还包括同一军兵种平行指挥层次指挥机构间的联系。指挥控制近乎实时，效率大大提升。

七、作战行动精确化

信息化战争中，在多层次、全方位、全时空的情报、侦察和监视网络的支持下，使用大量的精确制导武器，使各种作战行动的精确化程度越来越高。一是精确侦察、定位控制。精确侦察、定位和控制是实现精确打击的前提和基础。二是精确打击。精确打击是信息化战争精确化的核心内容，它是靠提高命中精度来保证作战效果，而不是通过增加弹药投射的数量去增强作战效果。三是精确保障。就是充分运用以信息技术为核心的高技术手段，精细而准确地筹划、实施保障，高效运用保障力量，使保障的时间、空间、数量和质量要求尽可能达到精确的程度，最大限度地节约保障资源。

第三节　信息化战争的发展趋势

从世界范围看，战争形态正处在一个从机械化战争向信息化战争过渡的转型期。因此，在当前条件下，要准确地预测信息化战争的发展趋势还比较困难。然而，历史的发展有其自身的逻辑轨迹。运用历史唯物主义的方法，仍然可以大致地勾画出未来信息化战争的发展趋势。

一、战争的表现形式不断拓展

未来的信息化战争将在战争的暴力性、战争的层次以及战争的主体等方面发生重大的变化，从而使传统的战争概念受到冲击，战争的表现形式有了很大的拓展。

1. 战争的暴力性减弱

传统的战争理论认为："战争是流血的政治"，但未来的信息化战争中，由于各种经济活动和社会活动的高度计算机化、信息化和网络化，社会的经济生活和政治生活更多地依赖于各种信息系统。战争则有可能成为不流血或少流血的政治。像支撑社会经济和政治活动的金融系统、能源系统、交通系统、通信系统和新闻媒介系统等，都是以计算机为基础的信息网络系统。信息和信息系统既是武器，也是交战双方攻击的主要目标，只需通过网络攻击、黑客入侵和利用新闻媒介实施大规模信息心理战等"软"打击的方式，就能破坏敌方的计算机信息网络，瘫痪敌方指挥系统，瘫痪敌国经济，制造敌方社会动乱，把战争意志强加给对方，以不流血的形式换取最大的政治和经济利益。在使用各种"硬"摧毁手段的作战中，进攻一方也不再以剥夺敌国的生存权利，或完全夺占敌方的领土等作为最终目标，而是注重影响对手的意志，尽可能地减少战争的伤亡，力争以最小的伤亡代价换取最大的胜利。战争暴力性将会减弱，传统战争的暴力行动，将被非暴力的"软"打击行动所替代。

2. 战争的层次更加模糊

在未来信息化战争中，战争的战略、战役和战术层次会逐渐模糊。一方面，战役或战术行动具有战略意义。由于大量信息化、智能化装备和系统的集中运用，武器装备的作战效能越来越高，精确打击和信息战等作战行动对敌方军事、政治、经济和心理的攻击威力越来越大，因而小规模的作战行动和高效益的信息进攻行动就能有效达成一定的战略目的。这使得战争进程更为短暂，战争与战役甚至战斗在目的上的趋同性更为突出。另一方面，作战行动将主要在战略层次展开。信息化战争不再是从战术突破到战役突破再到战略突破，而是战争一开始，打击的对象就将主要集中于关乎敌方政治、经济和军事命脉的重要战略目标。尤其是在信息化战争中起主导作用的战略信息战，它对敌方经济和政治信息系统的攻击，以及对敌方民众和决策者心理的攻击，更具有全纵深和全方位的性质。大规模的信息进攻和超视距的非接触作战将成为未来信息化战争的主要行动样式。

3. 战争的主体多元化

传统的战争主要发生在国家和政治集团之间，战争打击的目标主要是对方的军事力量和战争潜力，战争的主体是军队。而在信息时代，由于信息技术和信息系统高度发展，计算机网络联通了整个世界，使得整个世界的政治、经济、科技和文化的联系日益密切，国家的安全受到来自多方面、多种势力的威胁，表现出易遭攻击的脆弱性。实施信息攻击的主体既可能是军队，也可能是社会团体，还可能包括恐怖组织、贩毒集团和宗教极端分子等。

科学技术的发展，使制造常规弹药易如反掌，制造核武器、化学武器和生物武器的技术也正在越来越多地被人们了解和掌握，这就使一些社会团体和组织，不仅可以掌握和使用常规武器，而且也有可能掌握和使用核化生武器，以及掌握和使用计算机病毒等信息武器。因此，这种情况使国家安全面临着严峻的挑战，并使得发动和从事战争的主体呈现出多元化的特征。当战争爆发，受到攻击的一方，可能难以判明谁是真正的对手，也难以迅速做出有效的反应和反击。战争不仅会在国家与国家之间展开，而且也可能会在社会团体与社会团体之间、社会团体与国家之间、少数个人与社会团体之间展开。为了应对这种挑战，仅仅依靠军队力量是不够的，还必须依靠社会的各种力量，进行广泛的全民战争。

二、战争的威力极大提升

战争的发展，从某种意义上说实际上就是作战效能不断提升的历史。核武器的出现，使热兵器作战效能的发展走到了极限。人类对武器作战效能的追求，反而使得具有最大杀伤威力的核武器无法在实战中运用。然而人类并没有放弃对武器作战效能的追求，大量信息化武器和新概念武器的出现和运用，将使未来信息化战争具有亚核战争的威力。

首先，信息化时代的军事技术将把常规作战效能推到极致。未来信息化战争的常规作战效能将是建立在军事工程革命、军事探测革命、军事通信革命和军事智能革命已经完成或基本完成的基础之上。在这四大军事技术革命中，军事工程革命的起步最早。军事工程革命已经使传统武器装备跨越空间和速度基本达到物理极限。军事探测革命将使得侦察、探测的空域、时域和频域范围大大扩展，使对作战行动的感知、定位、预警、制导和评估达到几乎实时和精确的程度。军事通信革命将在未来信息化战争中实现军事信息的无缝链接和实时传输，使各指挥机构和部队、各侦察和作战平台之间达到在探测、侦察、跟踪、火控和指挥方面的信息畅通，真正实现实时指挥和控制。军事智能革命将真正实现作战指挥活动和作战武器装备的自动化和智能化。智能化指挥系统将使指挥控制活动的准确性和时效性大幅度提高。作战平台将集发现、跟踪、识别和自主发射为一体。智能化弹药将具有自动寻的和发射后不管功能，远程打击的精度将达到米级。同时大量高度智能化的机器人将投放战场，使指挥活动和作战行动的效率极大提高。

其次，大量新概念武器的使用将使信息化战争的作战效能具有亚核效果。在信息化时代，随着科学技术的进一步发展，大量新概念武器会不断出现和应用于战争。这些新概念武器具有完全不同的杀伤和破坏机理，它不以大规模杀伤对方人员的生命为目标，而是通过使对方的作战人员和武器装备丧失作战功能，或通过改变敌国的生态和自然环境来达成战争目的。

新概念武器中具有大面积破坏与毁伤效果的主要有次声波武器、电磁脉冲武器、激光武器和气象武器等。次声波武器具有洲际传送能力，并且可以穿透10多米厚的钢筋混凝土，因此作用范围极广。在高空施放的电磁脉冲弹可以在瞬间使大范围的电子设备丧失功能。在信息化战争中，大量新概念武器装备虽然不具备核武器那种大规模、大范围的物理杀伤和破坏作用，但它所拥有的系统集成能力、战场控制能力、精确摧毁能力和能够高效达成战略目的的能力是核武器所无法相比的。从这个意义上说，信息化战争具备了亚核战争的威力。

三、军队将向小型化、一体化和智能化方向发展

在未来信息化战争中，伴随着新军事革命的步伐，军队的发展趋势，将是高度的小型化、一体化和智能化。

1. 军队的规模将加速小型化

未来信息化战争中，先进的信息化系统和远距离的投送能力为军队的小型化奠定了基

础。由于军队的作战能力将呈指数增长，小规模的高度一体化和智能化的军队，即可达成战略目的。因此，未来军队的组织体制在数量规模上将具有两个基本的发展趋向：

军队的总体规模将大幅度缩小。随着军队的信息化程度和作战能力的不断提升，缩减军队规模将是必然的趋势，拥有庞大的常备军将成为历史。

作战部队的建制规模将更加小型灵巧。未来军和师的编制将可能最终消亡，旅、营或更低级别的战术单位将成为主要的作战建制，并可能出现按作战职能编成的小型作战群或能够同时在陆、海、空等多维空间作战的一体化的小型联合体。为适应未来信息化战争的需要，一些技术密集、小巧精干的新型兵种作战单元也将相继出现并逐步增多。

2. 军队信息系统的构成将高度一体化

未来信息化战争是高度一体化的作战，未来军队编成的一体化，将主要表现为按照系统集成的观点，建立"超联合"的一体化作战部队。为此，未来军队信息系统的构成，将按照侦察监视、指挥控制、精确打击和支援保障四大作战职能，建成四个子系统。侦察监视子系统将所有天基、空基、陆基和海基侦察监视平台和系统联为一体，完成对作战空间全天候、全方位的实时感知；指挥控制子系统把所有战略级、战役级和战术级指挥控制和通信系统联为一体，将对作战空间的感知信息转变为作战决策和控制；精确打击子系统把陆海空天的信息和火力系统构成一体化的精确打击平台；支援保障子系统为作战行动提供实时精确的保障。这四个子系统的功能紧密衔接，有机联系，构成一体化的作战系统。

按照这个思路构建的军队，将从根本上抛弃工业化时代军队建设的模式，革除偏重发挥军种专长和追求单一军种利益的弊端，使作战力量形成"系统的集成"，从而能够充分发挥整体威力，实施真正意义上的一体化作战。

3. 军队的指挥与作战手段将高度智能化

信息化发展的高级阶段是智能化，因此信息化战争的发展趋势之一就是实现指挥平台与作战手段的高度智能化。随着纳米技术的发展，军用微型机器人将大量地投放于战场，执行侦察探测、信息传递、破袭敌电子设备和武器系统以及杀伤敌作战人员等任务。

一是指挥控制手段的高度自动化和智能化。其标志是C4KISR系统的高度成熟与发展。未来的C4KISR系统将真正实现侦察监视、情报搜集、通信联络、火力打击和指挥控制的无缝链接，成为作战指挥与控制的信息高速公路，可以高度自动化地确保指挥员近实时地感知战场，定下决心，协调、控制部队和武器平台的作战与打击行动。

二是大量智能化的武器系统和平台将装备军队，投入作战。在未来信息化战争中，精确制导武器系统、对空防御系统、勤务支援系统、物流分配保障系统和具有发射后不管和自动寻的功能的智能化弹药将得到更加广泛的运用；无人驾驶的智能化坦克、飞机和舰船也将规模化投入战场。无人机在阿富汗战争中已经发挥了重要的作用。尤其值得关注的是，众多类型不同、功能各异的纳米机器人，可能在战争中大规模地投放于战场，执行侦察探测、信息传递、破袭敌电子设备和武器系统以及杀伤敌作战人员等任务。

三是许多作战行动将发生在智能化领域。在传统的机械化战争中，虽然在智能化领域也存在着敌我对抗活动，如敌我之间的谋略对抗就是一种思维对抗，但这种对抗是间接的，需要用部队真实的作战行动才能表现出来。然而，在未来的信息化战争中，由于信息战的广泛运用，智能化领域将会发生激烈的对抗。认知、信息和心理这些智能化的范畴，既有可能是作战所使用的手段，也有可能是作战所要打击的目标，因此在智能化领域将会发生大量的直接对抗的作战行动。为了阻止敌方及时制定出正确的作战决心，不仅需要采用谋略行动欺骗敌方，而且更需要采取信息攻击手段，直接打击敌方的 C4KISR 系统，破坏敌方的决策程序。

第四节　信息化战争与中国国防

过去的几十年，美国在海湾战争、科索沃战争、阿富汗战争和伊拉克战争中有关信息化战争的实践和创新，已经使大多数国家对未来信息化战争的趋势取得了共识。传统单一机械化的作战形态将被以信息为核心的战争模式所取代，依托信息化武器，精确的闪电战将成为未来战争的主要作战模式。信息化数字化改造后的新型地面作战部队，配合其他信息化远程的攻击武器，将采用更多的快速推进和突击的战斗方法。网络化的信息使得地面部队在信息化战斗中的地位和作用也发生了巨大的转变。

对此，中国政府早有了高度的重视，在《2010 年中国的国防》白皮书中明确提出了"打赢信息条件下的局部战争"的国防建设要求。这一方面涉及如何提升武器装备的信息化水平，而更重要的是提高部队应对信息化战争的能力。在军事理论、战略思想等方面强化信息战争的研究，早做准备，取得未来信息化战争的主动权。

一、确立信息化战争条件下的国防建设思想

1. 国防建设的指导思想要转到立足于遏制或打赢信息化战争上来

未来的战争形态将很大程度上取决于社会形态的转变，信息化社会和信息技术的广泛运用，使得未来的战争方式将紧跟这样的趋势而发生变化。国防建设的指导思想也应据此变化，提出新的要求。总体来说，国防建设的指导思想应该反映国防活动的规律，针对现代战争的特点，具有时代特色。

例如，新中国成立以后的很长一段时期内，根据美苏争霸的战略格局和中国周边的安全形势，以毛泽东为代表的党中央和国家领导核心确定了"准备早打、大打、打核大战"的国防建设指导思想。而 20 世纪 70 年代以后，邓小平同志在对国际政治、经济形势科学分析的基础上，果断地做出了国防和军队建设思想实行战略性转变的决策，他指出，国防和军队建设指导思想要从准备早打、大打、打核大战转到和平时期建设上来，指明了和平与发展时期，中国国防发展战略的转变。而当江泽民同志主持军委工作后，根据冷战结束、东欧剧变等国际局势和海湾战争的情况，提出了要立足于打赢现代战争条件下特别是高技术战争条件下反侵略的局部战争。尤其是 1999 年的科索沃战争爆发以后，江泽民同志明确指出新千年人类未来战争的模式将主要是信息化战争。胡锦涛同志担任军委主席后指出：要将国防建设的指导思想转到立足于遏制或打赢信息化局部战争上来，并确定了中国于 21 世纪中叶实现军队信息化并具备打赢信息化战争能力的国防建设发展的目标。这些重要思想的提出，都是中国根据战争形势的变化及时调整国防建设指导思想的成果，为未来的中国国防建设指明了方向。贯彻和执行打赢信息化局部战争的国防指导思想，将决定国防建设的方向和未来战争的成败。

（1）主要着眼于应对信息化战争。信息化战争已经成为信息化时代的主要形态的战争。

信息化战争的形式与传统机械化战争有明显的区别，信息化战争对国防建设提出了崭新的要求。

就当前中国国防建设来看，局部信息化战争还明显存在不足，信息化水平还需要大幅度提升。只有将国防建设的着眼点放到应对信息化战争上来，不失时机地做好信息化战争的各种准备，才能在敌方采取攻击时能够有效应对，并战胜敌人，保卫国家的安全。这直接关系到未来战争的主动权，也关系民族的生存和发展。由此，必须围绕信息化战争进行国防建设，全面推进构建信息化社会的步伐，加强军民结合，并高度重视信息资源的保护和运用，将其作为首要的战略资源，不断完善信息化战斗体系，做好打赢信息化战争的准备。

（2）着眼于应对可能发生的局部战争。现代世界的主题仍然是和平与发展。第二次世界大战以后，虽然有局部的利益和武装冲突，但和平的力量仍然是世界主要的力量，在可以预见的未来，世界大战是不可能发生的，中国的主要威胁仍然是局部战争。因此，中国应做好应付局部战争的准备。

中国将国防建设的指导思想从准备早打、大打、打核大战转到准备打可能发生的局部战争上来，但应对局部战争，尤其是信息化的局部战争，关键仍然是抓住历史机遇，集中精力搞好经济建设，并在经济发展的基础上更好地推动国防力量的增强。

（3）既着眼于打赢战争，又着眼于遏制战争。国防建设的目的是国家的安全，国防力量的增强是威慑敌人、维护国土安全的重要手段。要做到这一点，首先要在信息技术的应用与研发上花力气，尽快转变中国军队的主战方式，适应现代信息化战争的需要。但就战争的目的来看，现代的信息战争不再是大规模地摧毁敌方的设施，而是保持足够的主动优势和相当的军事力量，让敌方不敢轻举妄动，将战争遏制在萌芽状态。为此，不仅要适量发展信息化军事力量，还要积极通过其他手段谋求和平发展的周边环境，将中国难得的战略发展期利用好。只要战略得当，信息化战争准备充分，遏制战争、争得和平是完全可能的。国防建设的指导思想是既要着眼于打赢信息化战争，又要着眼于遏制战争的爆发。

2. 国防教育要适应信息化战争条件

国防教育是统一全民的国防建设思想、国防观念和增强公民国防意识的重要途径。

现代国防教育中普遍增设了信息化战争的章节，对信息战争的特点、规律和发展趋势都有所阐述。通过这样的设置让公民多了解当代国防建设的方向和未来信息化战争的趋势，增强当代国防意识，形成普遍的社会共识。

3. 树立打赢信息化战争的信心

战争胜利的关键还是民心。战争的成败除了有物质技术手段的原因外，关键还是民心向背。维护国家安全，实现国家的发展和强大是全国各族人民的共同心愿。我们现在处在经济的高速发展时期，有能力有决心打赢局部的信息化战争，战胜任何貌似强大的敌人。中华民族具有战胜一切敌人、保卫美好家园、顽强斗争的强大意志。在信息化社会的进程中，中国同时实现了跨越式发展，实现了长足的进步。因此，我们应该坚定打赢信息化战争的信心。

尤其在进入改革开放的新时代，政治开明，社会稳定，国防巩固，综合国力不断提升，经济科技有了快速发展。适当的战略安排和共赢的发展理念，也营造了一个比较有利于和平发展的环境。中国当下的历史发展机遇期，为进行信息化战争打下了坚实的基础，只要我们与时俱进，协调国防军队发展，人民军队的信息化作战能力就将不断提高，新军事变革就将不断推进。历史经验和战争规律都告诉我们，战争的胜负不是取决于几件新式武器革新，而是取决于民心向背，取决于人的意志，是由敌我双方的政治、经济、军事、人的理论观念等综合因素共同决定的。

二、构建信息化战争条件下的战争体系

1. 积极转变观念，牢固树立信息主导的思想和意识

与过去的战争形态特别是机械化战争形态相比，信息化战争形态在作战手段、作战要素、作战形式等方面都发生了根本性的变化。

例如，机械化战争的制胜理念是消耗敌人、摧毁敌人，大量歼灭敌人的有生力量，而信息化战争的制胜理念则是控制敌人、瘫痪敌人，通过破坏敌人作战体系达到巧战而屈人之兵的目的；在机械化战争中，万炮轰鸣的火力倾泻是主要的攻击手段，而在信息化战争中，实现精确打击才是首要选择，现在一架战略轰炸机实施一次精确打击产生的攻击效果相当于第二次世界大战时期一架轰炸机出动 100 次，投掷 10 000 颗炸弹的作战效果；机械化战争主要以物质和能量的扩张为作战目的，信息化战争以信息技术的改进更新为战争关键，信息成为战争的争夺焦点，谋求信息优势、争夺制信息权成为作战的重心；在机械化战争中，作战样式以正面、大纵深为主要特征，而在信息化战争中，传统的地面线式作战、梯次攻击、层层剥皮的战斗方式已不再占据主要位置，非线式、非接触式的远程作战居于主导地位，"零死亡率"成为信息化战争追求的目标。

战争形态的发展变化，给我们带来的挑战首先是观念上的影响和冲击，强烈要求我们必须适应这种不可抗拒的变化，树立与打赢信息化战争相适应的观念，为国防现代化提供有效的建设理念和指导方法。

历史反复证明，即使武器装备不落后，观念落后照样挨打；反之，即使武器装备落后，如果观念先进、战法运用得当，却能弥补武器装备的不足。许多有识之士讲，好战法也是"杀手锏"。这就启示我们，认识只有跟上变化才能占据主动，理念只有适应形势才能把握先机。应对信息化战争形态带来的挑战，必须确立与打赢信息化战争相适应的思维方式，强化信息制胜意识，用源于实践、高于实践的先进理论指导实践，用创新的观念谋求军队的建设与发展。

2. 建设能打赢信息化战争的信息化军队

紧跟国家信息化军队建设的步伐，打造一支强大的能打赢信息化战争的信息化军队，是当下国防建设的重要任务。

20 世纪上半叶起，美、英、法、德就开始了数字化军队的建设。海湾战争后美军实行了全面的军队转型计划，海空军的数字化水平发展迅速，陆军逐步建成数字化旅和数字化师，C4ISR 系统和军用信息高速公路不断推进。西方发达国家积极组建信息化军队，这在最近的几场信息化战争中都有所展示。鉴于此，中国要实现打赢信息化战争的目标，必须建设一支强大的信息化军队。

中国现代国防建设起步晚，加上历史的原因，中国军队主要的装备还处在机械化、半机械化状态，与发达国家还有相当的差距，这与未来的信息化战争的要求还有明显的差距。发达国家军队大都已从全面机械化逐步进入信息化的阶段，而中国当前的装备机械化水平并不高，但仍可以选择有重点的跨越式发展的模式，通过抢占信息化技术的制高点来实现牵引军队的机械化建设，同步实现机械化建设的升级。信息化军队的建设是一个系统工程，它不仅

包括信息技术的发展和相关武器装备的配备，还包括信息化条件下的编制体制、作战指挥、政治工作、教育训练、后勤保障、人才培养等方面的建设发展，这些都需要我们结合国情实践摸索，解放思想，坚持改革，独立自主，勇于创新，走出一条适应中国国情的信息化军队的发展道路。

3. 建造完备的社会信息化基础

一个国家军队的战斗力植根于社会发展的程度，信息化战争也不例外。要打赢信息化战争，仅靠军队的信息化建设是远远不够的，还需要一个不断发展的信息化社会的支持，如此才能获得更多的经济、设备、技术人才的支撑，增强国家的国防力量。

在信息时代，国家的信息基础建设是国家战略能力的重要组成部分。当前，中国信息基础设施建设已获得了长足的进步。在交通、金融、通信等主要行业，信息化水平已经接近发达国家；在数字化地球领域，中国和发达国家处在同一起跑线上。但整体与发达国家相比，中国仍有明显的差距。因此，必须下大力加大中国的信息基础建设，努力提升中国的国家战略能力。

信息基础建设的重点应主要放在以下四个方面：

（1）努力发展信息技术。主要是以微电子技术、计算机技术和通信技术为主体的信息技术，这是一个国家信息化建设的基础。

（2）加快以信息高速公路为骨干的国家大型网络系统建设。信息网络的形成和成熟发展是信息社会的一个主要标志和物质基础。

（3）大力开发各种软件技术。目前中国软件技术的研制、开发能力远远落后于发达国家，与一些发展中国家相比也不占优势。当前，印度的软件出口已经在世界软件市场上占有20%的份额。国家信息安全的防护，在相当程度上是由先进的软件技术来加以保障的。因此，应加大研制和开发软件技术的资金、技术和人力投入，使中国在软件技术上跻身于世界先进行列。

（4）加强信息技术人才的培养。信息技术人才的培养是加强国家信息基础建设的根本。国家进入信息时代的首要条件就是要拥有一大批信息技术领域的专门人才。随着信息技术的飞速发展和信息技术在社会各领域的广泛运用，信息科技人才和管理人才的紧缺已经成为一个世界性问题。必须加大力度，努力培养新型军事人才，为中国军队打赢信息化战争提供强大的智力支撑。国家的信息基础建设是军队信息化建设的基石，是打赢未来信息化战争的重要支撑。因此，必须把加强国家的信息基础建设作为应对信息化战争的首要举措。

以美国为例，其全球军事指挥控制系统（WWMCCS）便是与互联网融为一体的，实现了一定意义的军事发展与社会发展的无缝链接。未来的信息化战争不是单一线式的战争模式，而是针对信息开展的战争模式，没有传统战争前方和后方的区别，而是在广大空间和多个领域内进行。战争的对抗会表现为以军队为中心的国家与国家之间在所有领域里的信息对抗，信息资源的争夺具有全民性质，而军队之间的信息对抗也受制于社会信息化水平。因此，没有社会信息化基础，信息化的军队建设就是无源之水、无本之木，必定得不到长足的发展。

社会信息化建设包括发展信息技术，开发信息资源，建设信息网络，建造信息基础设施，打造信息产业，培养信息人才，形成信息文化，制定信息相关法规、政策和标准，推动信息产业等方面。如超带宽的防攻击的信息高速公路，以太空为主的地下、海洋、空中的全频谱通信网络，庞大的信息库，高性能的计算机、信息管理中心和软件，以及相配套的信息人才、信息法规和信息科技工业的发展等，这些都是未来信息化战争的社会支撑。

4. 建立信息化战争条件下的国防动员体制

信息战争的多维度和宽范围，使得国防动员的领域更加广泛，涉及的面也更广泛。

信息战争是网络化一体化的战争，所谓军民的传统区别愈加模糊。一旦国家进入信息化战争状态，应在第一时间将民用的战略信息资源，如信息、通信网络、数据库、重要信息设施纳入战争体系，在军事部门实行集中统一的指挥和使用，形成普遍的信息防御和进攻网络。全国各个行业，包括政府、企业、金融机构、能源基地、科研基地中的信息网络和设施，都必须立即进入战争状态，确保信息畅通，积极通过各种保密技术，抵御敌方的信息攻击。美国在近几次战争动员时曾有过相关的表现，如将部分民用卫星等信息技术设施纳入军事侦察、通信体系之中。由此，国家战略信息资源的建设和储备应纳入国家的整体发展规划，各个重要部门的信息设施和管理都应能适应信息战的需要，平战结合、完善战略信息资源的战争动员机制。

在武装力量动员时，信息技术人员应该是重要的战争力量。通过对他们的组织动员，保障自身信息技术设备的安全，为此应对他们进行必要的训练和演习，找到组织动员的薄弱环节。同时还应该积极研究各国信息化战争的最新动向和方式，有针对性地展开培训和演习，增强自身的信息化作战能力。

另外，在信息化部队的综合编制中，要将其功能的发挥与信息化战争的需要结合起来，如发挥非建制的技术人员协助信息主力部队发动信息突袭战，对敌方进行信息袭扰和信息破坏。在和平时期就要做好这些演习和训练准备，尤其是信息化设备的储备和分发，指挥人员的培养。只有实现主力部队和相关人员的充分协同，才能有效地激活信息化作战的能力，才能在各种紧急的条件下，不断形成有效的战斗能力。

在进行信息化战争的国民经济动员时，应确保那些与信息化武装力量密切相关的资源、企业、科研机构和设施能及时地转入战争状态，密切开展为军事服务的工作，对重点的部门和人员采取更好的安全保障措施。这些在国家制度和经济发展中都应有相应的统筹规划，实现军民结合、平战结合，充分将国家信息化发展的资源、技术和人员的优势转化为现实的信息化战争的有效力量。

5. 发展信息化战争条件下的军事理论体系

军事理论体系是加强国防力量的软实力，信息化军队的建设需要构建和发展反映信息化战争规律及战争指导规律的军事理论体系。就目前来看，中国的军事理论主要还是对过去热兵器战争和机械化战争的实践的总结，对信息化战争规律的研究还处在探索和研究时期。这需要我们更加关注当代信息化战争的实践，解放思想加强学习，密切跟踪现代信息化战争的发展变化，勇于实践，善于总结，创新军事理论，对信息化战争的本质特征、发展趋势、作战手段和武器装备，即信息化战争条件下的军队建设、国防建设、国防动员、国防法规和战略信息资源等课题开展专题研究。美国曾有人提出过"一次性战法"的理论，即研究出一种新的作战方法只使用一次，这也说明了信息化战争多样性使得其理论必须坚持与时俱进、不断创新的原则，需要我们将其成果积极运用到现实信息化国防建设的实践之中，实现理论与实践的高度结合，不断推进国防信息化建设。

思考题

（1）简述信息化战争的特点。

（2）简述如何应对信息化战争。

（3）简述信息化战争的发展趋势。

（4）简述信息化战争的形态变化 。

第六章　军训中的突发事件及应急处理

学生军训期间，如发生突发性事件，现场工作人员要采取果断措施，立即进行现场紧急处理，控制局面，做好学生思想工作，稳定有关人员情绪，并及时向新生军训工作领导小组报告；新生军训工作领导小组及时将情况向上一级主管领导汇报，协调相关部门，做好学生的救治和事件处理工作；学生所在班应配合学校领导和有关职能部门及时与学生家长取得联系，做好学生家长的接待和安抚工作。

一、高温、雷雨、下雨应急处置

①军训期间要根据天气状况调整训练时间，如遇到高温黄色预警天气（24小时内最高气温达到或超过37℃），室外训练可安排在上午12点半前和下午5点后进行；如遇高温红色预警天气（24小时内最高气温达到或超过39℃）、雷雨、下雨天气时应停止室外训练。

②所有参加军训工作的负责人、辅导员必须亲临现场，协助军训教官转移本班参训学生到可遮阳避雨的地方进行理论学习。

二、学生中暑预防和应急处置

人体中暑后的先兆症状是：面色苍白、大量出汗、头昏、耳鸣、眼睛发花、注意力不能集中、口渴、心慌、胸闷、脉搏加快、全身无力。严重者还可能发生恶心、呕吐、四肢抽搐、呼吸困难、突然昏倒甚至昏迷不醒。

在操场上训练时，学生一旦发觉自己或周围同学有类似先兆症状，应马上向教官报告，并转移到阴凉通风的地方休息。此时应让不适学生口服十滴水或藿香正气水、人丹之类防暑药物，以及口服凉盐开水或白开水。如果情况严重应马上送医院。

为预防中暑，平时要多喝水，尤其是淡盐水对预防中暑好处多多。盐水中含有丰富的钠离子，适量补充可弥补体内流失的钠离子量。但淡盐水即可，不能过咸。

若有学生发生中暑，应采取如下方法：

①将病人安置在阴凉通风的地方静卧，解开衣扣，通风降温。

②用凉毛巾帖敷在病人的头部和胸部，降温消暑。

③用清凉油涂抹病人的太阳穴，服用人丹或十滴水。

④对高热或昏迷的重症病人，在作降温处理的同时，应迅速送医院救治。

三、食物中毒预防和应急处置

食物中毒通常指吃了含有有毒物质或变质的肉类、水产品、蔬菜、植物或化学品后，感觉肠胃不舒服，出现恶心、呕吐、腹痛、腹泻等症状。有些人出现呕吐等肠胃症状也可能是在新环境中水土不服造成的。

军训中若发生食物中毒或疑似食物中毒事故，应采取如下措施：

①发现有食物中毒或疑似食物中毒的学生，立即向所在班的教官、辅导员汇报，并同时向新生军训安全工作领导小组汇报。

②若患者已经失去知觉，应把患者的头偏向一边，以免呕吐物吸入呼吸道。

③及时拨打救护电话，在第一时间送医院救治。

四、重大自然灾害应急处理

①军训期间，所有参训师生员工遇到重大自然灾害（如地震、沙尘暴等）时要沉着冷静，及时通知有关职能部门，做好预防工作；新生军训工作领导小组应组织学生安全撤离危险区域，灾害发生后，及时开展自救或求救工作，协助各班对学生加强思想教育和心理疏导，做好稳定工作。

②灾害发生时，所有参训师生员工及时关掉电源并就地寻找掩蔽，或由楼梯疏散撤离，或从训练场地安全撤离。

五、其他突发事件应急处置

1. 运动损伤

运动损伤的主要原因是：训练水平不够，身体素质差，动作不正确，缺乏自我保护能力；运动前不做准备活动或准备活动不充分，身体状态不佳，缺乏适应环境的训练，以及教学、竞赛工作组织不当。

在军事训练开始前，要组织学生进行必要的肢体舒展活动，把身体各部位和关节拉开，训练强度也要循序渐进。原来就有关节损伤的学生在训练中最好戴上护腕或护膝以保护关节，避免新的损伤。

如果发生扭伤，并出现疼痛和活动受限，要停止训练，特别是不要让受伤的部位继续活动。治疗时可在患部敷上冰袋，用弹力绷带固定，并把患部举到比心脏高的位置，等疼痛感消失或20分钟后把冰袋拿掉，用海绵橡胶垫和弹力绷带做加压包扎。千万不要按压、揉压损伤部位，不要进行热敷，必要时送医院处理。

2. 运动腹痛

运动中腹痛多发生在进行中长跑、竞走等项目中，其中包括胃肠痉挛、肝脾区疼痛、腹直肌痉挛。运动腹痛原因多是因为缺乏锻炼或训练水平低、准备活动不充分、身体情况不佳、劳累，精神紧张，或运动时呼吸节奏不好，速度加快太过突然，运动前食量过多或饥饿状态下参加剧烈训练和比赛。出现运动腹痛可通过以下方法调理：

①减速慢跑，加强深呼吸，调整呼吸和运动节奏。

②用手按压腹痛部位，或弯腰慢跑一段距离，一般腹痛可以减轻或消失。

③疼痛剧烈者，按上述方法不缓解，可以口服阿托品片0.3mg，或654-2片10mg，腹痛应当停止。

④如无药品或药品无效，还可以针刺足三里、内关、大肠俞等穴位来缓解疼痛。

⑤热敷腹痛部位，或局部给以按摩，用揉、按压、做背伸动作，拉长腹肌。

⑥如腹痛持续或者腹部摸上去呈"木板状"，考虑有腹膜炎体征，应紧急送医院检查诊治。

3. 皮肤损伤

皮肤损伤也是军训中常见的现象，在高温下活动，容易导致日光性皮炎和痤疮，如果本身皮肤就有炎症，更需要注意卫生和保护。训练中最好穿棉质舒适、轻便的衣裤，尽可能让衣服遮住身体的大部分，以防止发生晒伤。训练后要及时把身上的汗擦掉，不要让身上积汗液，这样有利于保护皮肤。

防晒是军训另一大准备重点。在皮肤裸露部位，室外高温下最好使用 SPF（防晒系数）值在 30 以上的防晒霜。现在不少防晒霜具有防水功能，虽然军训不用下水，但大量出汗可能冲走防晒霜，所以可以考虑选择有防水功能的产品。防晒霜最好随身携带，每隔几小时涂抹一次。如果日晒很严重，晚上回寝室以后，还可以适当涂抹防晒修复产品。如皮肤晒红且烫热，有条件者可用毛巾包裹冰块对灼伤皮肤处实施冰敷，如皮肤瘙痒应避免抓伤。军训间隙，不少学生在午休等休息时间依然不知疲倦继续在露天高温下奔跑嬉戏，这样很容易导致过度疲劳、突然中暑。非训练时间应尽量避免阳光直射并让身体得到充分休息。

4. 崴脚烫伤

自由活动时，要避免崴脚。一旦崴脚，切忌按摩和热敷，应该立即用凉水冲洗 15 分钟，之后找校医处理。如遇烫伤，也应该及时用凉水冲洗，然后找校医处理。

5. 头晕眼花

军训时，如果感觉头晕、眼花、要晕倒，学生切忌硬挺着。正确的办法是立即喊报告或拽一下同学的衣角，原地坐下，待眩晕过后再到阴凉地休息一会儿。尽量避免直挺挺地倒下去，以免猝然倒地引发摔伤。

6. 女生经期

女性月经周期以及经量多少很大程度受人体情绪以及身体状况的影响。平时不爱活动的女孩突然面对训练量较大的军训，很有可能月经提前或经量增多，所以最好提前备足卫生巾，而且最好选用质量好、吸附力强、透气性高的。痛经的女生，建议准备止痛片。止痛药只要不是长期服用就没太大大关系。

7. 避免和教官冲突

军训的教官都是按照正规的训练科目进行训练的，有些同学可能在家生活优越，很不适应，特别是对特别严厉的教官，难免发生冲突。如果冲突不可避免，千万别莽撞，要找学校老师协调处理。

8. 抽筋

抽筋即肌肉痉挛。军训时，如果准备运动不够，或过度疲劳或睡眠、休息不足均可引起肌肉痉挛。

做剧烈运动前一定要遵循教官指示做伸展运动。平时则可适量补钙，注意体位的变化，如坐姿睡姿，避免神经血管受压，也可做局部肌肉的热敷、按摩，加强局部的血液循环，如果还无改善，就应到医院检查治疗。

9. 打架斗殴

现场工作人员要采取果断措施，制止事态扩大，救护受伤人员，隔离打架双方，立即停止其军训，将相关学生送相关部门处理。

10. 私自离校

立即组织进行查找，及时报告新生军训工作领导小组。德育处对私自离队的学生进行必要的教育。

11. 财物失窃

现场人员保护好现场，报告学校教育处展开排查，必要时由校警向公安机关报案，班主任要做好学生的安抚工作，避免学生情绪失控。

12. 干扰军训

现场工作人员要立即报告新生军训工作领导小组和门卫。

思考题

（1）军训时遇到高温、雷雨、下雨应如何应对？

（2）军训期间出现中暑情况如何应对？

（3）军训期间出现食物中毒应如何处置？

（4）军训期间出现重大自然灾害应如何应对？

（5）军训时出现运动损伤、运动腹痛、皮肤损伤、崴脚烫伤时应如何应对？

参 考 文 献

［1］陆华．中外军事思想的历史发展与战争实践［M］．南京：河海大学出版社，2009.
［2］江泽民．论国防和军队建设［M］．北京：解放军出版社，2004.
［3］丁晓昌，张政文．军事理论教程［M］．南京：南京大学出版社，2010.
［4］吴温暖，匡壁民．军事理论教程［M］．南昌：江西教育出版社，2003.
［5］徐焰．中国国防导论［M］．北京：国防大学出版社，2006.
［6］总政治部．江泽民国防和军队建设思想学习纲要［M］．北京：解放军出版社，2003.
［7］王晓敏．军事理论与技能教程［M］．北京：南京大学出版社，2009.
［8］何绍勇，徐文贵．大学生军事理论教程［M］．北京：军事谊文出版社，2009.
［9］金一哲．普通高等学校军事课教程［M］．沈阳：辽宁教育出版社，2011.
［10］王建中，李国强．军事理论课教程［M］．北京：北京航空航天大学出版社，2007.
［11］杨泰，张跃辉．大学国防教育教程［M］．沈阳：辽宁大学出版社，2005.
［12］杨建军．国防教育［M］．北京：机械工业出版社，2002.
［13］朱建明．高校军事理论教程［M］．上海：上海交通大学出版社，2005.